死を招くファッション

服飾とテクノロジーの危険な関係

アリソン・マシューズ・デーヴィッド 著

Alison Matthews David

安部恵子 訳

Keiko Abe

Fashion Victims

The Dangers of Dress Past and Present

化学同人

Fashion Victims

The Dangers of Dress Past and Present

Alison Matthews David

This translation is published by Kagaku-Dojin Publishing Co., Inc.
by arrangement with Bloomsbury Publishing Plc.
through Tuttle-Mori Agency, Inc., Tokyo.

献辞

心をこめて、本書を私の両親アーノルド&ジュリア・マシューズにささげます。私はこの二人から創造力と克己心を学びました。また、夫と子どもたちにも本書をささげます。夫のジャン＝マルク・デーヴィッドはストイックな忍耐力をもって優しく励ましてくれました。サーシャ&ラファエル・デーヴィッド。あなたたちがいるからこそ、本書に登場するファッションの犠牲者たちはみな、私たちが注意を傾け共感を寄せるべき、実在する大切な人々でした。

TYPHOID FEVER
CONSUMPTION
INFLUENZA
GERMS
MICROBES
Ehrhart

目次

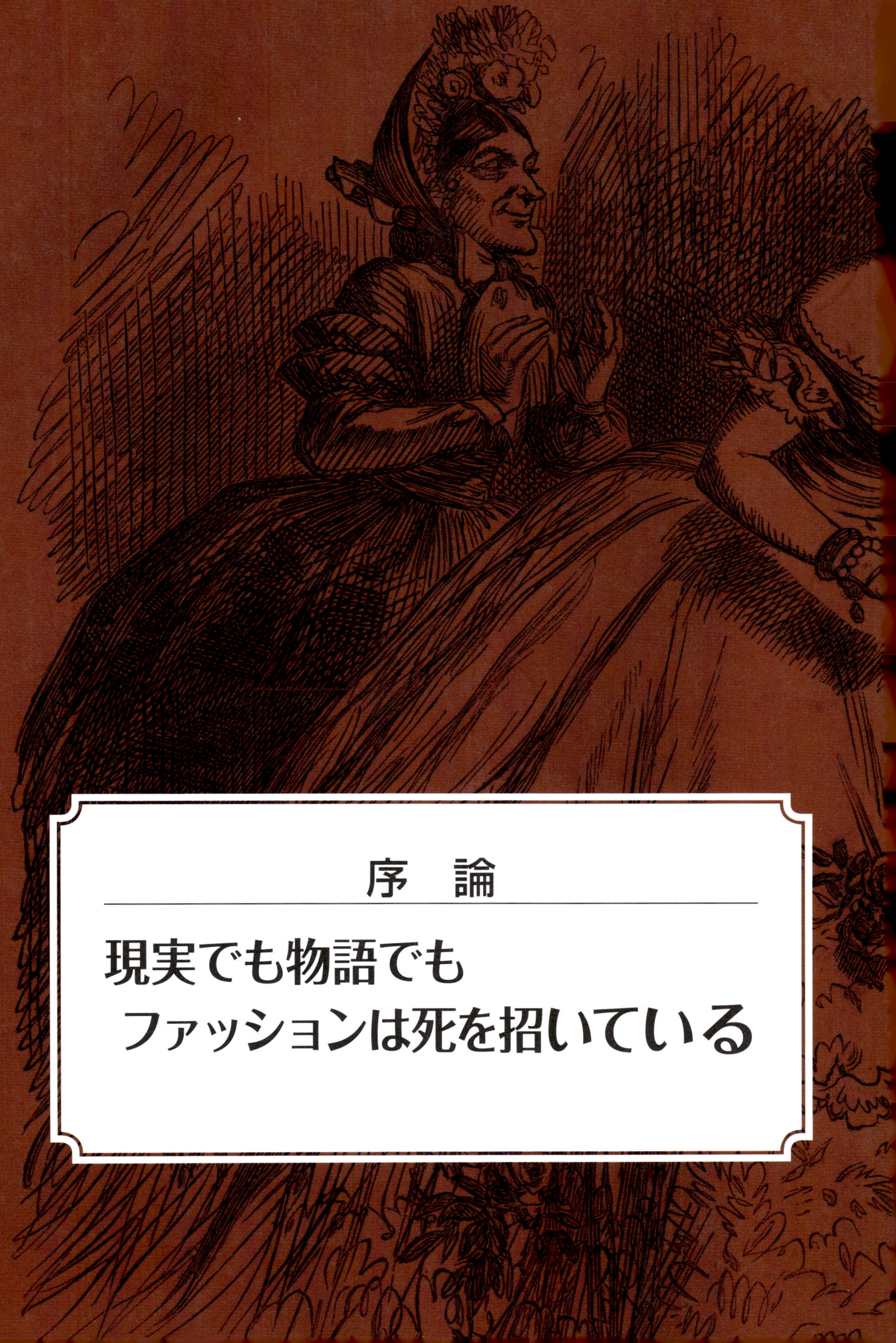

序　論

現実でも物語でも ファッションは死を招いている

序論　現実でも物語でもファッションは死を招いている

一

一九九六年八月一四日、四八歳のカレン・ウェッターハーンが、ダートマス大学で有毒金属の被曝の研究を専門とする化学教授として、いつものように実験をしていたときのことだ。水銀化合物が数滴こぼれて、はめていた手袋に落ちた。[1] それから一年もたたないうちに彼女は死亡した。こぼれたときには、ラテックスの手袋をしていたから安全だと思い込んでいて、手袋を即座に外さなかった。ところが、それは「猛毒の」ジメチル水銀で、手袋に染み込んで肌に達し、ものの一五秒もかからずに血流に入り込んだ。症状はすぐには現れなかったが、六か月後、会話や歩行、聴覚、視覚に問題が出始めた。水銀中毒の治療が篤く施されたにもかかわらず、昏睡状態に至り、その五か月後の一九九七年六月八日に亡くなった。彼女の脳には広範囲にわたって損傷が見られ、髪（体内の水銀濃度がわかる優れた指標）をテストしたところ、正常な髪に含まれる水銀の四二〇〇倍の量が含まれていた。これは、中毒を起こすと考えられる限界値の二二倍量だ。[2] 彼女は植物状態に陥る前に、自分の症例を今後の水銀中毒の診断や治療、予防の向上のために、医学界や科学界に伝えてほしいという希望を伝えていた。[3] カレン・ウェッターハーンの悲劇的な死を決定づけた一つの大きな要因は、保護手袋が実験用の有毒な有機水銀から彼女の手を守らなかった、ということだ。

この事故は科学研究所という高度な環境で発生したが、私たちの誰もが日常生活での体の守りを衣類に頼る。布地によって、私たちは危険な要因から守られ、快適に過ごし、慎みを保っているのだ。布地は生涯の連れである。赤ちゃんのときには毛布に包まれ、墓に葬られるときには布に覆われる。一九世紀のあるフランス人文筆家は、服とは住居のように人間が「外の世界の有害な影響」から自分を守るために使うあらゆる材料のことだと説明する。[4] だが、本書でこれから示すように、衣類は私たちの柔らかく、か弱い肉を危険から保護するはずのものなのに、この重要な仕事をたびたび派手に失敗して、身に着けている人の命を奪う。極端なスタイルは危険なものになりがちだが、ごくありふれた普段着が、たとえば靴下、シャツ、スカート、フランネレットのパジャマさえ、身に危害を及ぼすことがある。

本書はおもにフランスやイギリス、北米の一九世紀と二〇世紀前半を舞台としている。それは、ファッショナブルな衣類が人体の自然なシルエットを機械的なものに様変わりさせた時代だ。優雅な人々は、健康よりも身なりを大切にした。女性は、コルセットで体を締め付け、大きく広がったフープスカート［訳注：フープは、女性のスカートを広げた形に保つための腰枠の総称。時代によりさまざまな名称や形状、シルエットが存在する］を身に着けて、ヒールの高い靴でよろめきながら歩いていた。それに対して男性は、汗だくになって重いフェルト帽をかぶり、固く糊のきいた襟の服を身に着け、現代の欧米人には耐え難いであろう窮屈な靴を履いていた。だが、非常に厄介だったのは、「デイム・ファッション」、すなわち、強力な社会経済勢力の具象化である。そうしたファッションを作っ

図 1 半身が骸骨で、もう一方の半身はファッショナブルな男女のメメント・モリ（死を忘れるな）人形、1805 ～ 10 年頃、蝋および布製。Wellcome Collection, London. Creative Commons Attribution only license CC BY 4.0 http://creativecommons.org/licenses/by/4.0/ に基づいて入手可能な著作物。

図2　T. マクリーン、『生き方を楽にする――回転する帽子』、1830年。Wellcome Collection, London. Creative Commons Attribution only license CC BY 4.0 http://creativecommons.org/licenses/by/4.0/ に基づいて入手可能な著作物。

た人々と身に着けた人々が、健康を害して身体の痛みに苦しんだ。衣服を作る労働者と衣類の消費者は等しく「奴隷」であり、「犠牲者」であり、半ば神聖な「殉教者」とさえ見なされる。一八二七年にイタリアのロマン派詩人ジャコモ・レオパルディは、『ファッションと死の対話』という作品でファッションを擬人化して、彼女は死神の女きょうだいだ、としている。そして、ファッションに次のように語らせる。自分は多くの死のゲームで遊び、「人々にきつい靴をはかせて活動不能とし、窮屈なコルセットで呼吸を妨げ、目が飛び出るようにさせる。……私はすべての気取った男性を口説いて束縛する。毎日の千もの苦難と千もの不快感、度重なる痛みと苦しみにも耐えさせる。なかには、私に抱く愛のために輝かしい死を迎える者さえいる」[3]。

一九世紀初期では、ファッションの気まぐれによって男女が等しく犠牲になったと考えられている。メメント・モリを表す男女二人の蝋《ろう》人形作品は、気味の悪い一組のブックエンドのように互いに鏡の関係をなし、見る者にファッションと人間の命がどちらも脆くてはかないことを再認識させる（**図1**）。ところが一八三〇年までには、男女の差が大きくなってきた。男性の機能的な黒スーツは、欧米の民主主義や合理性、科学技術の進歩の象徴だった。この考え方は、『生き方を楽にする――回転する帽子』（**図2**）と題された風刺画に表れている。男性たちがかぶっているのは回転する帽子で、片眼鏡や葉巻、香水箱、眼鏡、ラッパ型補聴器といったアイテムがついている。かぶっている本人は、それらを使って視力や聴力を改善し、あるいはそれらにそっと触れるだけで快い香りやタバコのような刺激物を楽しむことができるが、その際には「手に持っているという耐え難い面倒もない」のだ。これには笑ってしまうだろうが、それから一世紀半以上のちに、カメラがついてインターネットにつながるなど、私たちの思うままに現代的に強化され形を変えたのが、グーグルグラスなどのウェアラブルなハイテクアクセサリーだ。これと対照的に、女性は家庭内でも公共の場でも、動きを妨げたり健康を害したりする不真面目で不合理で人工的なファッションを「ナチュラルに」着こなすようになった。女性の服装は昔に比べれば実用的で快適になったが、そのように性差のあるファッション事情は今でも続いている。

死を招くファッションの今昔

一九九九年から二〇〇六年にかけて、写真家の都築響一は『HAPPY VICTIMS（幸せな犠牲者）』（**図3**）と題する一連の写真作品を発表した［訳注：図3の写真も含む作品集として『HAPPY VICTIMS――着倒れ方丈記』（写真復刊ドットコム、二〇〇八年）が出版されている］。それぞれの作品には、何かに取りつかれたように特定のファッションブランドの商品を収集する人々の「居住環境」が写し出されている。エルメスの熱狂的ファンの節度ある上品なワードローブが示されるかと思えば、無秩序にけばけばしく彩られた部屋もあり、それは日本のサイバーパンクブランド、フェトウスのファンのものだ。そうしたなかでも、とりわけ、ファッションによる犠牲が表現されている一枚がある。若い女性が、閉所恐怖症にでもなりそうな狭い部屋を自分のコレクションで飾り立てている。アジア系アメリカ人によるブランド、アナスイの衣服や履き物、化粧品、香水だ。女性は手前側で仰向けに横たわっている。身に着けているのは、フェイクファーにかぎ針編み、レース――なんとも自由奔放だ。顔は美しく化粧をほどこされているが、目を閉じて

図3 都築響一、『幸せな犠牲者』より、アナスイ、2000年。画像はMUDAM Luxembourgの厚意による。（都築響一著、『着倒れ方丈記 HAPPY VICTIMS』、復刊ドットコム、2018年）

図4　ジョン・テニエル、『幽霊に取りつかれた婦人——鏡の中の「幽霊」』、『パンチ』誌、1863年7月4日。Toronto Public Library の厚意による。

いる。うんざりするほど買い物をし、買ってきた商品のカラフルなカオスに囲まれながら、疲れきって眠っている、あるいは、死んでいるようにも見える。この写真はブランド信仰を辛辣に批判しているとも解釈できるが、都築は、日本人の「ファッションマニアの暮らし」ぶりに心底から魅了された。「そうしたマニアたちはお金持ちではない。実際にこれらの服を買っている人たちは、狭い場所で暮らし、節約して服を買っているが、華やかな場所に出かけるわけでもない」[6]。都築は、自分の文章がファッションに関する消費の批判にならないよう慎重に書いている。そして、本やレコードのようにもっと文化的価値があるだろう他の品物（「ヴィンテージ」の服も含めていいだろう）のコレクターは、このように衣服に夢中になるのを選んだ人々のようには軽蔑されていないことを指摘する。

都築響一による人物写真は、ファッションの犠牲者の性質について深く考えさせるが、私たちの視野の限界も示している。ヴィクトリア時代には、消費主義の横行によって、衣服を作る人々にも身に着ける人々にも、拷問のような苦痛が与えられていた。都築の写真では、消費者が犠牲者の役回りだが、ジョン・テニエルのイラスト『幽霊に取りつかれた婦人——鏡の中の「幽霊」』（**図4**）では、豪華な衣装をまとった女性が、鏡に映る自分の姿を見ようとすると、死んだお針子の恐ろしい姿が映っている。自分の着ている手の込んだ衣装を縫ったのが、そのお針子だったのだ。この作品は、実際にあったできごとに基づいている。メアリー・アン・ウォークリーという二〇歳のお針子は、王宮の仕立て屋マダム・エリーズに雇われたが、二六時間半のあいだ縫い続けたのち、過労のために亡くなった。ウォークリーが作っていたのは、一八六三年にデンマークから新王妃を迎える祝典で着用されるボールガウンドレス（最もフォーマルなドレス）だった。カール・マルクスは名著『資本論』（今村仁司ほか訳、筑摩書房、二〇〇五年、ほか）で、ウォークリーについて触れている。彼女の死を「昔からよく語られる話」だとして、「われわれの白人奴隷たち」が窮地にあることを非難する新聞を引用し、「彼らは墓場に至るまで苦役し、［そして］たいていの場合は、声をあげずに痩せ衰えて死ぬのだ」という。[7]

このヴィクトリア時代の絵は、ファッションの残酷さを直接的に批判する。ところが、一九九〇年代以降、現代の販売促進のキャンペーンの多くはそれと逆向きのことをして、死や破壊、怪我につながるファッションを魅力的なものに見せている。[8]ファッション産業の洗練されたマーケティング技法は、私たちの視野を狭めている。そこで私は、ファッションがもたらす犠牲について、社会的側面と心理的側面に焦点を合わせて研究に取り組んできた。[9]私たちは恐れを感じたり、ときには人を見下すために、過剰に物を買ってしまう「買い物中毒」になる。一〇代の子どもは、服装が「ダサい」と仲間にからかわれたり仲間外れになったりする。若い女性の身体イメージや自尊心の問題は、痩せていて肌が白いことが美しいという理想によってひきおこされる。そうした理想は、ファッションショーや雑誌、インターネットにあふれているのだ。これこそが、私たちの目にするファッションの顔である。私たちはファッションを薄っぺらいと批判するが、ファッションはその計算された魅力で私たちを虜にする。ファッションの文字どおりの犠牲者について考えるとき、中国でかつて行われていた纏足《てんそく》など、欧米以外の文化での身体改造的な慣習や、いま世界的に行われている歯列矯正や美容整形の文化も思い起こされる。[10]だが、それらよりもはるかに有害な――しばしば目にははっきり見えにくい――ファッションによる犠牲者の歴史は、あまり知られていない。ファッション製品は、身に着けている人や作り手の体に文字どおり物理的に害を与えてきた。そして、それが何世紀にもわたって続いている。大地、大気、水、そしてそれらが支えている人間と動物の命が、長いあいだ、私たちのファッションへの欲求によって犠牲になってきた。これは現在において差し迫った問題である。よって本書の目的は、ファッション産業の健康と持続可能性の問題にまつわる目下の議論に役立てるために、現在の問題を歴史的文脈に照らし合わせること、そして「使える過去」を示すことだ。

ファッションの健康リスクと、もっと広い範囲での環境リスクは、二〇一三年にバングラデシュで発生したラナプラザビルの崩壊事故のような工場の大惨事や、現在私たちが着用する繊維製品や衣類の大部分を製造する発展途上国での産業災害や人権侵害を、私たちが耳にしたときに思い描くような明白なリスクに限定されるわけではない。一九世紀のヨーロッパでは、衣類の生産産業は、パリやロンドン、マンチェスターなど各国の大都市で盛んになり、家庭や病院、都会の小さな工場におけるファッションの悪影響を医師たちが直接目にするようになった。ファッションは、男性と女性、若者と老人、生産者と消費者、金持ちと貧乏人など誰であろうと差別することなく、誰に対しても害を及ぼすことが、医師たちの記録によって証明されていた。服飾業界において、工業化が進んで技術革新が行われると、良いことも悪いこともあった。男性の化学者やエンジニア、実業家は、絶えず新素材を開発して市場に出し、ファッション産業のために科学を利用した。新素材は、もとは上流階級のものだった衣服やアクセサリー、着色料を大衆にも手が届くものにしたが、予想外の形で健康を害する新たな危険を招くことになった。「人を殺す贅沢品」の「進歩」を糾弾する人もいくらかはいた。しかし案の定、女性の消費者が新しい衣服に、一見すると不合理な欲望を持つことばかりが咎められ、男性が経済的利益を得ることは見過ごされた。

医療専門家たちは、私たちの文化的バイアスに働きかけて、大きな制度的問題に起因する健康被害の責任を女性に押しつける方向へ推し進めた。一九世紀の医師やメディアは、『ファッショナブルな自殺』や『工場における死』といった記事で、ファッションが女性に有害であること

図5　ヴィクトリア時代の左右同形で極めて幅の狭い「まっすぐな」靴、1840年代後半、ジャック、フランス。Copyright © 2015 Bata Shoe Museum, Toronto（写真：Tanya Higgins と Fiona Rutka）。

図6　「グレシアン・ベンド」と呼ばれた奇妙に体を曲げた姿勢。きつくひもで結んだコルセットとバッスル［訳注：スカート形状保持用の補正下着（ファウンデーション）の一種］、ハイヒールを身に着けている。『パンチ』誌、1869年。Toronto Public Library の厚意による。

を絶えず言い広めた。中産階級のほとんどの評論家は、女性の衣服がその着用者に与える危害を懸念していた。衣服はさまざまな健康問題をひきおこすと考えられていたのだ。たとえば、張り骨入りのコルセットを装着してきつくひもで締めたことで、内臓を損傷して死亡したといわれる事例がある。そうした記述には、だいぶ誇張されたものもあるとはいえ、現在とは異なる当時のファッション文化の物的証拠も存在する。履物はその良い例だろう。一八五〇年代以前には、人間の足の左右相称性を考慮に入れず、靴は左右同形の「まっすぐ」が標準だった（**図5**）。靴に右足と左足の区別がないと、左右の二種類を作る必要がなく、靴屋にとっては時間の節約になったが、履く人の足を変形させた。こうした慣習は、一九世紀の男女の靴に多くに見られる。実際に使用されたものでも、ほとんど信じ難いほど底の幅が狭くできている。小さくて繊細な足という美的理想に従うために、一部の女性は、まるで足のコルセットのようにひもでつま先をしぼって、足を靴に合わせ込んだらしい[11]。体のそれ以外の部分も、「自然な」形から、さまざまな「変形」を施されていた。一八六〇年代には、女性の姿勢が「グレシアン・ベンド」だと揶揄された。それは、女性が胸を前へ突き出し、お尻を後ろへ突き出しながらせわしなく動かして、不安定に踵《かかと》でバランスをとる姿勢のことだ［訳注：「グレシアン・ベンド」(Grecian Bend) は、直訳すると「ギリシア風の屈曲」。古代ギリシア時代の彫像が、優美でなめらかな傾きの曲線を持つのにちなむ］（**図6**）。ヴィクトリア時代の女性すべてが、その極端なスタイルを取り入れたわけではないが、そうしたスタイルで歩いた女性は嘲笑の的になった。ヴィクトリア時代の医師と服飾史家は機械的な拘束に注目してきたが、そのほかのもっと致死率の高い危険が、一九世紀の新聞の見出しを飾っていた。私たちは、衣類が伝染病を媒介することや、化学毒物の漏れ、労働者が動く機械にまきこまれることなど、極めて恐ろしくてしばしば命取りになる危険でも、どういうわけか忘れてしまうらしい。新聞も医学雑誌も同様に、さまざまな危険に対する警告をふんだんに掲載していた。たとえば、不潔な洗濯場によって悪性の感染症が拡散することや、「驚くほど美しい（drop-dead gorgeous）」緑色のドレスがヒ素で染められ汚染されていること［訳注：「drop dead」はもとの意味は急死すること。ここではハッとするほど美しいものを形容する俗語表現で、もとの意味と掛けて用いている］、首が絞まって死ぬという身の毛もよだつ事故、燃えやすいクリノリン［訳注：フープスカートの一種で、一八五〇年代後半から六〇年代に流行した］が身に着けている人を生きたまま焼いてしまうこと。これらの事故は、幸いなことに過去のできごとなので重要ではないと考えることもできるが、現代ファッションの危険性についてざっと調べれば、現代の服飾が依然として危険をはらんでいることがわかるだろう。

靴、スカーフ、スカートが命取りになる

次に紹介する三つの事例研究は、女性のきらびやかなファッションが、男性のファッションよりも危険性が高いことを示す。事故には性差がある。家庭環境や、都市環境、労働環境の変化に女性のスタイルが対応できず、意図的に危険をひけらかす場合さえ生じた。歴史的に、男性の衣服や履き物のデザインは、公的な場での自分の地位と権力を示し、動きやすさと安全性を保証するものだった。それとは対照的に、女性の靴は機能性よりもファッション性に重点が置かれた[12]。当然ながら、おしゃれな厚底靴や非常に高くて細くとがったハイヒールは、転倒につながったり機械類の操作が困難になったりさまざまな事故に関係した。現代のオートクチュールの世界で最も有名なファッションでの失態は、一九九三年にナオミ・キャンベルがランウェイ［訳注：ファッションショーでモデルが歩くステージで、客席に長く突き出しているもの。キャットウォークとも言う］で転倒したことだろう。ナオミがそのヴィヴィアン・ウエストウッドのショーで履いていたのは、今は象徴となった青いクロコダイル風の革靴で、プラットフォームと呼ばれる厚底のものだ。キャットウォークで格好よく歩く訓練を受けたプロのモデルが、この靴で転倒することがあるなら、同じようなスタイルでアマチュアが街を歩くのは、さらに危険な状態ということだろう。底の高い履き物が原因で転んだ場合、脚をひねったり、骨折したり、最悪でも挫傷で済むのが大半だが、一九九九年には日本の保育士が、コルク製の厚底靴で転倒して頭蓋骨を骨折し、数時間後に死亡した事例がある[13]。

そうした靴が流行した一九七〇年代と九〇年代に、厚底靴は自動車事故の原因になると非難された（**図7**）。一九七〇年代には男性も厚底靴を履いたにもかかわらず、一九七四年のある研究ではジェンダーバイアスがあり、女性ドライバーを対象にして、若い女子学生にテストを受けさせている。被験者は実験用の自動車シミュレーターで急ブレーキ操作を行う。被験者として採用する基準には、「厚底靴の所有者であり、厚底靴で運転した経験が二か月以上あること」[14]が含まれていた。被験者は、厚底靴を履いた状態で四〇分間の運転を行い、次に、いわゆる標準的な靴を履いた状態でも行った。厚底靴では例外なく、ブレーキをかけてスピードを落とすのが遅くなり、ハイウェイの時速七〇マイル（約一一〇キロメートル）で走っているときには、慣れた靴であっても厚底靴のほうが停止するまでに平均一〇フィート（約三メートル）余計に進んだ[15]。六インチ（約一五センチメートル）の高さで、黒と赤でできたバッファローのブーツのような厚底靴は、一九九〇年代中盤に流行が再来し、ジンジャー・スパイス［訳注：イギリスの歌手で女優のジェリ・ハリウェルの愛称］がステージで履いたため、ファンのあいだに広がった。しかし警察は、厚底靴での運転を、飲酒運転や携帯電話で話しながらの運転と同じように安全を脅かすものだと考えた。一九九九年に発生した事故は、東京の二五歳の女性が、自動車を運転して友人と買い物旅行に出かけて、その

帰る途中のことだった。高さ八インチ（約二〇センチメートル）の厚底靴のせいで、ブレーキが踏み込めず、コンクリートの電柱に激突し、助手席の友人が死亡した。当時はすでに下駄やスリッパでの運転が法律で禁止されていたが、大阪の警察は、厚底靴も禁止すると述べた[16]。厚底靴の事故は、ファッションの要請と現代の都会の状況とは、必ずしもなじむとは限らないことを示唆している。だが、流行の衣服が、着ている本人や周りの人を巻き込む事故の原因になるからといって、責めるべき相手は、それを着ている個人だろうか、あるいは、危険な流行そのものと、流行を牽引する経済だろうか。

　一九七〇年代は、一九二〇年代のファッションのリバイバルが多く見られた。たとえば、イギリスのテレビ番組『ドクター・フー』シリーズで、主人公演じるトム・ベイカーが首にかけている奇抜だが魅力的なニットのマフラーのような、長いマフラーもそうだ。タイムロード［訳注：主人公のドクター・フーが属する種族で、ギャリフレーという惑星に生息する］の人々は、遠く離れた銀河でその種族の衣服を問題なく身に着けているが、ふつうの人間がそのスタイルをまねると、命取りにもなりかねない。

図 7　上：スパンコールのついた 1970 年代のイブニング用厚底サンダル、1974 〜 79 年頃、ロリス・アザロ、イタリア。Copyright © 2015 Bata Shoe Museum, Toronto（写真：David Stevenson と Eva Tkaczuk）。下：バッファローの厚底ブーツ、ジンジャー・スパイスが履いたもの、1997 年。Copyright © 2015 Bata Shoe Museum, Toronto（写真：Shannon Linde と Hayley Mills）。

一九七一年にアメリカの二〇代そこそこの若い母親が、「スキーリフトに乗っているとき、首にかけていたマフラーが、接近した別のシートに絡まって、シートから外へ引きずり出された」。『ジャーナル・オブ・ジ・アメリカン・メディカル・アソシエーション』に掲載されて今や古典になっている論文が、こうした事例を「長いマフラーシンドローム」と名づけ、この不幸な犠牲者が「スキーリフトで移動中に、マフラーでつるされて、首が絞まって死亡した」ことを示した[17]。それよりは運が良い例もある。同じ年に、一〇歳の女児のつけているマフラーがロープに絡まった事故があり、また、一一歳の男児のマフラーがスノーモービルのエンジンに絡まった事故、さらに、ある一〇代の少年がオートバイを見るために頭を屈めたところ、それのモーターにマフラーが絡まった事故があった。三件とも子どもたちは顔にひどい裂傷と打撲を負ったとはいえ、命は助かった。それでも医師たちは、こうした事故の死亡率は四五パーセントにのぼり、新しい「流行やブーム、ファッションは、思いもよらない固有の危険をひきおこす」と結論づけた。子どもたちは昔も今も、マフラーその他の衣服の事故で怪我をしやすい。たとえば、ダッフルコートのボタンが遊具に引っかかることや、ベビーサークルの中で赤ちゃんが遊んでいて、着ているセーターの背中のボタンが柵に引っかかることもある。よちよち歩きの赤ちゃんが、後ずさりして柵にぶつかり、地面に滑り落ちるとき、セーターが赤ちゃんの首周りを「靴紐のように」締めてしまい、窒息させるのだ。子どもの死亡事故に関する一九八二年の研究によると、事故原因は、二二三か所の施設のうち一九か所では衣服で、二〇か所ではベッド内でのからまりである[18]。結果として、寒い気候の国では、学校や幼稚園、保育所の多くがマフラーを禁止する方針を設けており、子どもたちに外では簡素なネックウォーマーを使用するように指導している。たとえば、カナダのブリティッシュコロンビア州保健省は、保育関係者に警告して「子どもがマフラーやネクタイを使用していないこと、紐付きの服や緩すぎる服を着用していないことを確かめる」ように促した[19]。

二〇〇四年にイギリスの女優シエナ・ミラーは、ボーホー（Boho）あるいはボヘミアンシックと呼ばれるスタイルのファッションを復活させた。白くて長い「ペザントスカート」や「ジプシースカート」［訳注：原書で gypsy skirt。日本語ではベリーダンス用のものを「ジプシースカート」と呼ぶことも多いが、ここでは一般用のロング丈の木綿のスカートを指す。「ボヘミアンスカート」とも呼ばれる］もそれに含まれるようだ。この軽い木綿のスカートは、大量に市場に出回り、無限の色と型のバリエーションが存在したが、どれも何枚ものひだ飾りが重なっていた。フワフワと緩やかに揺れて、裾でくるぶしを撫でた。美しいスカートだったが、着用中の女性の深刻な火災事故が何件も発生した。二〇〇五年の秋、イギリスのノーサンプトンシャー州商取引基準協会は、九歳の少女が重篤なやけどを負った事故を受けて、ジプシースカートは火災をひきおこす危険が高いという警告を発した。同じ年に、イギリスのマーシー病院の熱傷ユニットは、『燃焼するジプシースカートによる損傷』という論文を発表した。二〇〇五年に、熱傷専門医で構成されるそのユニットは、特にジプシースカートを原因とする熱傷に関しては六件の治療にあたった。そのうち二件では、女性が電話で話すのに気を取られているあいだに発生した。ダンスでスカートに火がついた事例が一件、床置きの装飾用蝋燭からスカートに燃え移った事例もあった。どの女性も事故時には酔っていなかったようなので、アルコールは原因から除外できるだろう[20]。極端な服ではなく、ふつうのふわっとしたスカートの着用によって現代の環境で発生する事故（変わったキャンドルなどでやけどをして、現代医学で治療が可能な事故）の件数を考えれば、燃えやすいガスや薪、石炭、キャンドルを部屋の暖房や照明に使っていた昔の人々にとって、当時のドレスの形は極めて危険で、着ている人の命取りになったということが、想像しやすくなるだろう。
今では事故が起こると、警察や保育関係者、救急医が積極的に介入してきて、警告を発して一般の人々を守る。政府機関や省庁では、事故が起こってしまうまえに、危険な服飾品を禁止や規制の対象にする。たとえば、非食品危険製品に関する欧州共同体緊急情報システム（RAPEX）は、週に一回のペースで、危険な衣類や化粧品類からタトゥーのインクに至るまで製品についての警告情報を発表し、製品に「深刻なリスク」があれば禁止措置を取っている。二〇一三年には、少女用のビキニや、レースや刺繍のついたパーカーなど二〇〇を超える製品が、首が絞まる危険、あるいは怪我をする危険があるとして禁止され、回収された[21]。歴史的には、事故への対応がまったく違っていた。一九世紀より以前は、ファッションが医学的な危険性よりも道徳的な危険性を示すものだった。大げさなシルエットをもつ服装は、少数の上流階級だけのもので、一般向けの娯楽では風刺的に描かれ、それが道徳的啓発にもなっていただろう。『髪飾りの炎（L'incendie des coiffures）』という一八世紀の版画は、高くそびえるかつらの危険性を皮肉っている（**図8**）。描かれている一組のカップルは、軽食を取ろうとしてロイアル・アレキサンドル・カフェというパリの店に入り、席に座ろうとしているところだ。大きなガラスのウィンドウからは、店内にいるお金持ちでファッショナブルな顧客が通行人に見えるようになっている。男性が礼儀正しく連れの女性に席を勧めているあいだに、シャンデリアのキャンドルの火が女性のかつらに燃え移っている。驚いたカフェの店員が梯子に上って、慌てて火を消そうとしている。キャプションは、「なぜ水をかけるのだろう？　こんな珍しいできごとで、私だったらばかばかしいヘアスタイルは燃えさせておくだろう」と冷淡だ。実際のかつらは火が燃え移るほど高くなかったが、かつらに白くまぶしていたでんぷん糊で、引火性は極めて高くなっていただろう。たとえこの版画が想像上のできごとを描いたものであろうとも、それに続く数十年間には、女性のドレスは現実に火災で死傷者を出す危険なものになった。綿のドレス、幅広いクリノリンの入ったスカート、そしてプラスチックの櫛は燃え上がって、多くの人々の命を奪ったのだ。

非のうちどころのない服装とは――地獄から病院まで

今も、今までもずっと、ファッションは地獄に行くべきものだ。

A・W氏、『フープペチコートへの計り知れない嫌悪（*The Enormous Abomination of Hoop-Petticoat*）』、一七四五年、二七ページ。

初期のキリスト教会は、信者の衣服に道徳規範と制限を打ち出した。現代的ファッション行動と一部の学者が考えるものが、中世において誕生すると、衣服はいっそう多くの道徳的な危険をはらむようになった[22]。あまりにも豪華に着飾ることは罪深く、まじめに衣服を着ることとは、「非のうちどころなく（impeccably）」着ることとされた（この単語は「罪がなく」という意味のラテン語に由来する）[23]。ファッションは貪欲な行動を促し、感覚を楽しませる世俗的で肉体的な享楽だけでなく、自尊心や虚栄心にも結びついた。体形を無理に変える衣服は、容赦なく辛辣な批判を浴びた。一七四五年、匿名のイギリス人男性作家A・Wが、フープペチコートまたはパニエと呼ばれる、スカート形状保持用の補正下着（ファウンデーション）（**図9**）に対して激しい怒りをあらわにした。ペチコートは一六世紀から着用されていたが、一八世紀初期には女性の腰部分を異様に幅広く見せるようになった。一七四〇～四五年に制作されたこの六フィート（約一・八メートル）幅のマンチュアドレスは、現存のドレスのうちでも非常に極端な形のもので、裕福な上流階級の人々だけが着たものだろう。しかし、これよりも小ぶりなドレスでさえ、反感

図 8 『かつらの火事』あるいは『髪飾りの炎（L'incendie des coiffures)』、簀《す》の目紙にエッチングとエングレービング、1770 年頃。オンタリオ美術館所蔵、トライアー＝フォーダー基金の寄贈、1982 82/259, 2014 AGO.

図 9 手刺しの刺繍がほどこされた銀の「マンチュアドレス（court mantua）」を後ろから見る。枝編み、もしくはクジラ骨によるパニエで支持されている。1740 〜 45 年頃。© Victoria and Albert Museum, London.

と嫌悪の対象となった。その作家は、こうしたスカートを「唾棄すべき」「ぞっとする」「非常に醜い」「見苦しい」「驚くほどばかげている」「神に背く」「異教徒的」「道理に合わない」「不道徳」と罵った。[24] 作家のキリスト教徒としての見方では、人間が神に与えられた体を受け入れるべきであり、「女たちはまったく間違った形に、自分たちの体をねじ込んではめ入れて」いて、女性の上半身と下半身の「不釣り合いな極めて醜いもの」を作り出しているという。[25] ところが問題は、女性の体が歪むだけのことではなかった。着ている女性は場所を取りすぎるのだ。A・Wによれば、その服は「まったくのはた迷惑」であるという。そして、「正当な権利《エクイティ》」といえるのかどうか、と大げさに尋ねる。「一人の女性が二人か三人の男性と同じぐらい場所を取っているのに？」と[26]（傍点は引用元による）。彼の激しい怒りの矛先はおもにパニエがそうした倫理欠如を示すことだが、パニエの物理的な危険も非難の的だ。彼はロンドンの狭い通りでペチコートの堅い骨組みが「ぶつかって」きて「襲われた」ときに、むこうずねが危うく砕かれるところだったという。そして二七ページにわたって言葉の攻撃を繰り広げるが、一度だけはペチコート着用者の健康を危惧して、そうしたものは不便でときには痛みを伴うに違いなく、「これまでに何百人もの人々がそれによって死に至ったということを、私は疑っていない」と書いている。[27] だが、事故は一八世紀の都市環境で死を招いたというよりは、恥ずかしいものだったという証拠が残っている。おおむね当時の危険は、ヒツジや畜牛の群れが通行することに限られていた。ある事故記録によると、女性のフープペチコートが、年老いた雄ヒツジに絡まってしまい、「女性は金切り声を上げ、雄ヒツジはメーメー鳴いて、その鳴き声にほかのヒツジたちが共鳴して鳴いた」という。[28]その雄ヒツジは不潔な通りに女性を押し出してしまい、女性は見物人たちにやじを飛ばされたので、体よりも気持ちが傷ついたようだ。

一世紀後、フープスカートは円形になり、スチール製の鳥籠型《ケージ》クリノリンとして生まれ変わった。以前との大きな違いが一つある。それは、クリノリンは誰でも着たということだ（**図10**）。裕福な人々も相変わらず、クリノリンにかぶせた何メートルもの高価なシルクを美しくひだを寄せて見せびらかすように着たが、王女も女工も同様に、大量生産品のフープを身に着けた。工場主たちは狼狽した。女工たちがフープスカートを着ながら危険な機械のそばで働いたからだ。一八六〇年にランカシャー（イギリス）のコートールド紡織工場では、従業員たちが「フープ、いわゆるクリノリンという今時の見苦しい服」を身に着けるのは、「われわれの工場の仕事にはまったく適さない」ので禁止する、という告知を出した。[29]産業労働と大衆化されたファッションによるこの新世界は、リスクを生み出した。女性の安全性を危惧する警告がしばしば発せられた。プレス機がある印刷所では、クリノリンを身に着けていた少女のスカートが引っかかり、印刷機の下へ引きずり込まれた。現場監督が印刷機を止めて、少女は「とても痩せていた」のが幸いして、怪我もなく助け出された。事故を受けて現場監督はフープスカートを禁止したが、翌日も女工全員がしっかりクリノリンを身に着けて現れた。脱いでから入らないと首にするぞと現場監督に脅かされ、女工たちが脱いだ衣服が古着の露店のように大量に積まれ、「印刷所の一角が、怪しげなボンバジン生地を山ほど抱えている退廃した質屋のようだ」[30]ったという〔訳注：ボンバジン生地は、シルクと羊毛による綾織の服地〕。クリノリンは非道徳的な嫌悪の対象とも考えられたので、ファッションは次第に、不滅の魂を漠然と脅かすものというよりも、死を免れない肉体に対する物理的脅威と見なされるようになった。一八世紀には、フープスカートは地獄行きになりかねないチケットだった。一九世紀のヴィクトリア時代の人々にとっては、病院行きもしくは遺体安置所行きかもしれない旅のチケットだったのだ。

産業革命と歩調を合わせ、啓蒙思想と医療が、「興味と心配の集中する体の健康をいっそう重要視」するという非宗教的な世界観を推し進めた。そして「健康は、最も偉大な善という称号をめぐって自由と争った」[31]。医師たちは専門知識によって、ファッションに起因する特異的な疾患を診断するようになり、アイリーン・リベイロが気づいたように、「服装を攻撃する理由が、聖書の行動規範に基づく良識から、実用性や健康、衛生に基づく非宗教的な道徳へとある程度移っていった」[32]。医師たちは、職業起因の病気と個人的な病気のどちらにも出会うようになった。医療従事者は、衣料品の製造にかかわる労働者の手が痛めつけられ、肌や鼻、口が粉塵や有害な煙でダメージを受けているのを目にした。なかには慢性中毒によって手足のふるえが止まらない人もいた。それから、問題のある衣料品を身に着けて死亡した人を扱うこともあった。たとえば死亡した子どもの唇が青くなっていたのは、履いていた靴が、猛毒のニトロベンゼンを含む靴墨で染められていたためだった。兵士は、戦闘服に潜む寄生虫から感染した発疹チフスで死亡した。バレリーナは、衣装のせいで生きたまま焼け死んだ。医師らの記述や図絵は、衣類がもたらした中毒や病気、事故死が、身の毛もよだつような、心をかき乱すような描写で細部まで示されている。そうした報告は、服飾研究者が未使用の情報をたっぷりと提供する。昔のファッションプレート〔訳注：流行のファッションを描いた手彩色の銅版画で、一九世紀のパリを中心にモード誌や新聞にはさみ込まれていた〕や現代の雑誌が提示するのは、年を取らない理想的なモデルだ。モデルは人間的な実体を持たず、身体的な必要性もない。食べないし、眠らない。フォトショップで完璧に修正した毛穴からは汗もかかない。これとは対照的に、医師が教育を受けて扱ってい

図10　『女王のお気に入り』のスチール製鳥籠型クリノリン、1860〜65年頃。© Victoria and Albert Museum, London.

るのは、生きている（が、そもそも壊れやすく傷つきやすい）肉体だ。それは汗をかき、呼吸をし、そして有害なファッションがもたらした結果によって、目に見えるほど苦しんでいる。

医療は一九世紀を通じて発達して、だんだんと科学的で実験室志向になった。人々の公衆衛生や衛生設備、疾病管理が大きく進歩したが、聖職者と同様に、医師も女性患者のエロチックなファッションを道徳的に非難した。襟ぐりの深い（胸元の開いた）ボールガウンドレスは、さまざまな流行性疾患の原因だと考えられてきた。たとえば、インフルエンザにはモスリン熱というあだ名がつき［訳注：モスリンは薄地の平織物。当時、寒い時期のインフルエンザは防寒が不十分な薄っぺらい服が原因と言われた］、結核は一八三〇年代のシャルル・フィリポンの風刺画でドレスのせいだと皮肉られている。図では左側に人気だったタイプのファッションプレートを示したので、右側の『ドレス・ア・ラ・結核、うぬぼれ嬢の工場から（Dress à la Tuberculosis, from the workshops of Miss Vanity）』の意図が伝わりやすくなっていると思う（**図11**）。当時のファッションプレートには、購入申し込み用にたいてい住所が記載されていたが、この風刺画には、ペール・ラシェーズ墓地（パリで最も有名な墓地）で購入可能、と冗談めかして書かれている。この死を思わせる恐ろしい衣装は、一九世紀のあいだに美化されることはほとんどなくなって、医療目的で取りざたされるようになり、服装が命取りになりうるという通説が定着した。

一八八〇年代までに、改革者たちの尽力により服装と健康はしっかり結びついた。その一人であるグスタフ・イェーガーは、有毒な染料を使っていない「清潔」で「衛生的」なウール（毛織物）による快適な下着を推進した。劇作家のジョージ・バーナード・ショーのもとに、イェーガーの商品を売る友人から、イェーガー

図 11　左：ファッションプレート『モード・ドゥ・パリ（Modes De Paris）』、1830 ～ 35 年頃。著者のコレクション。右：シャルル・フィリポン、『ドレス・ア・ラ・結核、うぬぼれ嬢の工場から』、1830 年。写真：David Brass Rare Books, Inc.TM

の衣類に関する初期の本が送られてきた。ショーはそれを読んだのち、「悪魔のような」本にふるえ上がったとユーモラスに書いている。「今や、私は自分の革製の留め具のせいでリウマチになる。帽子の内張りによって髄膜炎になる。……私は襟のせいで声を失う。ベストによって心臓の脂肪変性になると脅かされる。浮腫がズボンに潜んでいる。……さらばだ。コレラが近づいているし、木綿のシャツは私の埋葬布になるように運命づけられているのだろう[33]」。彼の反応は滑稽に芝居がかっているが、それから一年もたたないうちに、イェーガーの健康服をすっかり身に着けるようになり、九四歳で亡くなるまで着続けた。ショーの手紙の数年後、医学専門誌に掲載された『毒を含む帽子』というタイトルの論説に、帽子を購入した当時の有名な化学者に頭痛を引き起こしたハットバンド（帽子のリボン）の分析結果が示された。そのバンドには鉛白が二・五グラムほど含まれていたという。鉛中毒を発症するのに十分な量である[34]。執筆者の医師によれば、「今日では、……高度な文明が人間の身体的な快適性に必要と見なすものすべてに、死に至るものが存在するように思われる。われわれの靴は、遠い昔に無数の苦痛の原因として糾弾された。今やわれわれの帽子が審判の場に引き出されている[35]」。一九世紀の終わりまでに、消費者は、頭にのせるものからつま先に履くものまで、身に着ける衣料品に警戒の目を向けるようになった。当時の人々の恐れは、今日の私たちの共感も呼ぶものだ。そのことを踏まえて、本書では服装と健康の多くのつながりを探ってゆく。ショー本人は想定された木綿シャツの危険を免れたが、それほど運が良くない人々もいた。服を手で作ったり、服を身に着けたりして、事実上その服が自分の埋葬布になった人々だ。

医学史は探求の豊かな水脈だと言えるだろう。だがそれに等しく、現存の衣服と装飾品の分析も、私の研究においては重要な部分だった。博物館の保管庫と保存記録は、過去の服飾関連の危険に関する限り、新たな情報の宝庫である。調べた物品の多くからは、胸の痛む物語が伝えられ、生地がその製造作業者や着用者の体に負わせた損傷の物理的痕跡は今もなお存在する。ロンドンのヴィクトリア＆アルバート博物館で繊維製品のコンサヴェイター（修復保存管理者）たちが、一九三〇年代のトリルビー帽を分析したときに、「今日の基準に照らすと……人の飲食に適さない水を一〇〇万リットル作り出す」のに足りる水銀を今でも含んでいる可能性があることがわかった[36]。昔の文献に医師や化学者によって記載された危険を確かめるために、いくつかの大きな博物館とカナダのライアソン大学の物理学研究室が実験室での分析を詳しく行って、さまざまな毒物を検出した。この方法によって、実験対象の品物に備わる感覚的な質や触覚的な質、視覚的な質が浮き彫りになった。手に触れることができる有形の美しさは、男女の消費者たちが、健康に危険を及ぼす衣服を強く欲しがった（そして今でも欲しがる）理由を説明する一助となった。私は学術的および科学的にアプローチしたにもかかわらず、動物の生皮と同様に叩くのを必要とした獣毛フェルト帽のつややかな表面や、ゴージャスなエメラルドグリーンのドレス、フリンジのついたエレガントなショール［訳注：フリンジは、ショールやカーテンなど布の縁につけた紐や房などの装飾］、妖精のようなチュールのドレスとチュチュ、精巧な彫刻がほどこされた櫛に、いつの間にか魅了されていた。それらには毒物がたっぷり含まれていることや、身に着けた人を窒息させ火傷を負わせ死亡させる危険があることを知ったときでさえ、私にとってそれらの美しさは不快なだけではなく、魅力的でもあった。次の節が裏づけるように、命を奪いかねない衣類に私たちが惹かれてきたのは、はるか昔からのことだ。

神話から現実へ——毒の付いたマントから有毒な化粧品まで

毒ははるか昔から存在するにもかかわらず、衣類の毒による危険はほとんど研究されていない。歴史的に衣類と化粧品は、有毒な化学物質を用いて製造され、私たちは今日でもそれらを使い続けている。昔は、汚染した衣服に対する恐れは極めて重要だったので、毒を含む衣服の神話は多くの文化や歴史上の時代に見られる。[37] 毒を飲み込んだり吸い込んだりすると、非常に速やかに作用するだろう。だが毒を含んだ衣類は、緩やかに効力を発揮する凶器だ。布地は肌に触れるので、毒素が毛穴からゆっくりと吸収される。とはいえ、それでも死に至る場合もあるのだ。そして古代から近代までの文化では、化学的毒物は流行性疾患と区別されなかった。どちらも衣類を媒介にうつりうるからだ。一九世紀に科学的な近代毒物学と法医学が登場したが、それ以前には現実の毒と架空の毒を区別するのは困難だった。ルネサンス時代、病気は瘴気《しょうき》（ミアズマ）が原因で、汚れた空気とにおいによってうつるとされていたとき、強い香りのする手袋をすると流行病から守られると考えられていた。ところが、手袋には香水と毒物がどちらも塗り込まれていたのだ。カテリーナ・デ・メディチ（フランス王アンリ二世の王妃、一五一九～八九年）は、手袋を凶器として使用したというそしりを受けた。[38] キリスト教ビザンティウム〔訳注：キリスト教徒（東方正教会のクリスチャン）の皇帝が支配していた時代（東ローマ帝国時代）のビザンティウム（コンスタンティノープル）〕、南・中央アジア、サブサハラアフリカには、キーラットすなわち「名誉のローブ」を取り囲んで暗殺の道具にする儀式的慣習があった。[39] この豪華なシルクのローブを受け取った人は、即座に羽織らなければならない。「毒の含まれたローブを断ることで、忠誠心がないことを示すか、もしくは……ローブを身に着けて恐らく死ぬことになるか」という難しい選択が迫られるのだ。[40]

毒を含む衣服の伝説で最も有名なのは、古典的なギリシア神話の『ネッソスのマント』だろう（**図12**）。この物語では、英雄ヘラクレスの妻デイアネイラが、ケンタウロス〔訳注：半人半馬の怪物〕のネッソスに連れ去られた。ヘラクレスは勇ましくネッソスと直接戦うことはせず、ヘビの毒を塗った弓で、逃げる敵の背中を射た。死に際のネッソスはデイアネイラに、毒の混じった自分の血を小瓶にとっておき、媚薬として使うようにと言い聞かせたのだった。[41] デイアネイラはヘラクレスが寝台を離れたすきに、こっそりその毒を美しいマントに塗った。召使いのリカスがそのマントを運んでヘラクレスに手渡し、それを身に着けたヘラクレスが神々へ捧げものをする。毒はいけにえの火で熱せられ活力を得て、英雄ヘラクレスを生きたまま焼いたという。ソポクレスの悲劇『トラキスの女たち』で、ヘラクレスの息子は「死のマント」が父親に及ぼした影響を説明する。「当初、その気の毒な男はずっと陽気な気分でいた。見事な服のおかげで、祈りのあいだは上機嫌だった。ところが、それ［いけにえ］に火がついた直後のことだ。……すると、彼の肌には汗が浮いてきて、あのマントが腹を刺し始めた。激痛が骨を貫いて痙攣が起こる。それからは、むごいことだった——ヘビに襲われ、その毒によって溶かされていくかのようだった」[42]。その服は脱ぐことができなかった。服が酸のように皮膚を腐食したのだ。[43] つまりヘラクレスは妻に毒を盛られるのだが、毒の実際の回り方は複雑で遠回りだ。本書のいくつかの章では、神話に出てくる毒の服がどのようにして現代世界で再現されたのかを論じている。ヴィクトリア時代の人々の中毒は、ヘラクレスを死に至らしめたものとは違う毒によるものだが、衣服に含まれる腐食性化学物質にも、高温や人の汗によって活性化するものは多い。そうした毒で被害を受けたのは、発明した化学者や製造時に染色をした労働者、縫製をしたお針子、そして最後だが重要なのは（ヘラクレスが裏づけるように）着用した人々である。ネッソスの神話と同じようなことが、のちの時代にも繰り返された。医学雑誌の『ランセット』は、靴下と下着による中毒に関する一節を掲載したとき、それが人々に信じてもらえず、「デイアネイラがヘラクレスのマントに毒を仕組んだという古典的物語を根拠にするのと大差ないと考えられたのだろう」と困惑した。あるフランスの医師は、毒の神話が毒物の科学になって「ネッソスのマントがフィクションから現実の領域へ移ったようなものだ」と書いた[44]。

私たちはいまだに毒物をそれと知っていながら、自分を美しくするために使用する。ボトックスは、知られている限り最も強力な致死的毒素を作り出すボツリヌス菌（*Clostridium botulinum*）から抽出される毒素である。それを薄めて顔に注入し、神経を殺してしわを伸ばすボトックス療法は、ビューティーリチュアル（美の儀式）の一環として、あるいはパーティの一部としてさえ広く受け入れられている。エリザベス時代の化粧品に鉛が含まれたなどという歴史上の問題は過去のことにすぎず、今は安全だと考えるかもしれないが、化粧の流行が絶えず変化するのをよそに、今日でも口紅の多くには鉛が含まれている。

ルネサンス時代に、女王エリザベス一世は、「ヴェニスの鉛白（Venetian Ceruse）」と呼ばれる鉛化合物のペーストを厚く顔に塗って白くしていた。鉛は何世紀ものあいだ化粧品に用いられ、肌の色を均一で不透明にし、望ましい「白さ」を作り出した。白さは、屋外のきつい労働をしなくてよい自由と、人種的な純粋さを示していたのだ。医学はヴィクトリア時代にようやくビューティーリチュアルに追いついて、医学会が出した報告書によって、ニューヨークを拠点に新たな「ブランド」化粧品を製造したメーカーに問題があることが指摘された。一八六九年に、アメリカ医師会の創立者の一人であるルイス・セイヤー医師は、「レアードのブルーム・オブ・ユー

図 12　ハンス・ゼーバルト・ベーハム、『ネッソスのマントをヘラクレスに届けるリカス』。1542～48 年。画像は Rijksmuseum, Amsterdam の厚意による。

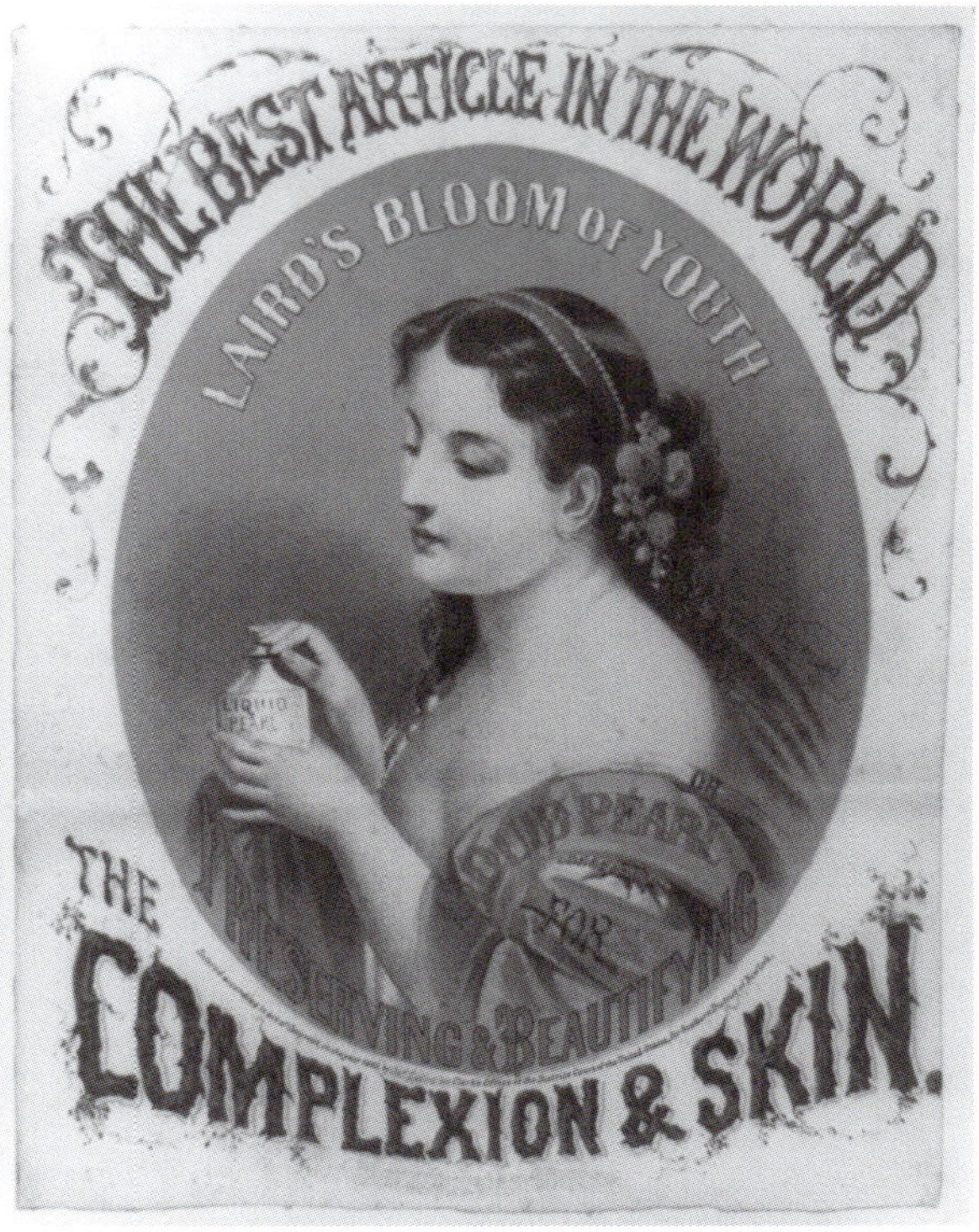

Lead palsy from use of "Laird's Bloom of Youth," from a photograph.

図 13　左：「レアードのブルーム・オブ・ユース」の宣伝広告、1863 年。U.S. Library of Congress の厚意による。右：「鉛麻痺」の 19 歳女性。「レアードのブルーム・オブ・ユース」を使用して両手が麻痺した。1869 年。ルイス・セイヤー、『「レアードのブルーム・オブ・ユース」の使用による鉛麻痺の３症例』、*Transactions of the American Medical Association* 20 (1869): 568. © American Medical Association 1869. All rights reserved/Courtesy AMA Archives.

ス（若さの真っ盛り）」を使用していた三人の若い女性の治療にあたった。三人とも衰弱しており、その状態をセイヤーは鉛麻痺と呼んだ（**図13**）。この商品は日焼けやそばかす、荒れやしみのある肌を美しくする、と広告は謳っている。実際に障害を負った三人は、それまでの二、三年のあいだ月にボトル一本ほどを使い続けていた。三人とも両腕は麻痺しており、三人のうち「ブルーム・オブ・ユース」を必要とするには若すぎる二一歳の女性の手は、「衰えて骨ばかり」になった。[45] 宣伝広告と医学専門誌のイラストで、自発的な美容行為と、体にもたらされた不具合とのあからさまな対比が示されている。広告の女性は「液体パール」というラベルのボトルをやさしく手に持ち、その液体を肌につけようとしているが、もう一方のイラストで、顔を描かれていない患者は、両手がねじ曲がって力が入らない様子である。この症状を、今は下垂手あるいは橈骨《とうこつ》神経麻痺と呼び、鉛中毒によると考えられる。この一九歳の女性は、「自分の髪をとかし、ピンを手に取り、ドレスのフックやボタンをはめることも、あるいは、実際にどんなふうに手を動かすことも」できなかった。[46] 何か月かかけて、化学療法と「電気」療法を行い、手には人工装具をつけたあと、三人とも幸いなことに回復した。レアード社は数十年間その商品を販売し続け、一八八〇年代の広告では、アメリカ合衆国衛生局によって商品はテスト済みであり、「健康と肌に有害な原料はまったく使用されていないと宣言された」と消費者に説明している。

そのほか、アメリカのフェイスパウダーで極めて人気

図 14　ヘンリー・テットロウの鉛を含有する「無害な」スワン・ダウン・パウダー、1875 ～ 80 年頃。
著者のコレクション（写真：Emilia Dallman Howley）。

の高いブランド、テットロウのスワン・ダウンは一八七五年に登場し、ケースに「無害」という表示がある（**図14**）。ヘンリー・テットロウは、イギリスからフィラデルフィアに移り住み、化粧品と香水の会社を興して大成功を収めた。彼のブランドは表向き、初期の化粧品で用いられていた有毒な製品の代わりに、彼が発見した安価な美白用酸化亜鉛パウダーを使用しているということだ。今日ではそれと同じ原料が日焼け止めクリームに使われている。自由になるお金が少ない女性でも、口紅とパウダーが無理なく買えるようになり、それによってテットロウは富を築いた。[47] このパウダーケースの内側にある薄葉紙《うすようし》の裏張りに、白鳥が水面を滑る姿が描かれ、いささか不吉なキャッチフレーズがついている。「ほかのフェイスパウダーは現れたり消えたりする／でもスワン・ダウンは、永遠に留まる」。私はこの手付かずのケースを骨董商から購入し、ライアソン大学の実験室で中身をテストした。結果はおぞましいものだった。パウダーには確かに亜鉛も含まれていたが、かなりの量の鉛も含まれていたのだ。[48] テットロウのマーケティングは人を欺くものだった。スワン・ダウンは柔らかな白い肌を標榜したが、実際には、顔に付けると鉛の粉を吸い込んで肺から血管に入り、体内に蓄積し、人工的な白い肌をした購入者の顔ではなく、骨や歯に「永遠に」留まる可能性があったということだ。

　こうした有毒な化粧品の恐ろしい事例は、歴史上のものだ。ところが、顔料に含まれる鉛は現在でも問題になっている。成分ではなく混入物質としては法的に認められているので、口紅のラベルに鉛はけっして記載されない。[49] 私たちは唇に塗った口紅の一部をうっかり食べるし、唇の皮膚は非常に薄い。そのため、毒素は体内に直ちに吸収される。[50] 鉛の濃度がゼロなら安全だと考えられているとしても、アメリカで化粧品の安全を規制しているアメリカ食品医薬品局（ＦＤＡ）は、口紅が「目的どおりに」局所的に用いられるときには安全性に対する懸念はないと見なしている。[51] FDAの二〇一一年の調査では、テストした口紅四〇〇本のすべてが鉛を含有していることが判明した。二〇一三年六月に、私はトロントのドラッグストア数店舗を訪れて、鉛含有量が最も高い色を探して、トップ7のうち二つ、ロレアルのカラーリッシュ410ヴォルキャニックとティックルドピンクNo.165を見つけた。FDAの調査報告書を読んで以来、自分の唇には絶対に塗りたくないとは思っているが、魅力は理解できる。ヴォルキャニックはキラキラした金色のケース入りで、甘い香りがするリッチでなめらかで明るいオレンジ色は、二〇一〇年秋のショーで、プラダやマルニ、マークバイマークジェイコブスに使われた流行最先端のアヴァンギャルドな色とさえ言えるだろう。[52] 私が自分でその二本の口紅をテストしてみると、ヴォルキャニックは鉛含有量がFDA報告書の一〇〇万分の七から一〇〇万分の一に減少したが、ティックルドピンクは三年前と変わらない含有量を示した。[53] 私たちが摂取してしまう口紅の量や、これらの成分が口紅の使用者に害を及ぼす、あるいは及ぼさない程度は、依然として正確にはわかっていないが、私は化粧品の原料リストに鉛が入るのを防ぐ規制がないことは問題だと考えるし、強調したいことは、私たちがヴォルキャニックのような色を使っているということだ。それは、私たちがよく知らないことにもよるし、良い香りで魅惑的、華やかで、市場に十分に出回っているからでもある。化粧品産業はテットロウのスワン・ダウンやレアードのブルーム・オブ・ユースの昔から、私たちの望むほどは変わっていないのだ。そして、これらの危険には男女それぞれの特徴がある。多くの国ではそれぞれの安全衛生法令によって、以下の二つを区別している。一つは化粧品と毛髪染料を含む（おもに女性用の）「装身具」で、もう一つは、シャンプーやデオドラントなど「身体のお手入れ」に使用するものだ。だがこの性差別では、多くの女性が社会的にも職業的にも、仕事で化粧していることが求められている現状が見過ごされている。歴史上で衣服の犯した罪は大きいが、今日もなお、作る人や身に着ける人を傷つけているファッションの危険について、もっと社会的および科学的な研究が私たちには必要だ。

各章の概要

本書では、このように生命を脅かすファッションの歴史を、一八世紀半ばから一九三〇年代までを中心に図版を用いて示す。病んだ衣服についての第1章は、シラミだらけの軍服や、労働搾取工場で病んだ労働者が作った衣服、医師のネクタイなど、病気を伝染させる衣服を顕微鏡の下で調べる。布地を介して伝播する微生物や害虫のリスクは、一九世紀をとおして続いていた一方で、化学薬品によって贅沢なファッション製品が安価になったが、それらを作る人や身に着ける人は毒に侵された。第2章と第3章では、一八、一九世紀の衣料産業で極めて広く行きわたった毒物である水銀とヒ素の影響を調べている。水銀は二世紀以上にわたって、帽子作りの労働者の男性を中心に（少数の女性にも）被害を与えた。これに対してヒ素は、おとなから子どもまで女性に影響を及ぼした。鮮やかなエメラルドグリーンに染められた衣服や造花は、女性たちが作り手であり買い手だったからだ。第4章では、アニリン染色とその副産物について考察している。化学染料は衣料品の社会的状況を変えて、新しくてもっと鮮明で、ときには死をもたらす色彩へと衣料品を染め直していった。続く第5、6、7章では、毒物に変わって事故の問題について実例を挙げながら論じる。産業革命は日常生活を機械化した。使役動物が担っていた輸送が、鉄道や乗用車に変わってスピードアップして、とうとう初めての飛行機も登場する。木材や蝋燭で明かりを灯し暖を取っていたのが、徐々にガスや石炭、そしてついには電気による照明や暖房に置き換わる。こうした革新を牽引する力の一つが繊維工業だった。紡績（糸紬ぎ）と織布（機織り）が機械化されたおかげで、綿モスリンやネットレースのような高級織物は手の届く価格になった。これらの進歩の多くはすばらしい奇跡と考えられて大衆紙に称賛されたが、犠牲者も出していた。製品のほとんどが安全や衛生には頓着せずに作られ販売されたからだ。首が絞まって死亡する事故や、火災、作業場や工場での爆発は頻発していた。二〇世紀に入ってしばらくたっても、家庭内の事故で犠牲になることは女性と子どもにとって現実的な危険だった。第5章ではどのようにして、労働者など人々が衣服によって近代的な「機械類」に巻き込まれたのかを解き明かす。第6章では、炎に引き寄せられる蛾のように、炎に包まれるチュチュ、燃え上がるクリノリンペチコート、引火しやすいフランネレット（綿ネル）の身の毛もよだつ物語へと読者をいざなおう。最後の第7章では、ポピュラックス［訳注：ポピュリズムとラグジュアリーを合わせた造語。豪華だが安っぽさが含まれる一九五〇年代のアメリカ大衆文化を表す用語］の爆発的流行を取り上げ、セルロイドの櫛や人工シルク（レーヨン）などイミテーションのささやかな贅沢品が、絶滅寸前の動物を救う一方で、人々の命を奪ったという矛盾について考える。各章の物語や、実物の写真、イラストに、読者のみなさんが驚き、そしてご自身を振り返りながら、今一度それらをじっくりと見直してくださるように願っている。ヴィクトリア時代の人々が、ジョン・テニエルの『幽霊に取りつかれた婦人』を見たときにそうであったように。今こそ私たちも鏡を見直して、自分のワードローブに取りついている幽霊の姿を確認するべきときだ。

第1章

病んだ衣服

——細菌や寄生虫との戦い

第1章 病んだ衣服——細菌や寄生虫との戦い

一八一二年の冬、敗北を喫したナポレオン大陸軍の兵士たちは、飢えと疲労で消耗しきっており、頭を垂れ体を丸く折り曲げ、崩れ落ちたところでそのまま凍え死んでいった。亡骸は共同墓地に捨てられるように投げ込まれた。それからほぼ二〇〇年ののち、リトアニアの首都ヴィリニュスで建設労働者が彼らを発見したとき、初めは第二次世界大戦中の冬の軍事作戦で壊滅したドイツ軍の兵士ではないかと考えられた。まもなく考古学者が、戦闘服の切れ端やボタン、むき出しの頭蓋骨を飾るシャコー帽から、第二次世界大戦よりはるか昔、ナポレオン軍の四〇の異なる連隊に所属する兵士の遺体であると特定した（**図1**）。残されていたものすべてを丁寧に確認した結果、発見された溝には、三〇〇〇体を超える若い男性兵士と数人の女性が含まれていたことが判明した。大部分は一五歳から二五歳までの若者である。[1] 誰一人として戦場で華々しく倒れたわけではなく、多くは不衛生な環境での病気による犠牲者だった。シラミのたかった不潔な衣服には、死に至る寄生虫が潜んでいたのだ。

ナポレオンが一八一二年にロシアから撤退していくときに、数万もの兵士が発熱した。[2] 退却の途中、ヴィリニュスを通過したが、この都市にたどり着いた二万五〇〇〇人の兵士のうち、生き残ったのはわずか三〇〇〇人だった。現代のＤＮＡ解析技術と古微生物学の科学的知見を用いて、考古学者と歴史疫学者の研究チームが兵士たちの歯髄［訳注：俗に言う「歯の神経」のこと］から発疹チフスと塹壕熱が存在したことを証明した。[3] 多くの兵士が単純な風邪や飢えで死んだとはいえ、テストサンプルになった兵士の三分の一近くは、これらのシラミ由来の病気に感染しており、この病気が、すでに衰弱していた兵士にとどめを刺したのだろう。現在では、ヒトジラミの糞が細菌を媒介し、死に至る病の大流行をひきおこすことが知られているので、この研究チームは墓の中から小さなシラミを選別することに特に尽力し、その寄生虫から遺伝物質を抽出するテクニックを開発して、二世紀後の今に至っても遺体が病気を媒介することを明らかにした。現場で掘り起こされた将校の着ていた軍服の縫い目に潜んでいたのが、ヒトジラミの一種のコロモジラミ（*Pthirus humanus corporis*）だった［頭につくのはアタマジラミ（*P. humanus humanus*）、陰部につくのはケジラミ（*P. pubis*）という異なる種である］（**図2**）。寄生虫は宿主にかみついたまま離れず、宿主が発熱して熱くなったところで、かむのをやめて別の宿主に群がり病気を感染させる。文字どおり全陸軍では、体を洗わない兵士が狭い場所にひしめき合って眠り、生活をともにしていたので、寄生虫は遠征しなくても次の宿主を見つけられた。害虫と病気のつながりはまだ科学的に理解されておらず、発疹チフスおよび関連疾患の塹壕熱は、歴史的には監獄熱とか船舶熱と呼ばれた。監獄やボートのような小さな空間が多くの人々で混み合うときに、これらの病気は現れた。抗生物質の登場以前は、発疹チフスや腸チフスなどの病気が兵士の命取りになり、ナポレオン戦争やクリミア戦争のような長びいた戦争では、統計的に「兵士は武器よりも

図1　ナポレオンの大陸軍の集団埋葬地で2002年に発見され修復された軍服の断片。第21戦列歩兵のシャコー帽。National Museum of Lithuania（写真：Kestutis Stoškus）。

図2　皇帝近衛兵の騎馬砲兵隊における下士官の軍服の一部。National Museum of Lithuania（写真：Kestutis Stoškus）。

寄生虫が原因で死亡する割合のほうが多かった[4]。二〇世紀初期には、流行性発疹チフスの感染者の一〇～六〇パーセントが死亡した[5]。ヒトジラミがアメリカの軍隊スラングで「クーティ（cootie、ばい菌、シラミ）」と呼ばれるときには、「シラミがたかっている感じがする」［訳注：「ひどい気分である」ことを意味する慣用表現］、あるいは身の毛もよだつ感じがすることを意味している。軍事行動中に衣服は適切に洗濯できず、兵士たちの命がしばしば代償になった。

　ヒトジラミと発疹チフスの細菌を介するつながりは、ようやく一九〇九年になって見つかった。フランスの細菌学者シャルル・ニコルは、発疹チフスとシラミの関係を発見したことでノーベル賞を受賞した。ヒトジラミは寄生虫であり、人が動くところへずっとついて回り、離れるのは「人が病院に入るか、水と石鹸、清潔な下着を得た」場合のみだと説明したのだ[6]。第一次世界大戦時の前線では発疹チフスが深刻な問題だったが、ニコルの発見以来、戦闘服から定期的にシラミをとらなければならないことが、ふつうの兵士たちにも知られるようになった。第一次世界大戦時の写真はがきに、ケピ帽［訳注：当時のフランス陸軍の制帽］をかぶった上半身裸のフランス人兵士が、塹壕のそばに座りこんでシラミをとる姿が映っているものがある（**図3**）。別の、おそらくアメリカ人兵士によると思われる紫色の字で、写真の上部に「塹壕」を意味する言葉、下部には写真のテーマ「こいつはシラミを退治している」という走り書きがある。兵士は脱いだ白シャツに覆いかぶさるようにして丹念にシラミをつまみとっており、そうした様子が当時の多くの写真やはがきに描かれている。フランスの兵士あるいは歩兵のあいだではヒトジラミ（フランス語でtoto）が開運のお守りと考えられるなど、文化的な状況もシラミの認識に影響した。あるエロチックな絵はがきでは、休暇で前線から戻った軍服のフランス兵が、恋人の女性とベッドをともにしている。翌朝、女性は自分の着ているリボンのついたフリルのネグリジェ

図 3　戦闘服からシラミあるいは「ばい菌」をとる兵士、1914 ～ 18 年頃（はがきに書かれている実際のタイトルは『Au bord de la tranchée—Poilucherchant ses poux』）。著者のコレクション。

に、兵士から移されたシラミを見つけて叫んでいる。「よかった！　幸せがやってくるわ」（図４）。

　シラミ退治には蒸気と熱風が最も効果的だったにもかかわらず、前線には適当な設備や燃料がめったになかった。一部の将校は化学薬品によって軍服を消毒した。あいにく、こうした薬品はシラミのみならず人間にとっても有害だったので、敵軍と銃後の害虫のどちらも相手にした化学兵器戦争になった。イギリスの昆虫学者と薬理学者による研究チームは、前線でのシラミ問題の解決を試みた。そして大戦中に、シラミに対して少なくとも六種類の化学物質の使用を提案した。それらには、後年ナチスのガス室で使われたシアン化水素も含まれていたが[7]、当時のイギリスはクロルピクリンがお気に入りだった。クロルピクリンは非常に毒性が強く、一九一七年に始まったドイツによる毒ガス攻撃で初めて使用された。目や鼻、喉をヒリヒリさせる「毒がある」ので、衣類の燻蒸をする担当者はガスマスクを装着せよという警告を受けていた。「クロルピクリンは毒ガス戦に使用されるので戦闘の最前線で入手可能である」ことから、便利な薬品として称賛された[8]。こうした対策にもかかわらず、なおも兵士はシラミに苛まれた。とくに夜はひどいものだった。シラミは夜行性で、かまれると「刺すような激しい痛み」があり、すさまじい痒みを伴う傷になった。ある兵士は体を掻きむしらないではいられない拷問のようなつらさを「自分の体を粉々にしたいと思う」と表現している[9]。『シラミの行進曲（このコソコソと這いまわるばい菌たちよ）』という一九一八年の歌は、ヒトジラミに対する戦いに延々と負け続けている兵士をとらえている。歌の二番は次のとおりだ。

シカゴ出身の友だちスワンソンは
シャツのなかからシラミがこんにちは
なんてことがないように
つねに警戒怠りなかった。
彼はどうやって全部のシラミを追っ払ったのかを
そこに座って話しているそのときにさえ、
体をひねり、身をよじり、引っ掻きはじめる。
もっと多くのシラミが勝手にやっていたというわけさ[10]！

　これとは別に、『シラミがムズムズする（Cootie Tickle）』という一九一九年の歌がある。冒頭は「シミーダンスのことを聞いたことがあるだろう。でも、それがフランスで始まったのは知っているだろうか／私は一人の兵士に教わった。このダンスがどのように始まったのかを」というものだ[11]［訳注：シミーダンスは一九二〇年ごろに流行し、ジャズの音楽に合わせて肩を揺さぶる動きが特徴で、乳房が揺れる魅惑的なダンス］。音楽の形でユーモラスにちゃかしているが、発疹チフスと塹壕熱は二〇世紀初期には依然として恐れられていた。医療の教科書には、ヒトジラミが体毛と肌に触れる衣類にどのようにすみついていたのかが説明されていて、卵は「集まって、布地の縫い目や折り目に深く埋め込まれていることが多い」と書かれている[12]。専門家は、男性兵士が体毛を剃って毎週清潔な服に着替えて感染を防ぐように勧めた[13]。

　病んだ衣服に起因する発疹チフスなどのさまざまな病気が、偶然や環境、怠慢によって広範囲に死者や病人を輩出したが、感染した布地は細菌戦にも用いられた。一九七〇年代以降は現代のワクチン技術が天然痘の大流行の発生を抑えているが、今の医学研究によると天然痘ウイルスは布地の中で一週間以上も生きながらえるという[14]。伝染性疾患の原因を微生物とする「細菌説」が現れるよりもはるか以前に、布地は病気を運ぶという民間知識があったことから、イギリスは戦略的な細菌戦に「天然痘の毛布」と布地を使用するという悪名高い所業をなした。そもそも毛布は肌に触れる個人向けヨーロッパ製商品として、アメリカ先住

図４　『兵士の休暇』、フランスの絵はがき、1915～18年頃。著者のコレクション。

民の人々にもたらされたものだった。北アメリカ軍の最高司令官ジェフリー・アマーストとピット砦の司令官ヘンリー・ブーケット大佐のやり取りが、悪事をはっきりと証明している。あからさまに先住民を憎んでいたアマーストは、ピット砦の天然痘病院で使用した毛布で「この忌まわしい種族を絶滅させる」ことを提案したのだ[15]。ピット砦の将校たちはすでに軍人らしい振る舞いのルールを放棄していたので、この戦術を実行に移した。一七六三年六月二四日に先住民の戦士らの代表タートル・ハートと、ピット砦のイギリス軍士官ママルティが、建前としては和平の交渉を行った。先住民は「友情の鎖をしっかり維持するだろう」とイギリス人に請け合った[16]。契約がまとまり、友好のしるしとして贈り物が標準どおりに交わされたが、その際に将校たちは先住民の酋長たちを裏切り、「望ましい効力を発揮する」ことを願って「天然痘の病院で使用していた二枚の毛布とハンカチ」を渡したのだ[17]。歴史的証拠から、天然痘はその毛布が渡される前からデラウェア族のあいだですでに発生していたことがわかっている。とはいえ、建前として友好的な交換でこうした「生物兵器」を使うのは詐欺的な裏切り行為だ。一八世紀のヨーロッパ人は、この病気が流行していた国々から来たので免疫ができていたが、先住民は大きな打撃を受けた。これらの理由により、ピット砦での「天然痘毛布」事件は今でも人々の激しい怒りを買っている。イギリス人たちの目的に適ったかどうかにかかわらず、表向きは友好のしるしとして受け取った毛布が自分たちを殺しうる凶器だったのだ。

一九世紀後半に細菌説が現れ、ニコルの発見などがあったよりも以前には、化学物質と伝染病は必ずしも区別されず、どちらも「毒」だった。伝染病(contagion)は、語源的には物理的な接触に関係し、「ともに触る」ことを意味する。一四世紀以来、思いつきと信じること、行うことの循環を言い表すのにも使われ、愚かな行いや不道徳な行為などの悪徳は伝染性がある(contagious)と考えられた[18]。また、ファッショントレンドは「ウイルス性の」ものとして表現されている。つまり新たなスタイルは、熱病やウイルス性疾患のように人々のあいだを急速に広がるというわけだ。プリシラ・ワルドは著書の『伝染病の文化(*Cultures of Contagion*)』で、伝染病がどのように「身体的接触の力や危険を示しており、同時に社会的つながりの強さと脆さを明らかにしている」のかを探った[19]。細菌は経済圏を循環する布地に生息して、社会的障壁や民族的障壁をやすやすと乗り越え、富裕層にも貧困層にも同じように文字どおり接触する。粗末な家や共同の家屋に住む病気がちの貧民が、労働搾取工場で働いて作った衣類は大いに恐れられたが、それを豊かな人々が購入して持ち帰り、それからまた洗濯のため、定期的に最も貧しい家庭へそれが戻ってきた。豊かな人々は、どこで自分の衣類が作られるのか、どこで「きれいにされる」のかを知りようがあっただろうか? それは、ヴィクトリア時代に首相を務めたロバート・ピール卿が、自分の娘に女性用乗馬服を贈ったあとに起こったことで説明がつくだろう。横乗りするための女性用乗馬服は、真に裕福な人々の求める乗馬姿にふさわしいオーダーメイド高級スポーツウェアだった[20]。そしてピール卿の娘は発疹チフスに感染し、婚礼の直前に亡くなった。その服は、リージェント通りの仕立て屋が、貧困にあえぐお針子の家に送って仕上げをさせたものだった。お針子はそのウールの温かいスカートを、病に侵され「悪寒の発作でふるえている夫」にかけていたという[21]。その服が「底辺の人々のあばら家から指導的政治家の大邸宅へ」病気を運んだのだ。そう伝える記事では、社会の一体性に対して織物のメタファーを使って次のように書いている。「ゆえに一つに束ねられた社会生活において、われわれはともに結びついている。そして、最も貧しい底辺の人々を顧みないなら、社会は最高峰にいる者や最も豊かで教養のある人々を破滅させることで恨みを晴らすだろう」。

発疹チフスは着るものをとおして、社会の各層の人々に感染しうるものだった。特別にあつらえたオーダーメイドの衣服であろうと、一九世紀中盤の市場にあふれ始めた安物の既製品であろうと、シラミは区別せずにどちらにも潜んでいた。一八五〇年、イギリスで最も有名な風刺とユーモアの雑誌『パンチ』に一つの詩が掲載された。図版が豊富なこの雑誌は、中産階級から知識人、社会的エリートまで幅広い層の人々に読まれたものだ。「ヘラクレスの安物パルトー」[22]と題する記事では、最近流行の「パルトー」のように、病原菌に感染した安物の既製服を購入するのは危険であると、顧客に警告している。水兵の服装から着想を得て生まれたパルトーは、ウエストがなくストンとしていて比較的四角い形のゆったりしたデザインだった。今でいうピーコートだろう。そうした服は不衛生な環境の労働搾取工場で作られ、スロップショップと呼ばれる安物既製服の店で売られた（そうした既製服は簡単に「スロップ」と呼ばれた）。スロップは既製品の水兵服も意味する。パルトーはそうした貧しいところで生まれたにもかかわらず、やがては一般の人々が着るとてもおしゃれな服を意味するようになったのだ。一八五二年にフランス人ジャーナリストのエドモン・テクシエは、労働者階級を起源とするパルトーが新たなステータスを得たことを指摘している。「ここにはファッショナブルやダンディ、ライオン、イエローグラブといった上品な人々を表す言葉からかけはなれたものがある——そうした人々はこぞって百姓や水兵の服を着ているのだ」[23]［訳注：「ファッショナブル」「ダンディ」「ライオン」「イエローグラブ」は、当時の最新流行の衣類（鮮やかな黄色い手袋もその一つ）をまとって街に出て、オペラ座やナイトクラブ、ギャンブル、乗馬などを楽しんでいた上流階級の人々を表す言葉］。スタイルそのものが水兵からダンディまで社会的地位の高いほうへ上っていったのと同様に、発疹チフスや船舶熱といった水兵の病気に社会的エリートも感染する恐れが生じていた。

その『パンチ』誌の詩では、ヘラクレスは毒によってではなく病気によって死ぬ。詩人は古典的な神話を実証可能な「科学的」バージョンにアップデートしている。

ヘラクレスを毒殺したベストは
スロップ売りから買ったものだ。
怪物を鎮める男を拷問にかけたのは
病気のウイルスだった。
それは発疹チフスだ。貧困と飢餓の
衣服にうつったものだ……
そうした衣服は今もなお製造されている。
そしてどうか着てみてほしいと懇願している。
ポスター、宣伝記事、広告チラシ——
分別があるなら、買ってはいけない

この詩は読者を喜ばせた——毒入りベストで英雄ヘラクレスは死んだが、「分別がある」現代の男性消費者は、英雄のような悲劇的運命を避けられるのだから。この詩はどちらにも疑念を呼び起こした。「うつった」発疹チフスで汚染された衣服のみならず、毒を人から人へと移動させていく誤った広告にも疑問が投げかけられた。現代の読者は、同じ製品を売るにもさまざまな形の宣伝方法があるという考え方に慣れているが、ヴィクトリア時代の人々にとってポスターやキャッチフレーズ、プラカード、広告チラシに誘われると、度を越えたなんとなく疑わしいものに思われた。そのわずか二五年後、オーストラリア版『パンチ』誌に掲載された詩は、労働搾取工場の真実を知る一人の労働者の声として書かれていた。その詩は派手な若者に対して、きつくて「つやつやした」新しい洋服一式に気をつけるようにと警告する。

きみの手袋はとてもつやつやしていて、きみにぴったりだとしても、
それは熱病の苗床、病の温床で、
折り目やしわのそれぞれに小さな寄生虫が潜んでいる[24]

労働搾取工場の危険な環境に対するこの懸念は、一九一〇年に労働者の健康向上のロビー活動のために設立されたニューヨーク衛生管理合同委員会など、いくつかの組織で取り上げられた。一九二五年から二九年までのあいだ、検査を受けた工場で製造された衣類には、白い「プロザニス・ラベル」が与えられた。そのラベルはプロザニス・ファッションショーから始まり、女性消費者団体は「[それを]不潔で危険な工場で作られ、病気の原因となる衣類から、労働者だけでなく購入者も守るための努力と見なして歓迎した[25]」。昔の人々は、衣類に潜んでいる危険のことを考え、それに対応せざるを得なかったが、現代の疫学や抗生物質治療、洗濯やドライクリーニングを容易に行える技術によって、衣服に伝染病拡散の可能性があると疑うことは、あまりなくなった。恵まれないホームレスや難民には今でも影響があるとはいえ、私たちはもう、労働搾取工場で生産されているギャップの濃紺の新品ピーコートで発疹チフスを恐れることはない。

危険なのは新品の衣服だけではなかった。歴史的に布地は貴重で、転売されたりリサイクルされたりして、最終的には木綿のラグペーパーとなって寿命を終える。たとえ紡績（糸紡ぎ）と織布（機織り）の機械化によって繊維製品のコストが下がっても、一八〇〇年代の多くの人々は、商人や露天商から古着を買わざるを得なかった。病人や死んでゆく人が着ていた服かどうかは、買うときには知るよしもなかった。パリからリヨンを経由してマルセイユまでを結ぶ鉄道路線で勤務していたE・ジベールなど医師たちは、一八七九年に、アフリカ帰りの兵士が天然痘などのウイルスをフランスに持ち込んで、洗濯婦が一般の人々に病気を広めたのだと主張した。それでもジベールは、最も疑わしい原因は古布や古着の売買だとし、感染源の商品を集める消毒用の施設を作ることを国に求めた。彼は国内における「古い布や寝具、古着、あらゆる種類の使い古された布類の売買」に重点的に注目することを求めた。「それらは、ペストはもたらさないかもしれないが、天然痘や猩紅《しょうこう》熱、麻疹、疥癬などを無制限にまき散らすのだ[26]」。非衛生的な都市事情と洗濯の不備によって、またさらに男性も女性も、子どもも、頭の上から足の先まで何枚もの重ね着が必要という社会的道徳観によって、布地に関係する寄生虫起因の皮膚病、特に湿疹と皮膚炎がひきおこされた[27]。一八九九年にニューヨークの衛生検査官長のフィーニー博士は「お粗末な取引」を内部告発した。「通常の取引で、伝染病による死亡者や溺死者が身に着けていた古着」が、アメリカ合衆国の北部から南部へ船で運ばれたのだという[28]。遠い昔から人々のあいだでは病人の衣類は燃やすべきだと考えられてきたが、一八六〇年代初めにルイ・パスツールのような医師たちが打ち立てた細菌説が、汚れた衣類と病気を科学的に疑うべくもないこととして結びつけた[29]。パスツールの発見に促されて、寝具や衣類の消毒に関する文献が大量に現れた[30]。公衆衛生政策が整備されて、兵舎や病院、そのほか大きな施設では衣類が衛生的に洗濯されるようになった。一般市民も家庭内で細菌を恐れ始めた。

感染性のスカート

水兵も流行物を身に着ける優美な男性も、汚れた衣類による犠牲者になる可能性があったが、女性のファッションも病気を媒介し拡散すると考えられた。アメリカの小説家ナサニエル・ホーソーンがゴシックホラーに影響を受けて書いた一八三八年の短編小説『レディ・エレアノアのマント』（「総督官邸に伝わる物語（三）」）（邦訳：『ナサニエル・ホーソー

ン短編全集（二）』、國重純二訳、南雲堂、ほか）は、一八世紀という設定だ。ある高慢なイギリス貴族女性が船でマサチューセッツ州の海岸に着いて上陸した。彼女は「豪華な」刺繍が施されたマントに身を包んで舞踏会に出席する。マントは魔法のような力で彼女の美しさを引き立てる。ところが、マントがその地にもたらした天然痘によって人々は斃《たお》れていき、エレアノア嬢自身も醜い姿に成り果てて死んでゆく。マントそのものが、完璧な「毒の服」なのだ。ホーソーンは書く。「マントの風変わりな輝きは、ある女性の狂乱した頭が死の床で思いつき、強張った指で運命と悲惨を金糸に織りこんだ最後の作品だ」[31]（上記の國重訳より引用）。著者は「呪われたマント」の表現を用いて、エレアノア嬢のプライドと、身分の低い者に対する彼女のひどい仕打ちを激しく非難する。マントの美しい金糸は天然痘に毒され汚染されており、マントを作った人と着た人、そしてアメリカ植民地の住人の大半に死をもたらしたのだ。

裾を引きずるスカートは一八〇〇年代初期から一九〇五年頃まで繰り返し流行して、女性が街を「掃いて歩いた」ので、出歩くたびに病気を拾って家に持ち込んだ。それを恐れることにも一理あっただろう。一九世紀の都市では、街路が犬や馬の排泄物、たんや唾など労働者が「吐き出した大量のもの」で「汚染」されていた。だが労働者に限らず、アメリカ人やその他の外国からの人種もいたことが、ロンドンのある医師の目には映っていた[32]。そして医師を代表して、「糞尿と病原微生物にまみれたスカートを個人の家に持ち込むことに、われわれは衛生的観点から強く抗議する」と述べ、歩くときには短いスカートの着用を推奨した。医師たちは「街路清掃用」スカートの裾から拭い取ったサンプルに「命取りになる病原菌」がどれほどいるのかを数えて、彼らの主張を科学的に証明した[33]。スカートが持ち込む病気というイメージに、人々は怯えた。一九〇〇年にアメリカの漫画雑誌『パック』に掲載された絵では、上部に描かれた散歩のあとに、小間使いが鼻をツンと上に向ける嫌悪の表情で、女主人の長いスカートの裾を持ち上げている。だが、これは服の汚れを取っているだけの絵ではない。服から病気満載のほこりがもうもうと出ていて、そこに「細菌、微生物」、さらに具体的に「腸チフス」、「衰弱（肺結核）」、「インフルエンザ」と表示されているのだ（**図5**）。裾の中に潜んでいた死神が大鎌を手に、その場へ出てきて浮かんでいる。死神は小間使いだけでなく、そばで小型犬を抱えて無邪気に立っている女主人の子どもたちにも暗い影を投げかけている。こうした非難には道徳的な判断も絡んでいた。つまり、いかなる事情であろうと女性が公共の場で自分の脚を使うのは危険、というものだ。つまり脚を広げて性病を広める娼婦や売春婦から、街を買い物して歩き回る有閑マダムと言われるような裕福な女性までが、非難の矛先になっている。

だが、短いスカートも社会的非難を浴びる危険を伴った。一八九〇年代にアメリカ全体で女性たちが立ち上げた「レイニーデークラブ」は、雨の日には短いスカートをはこうとキャンペーンしたが、『ハーパーズバザー』誌のようなファッション誌は「愛らしい存在でいるという女性の使命はどうしたのか？」と疑問を呈した[34]。一九〇二年に特許を受けたアール・ヌーヴォーの「スカートグリップ」は、とまった鳥の装飾が施された実用品で、美と健康の優雅な歩み寄りの産物だ（**図6**）。そのデザインは、厚いウールの外出着の裾を持ち上げて支えたことを示していて、当時、審美的な基準と衛生上の基準のあいだに生じていた争いの証になっている。ファッション史の多くの研究で、二〇世紀初期に女性のスカート丈が短くなったのは、女性の参政権を求める戦いやスポーツに参加する女性の増加によることが明らかにされているが、衛生面の懸念も（忘れられがちではあるが）重要な役割を担っていたのだ。

抗生物質は、発疹チフスなど多くの病気の爆発的流行をほぼ根絶やしにしてきた（ただし、発展途上国では二〇世紀後半にも大流行があった）。一九世紀の作家は、既製服や古着には寄生虫がいることを心配し

図５　細菌を引きずり歩くスカート、『パック』誌、1900年、© The Art Archive/Alamy.

ていた。現代の欧米人は、ベトナムやバングラデシュ、フィリピンの労働搾取工場で製造された衣服から、伝染病がうつるという心配は特にしていない。だが、近くの危険についてはもっと気に掛けるべきなのだ。病院は今でも布地を介してうつる感染症の温床である。医師が身に着けている衣類などの汚染に関する近年の研究は、私たちが今のままの考えを押し通すのを躊躇させる。たとえば、白衣やネクタイ、聴診器といった西洋の男性医師の専門技術を象徴する品々は、致死的な細菌を患者から患者へ橋渡しする可能性がある。それには、抗生物質が効かないメチシリン耐性黄色ブドウ球菌、すなわち、MRSAという略称のほうが有名なスーパー耐性菌も含まれる。私たちを治療してくれる人、「危害を加えない」人として、私たちは医師に信頼を置いているが、汚染された白衣によってそれは裏切られる。男性の衣服でのステータスシンボルの一つとして、シルクのネクタイを締めている医者もいるが、ネクタイの多くは水洗いもドライクリーニングもされていない。スコットランドの四〇人の医師を対象にした二〇〇六年の研究では、医師の七割は自分のネクタイを洗ったことがなく、残りの三割は洗ったのが平均で五か月前だったという。[35] 別の研究によると、医師のネクタイのほうが、平均二日ごとに洗濯しているシャツよりも著しく多くの細菌が含まれていたが、そうしたシャツにも五〇枚のうち八枚にスーパー耐性菌のMRSAが含まれたことが明らかになった。[36] さらに別の研究では、病

図6　アール・ヌーヴォーの「スカートグリップ」、1902年に特許取得、© Victoria and Albert Museum, London.

院スタッフと訪問者の衣服にアスペルギルス（コウジカビ）という菌類の胞子が付着しており、体の弱っている免疫不全の患者がそれを吸い込んで、死の危険がある肺疾患にかかる可能性があることが示された。子どもを安心させるためにしっかり抱きしめると、その子にとってのリスクはとりわけ高くなる(37)。序論に書いた伝説的なネッソスの「毒の」マントの現代版は、一般には無菌と思われている病院環境で今でも着用されている。二〇〇八年にイギリスの保健省は、医療専門家が「不必要なアクセサリー、腕時計、白衣、肘にかかる袖、およびネクタイ」を身に着けることを禁止する措置をとった。それらが「感染拡大の点で重大な危害を及ぼす」からだという(38)。本章で示してきたように、泥にまみれた共同墓地や第一次世界大戦の塹壕の中、服の裾の汚れ、ピーコートの縫い目の内側、そして医師のネクタイのつややかなシルクの表面をじっくり見ると、過去のみならず現在もなお、布地や衣類は人の命を脅かす細菌の戦場であることがわかるだろう。

1842
1836
1833

第2章

毒を含んだ技術

——水銀入りの帽子

第2章 毒を含んだ技術——水銀入りの帽子

パリのサン・ルイ病院内にあるムラージュ博物館は、内部の壁がゾッとするような展示ケースになっている。展示物は驚くほどリアルな皮膚病見本の数々で、世界のファッション中心地において貧しい人々を苦しめた皮膚病を表している。この博物館は、医師らが皮膚科専門医の新たな世代を教育するために一八六〇年代に設立された。展示品の皮膚病見本は、病院で治療中の患者の病変部分から直接型取りして、蝋で作った像に手塗りを施したものだ［訳注：これを「ムラージュ」と言う。一九世紀に皮膚科教育で多く用いられたが、カラー写真など技術の発達により役割を終えた］。展示の一つ、生きているような薄気味の悪い手は、手の持ち主だった二五歳の帽子作りの労働者が、職業性皮膚病を患っていたことを示している。「硝酸水銀によって生じた爪の変化」と書かれている（**図1**）。これは一八八五年にジュール・バレッタという若い男性から作られたムラージュだ。未加工の毛皮を流行の男性用帽子に変えるために用いた有毒化学物質が原因で、彼の爪には永久に落ちない染みがついていた。爪の染まり具合から、この労働者が保護手袋をつけていなかったために、毒素が直接皮膚から体内へ侵入できたことがわかる。だが、同時にこの手から明らかになるのは、労働者が非常に貧しくてかかりつけの医師をもたなかったため、おそらく健康を失ってから無料の公立病院に来たということだ。彼の指は「ばち指」と呼ばれる状態になっている。つまり爪の付け根がやや隆起しており、その形は慢性的な酸素欠乏状態を示している。ばち指は、帽子を作る労働者の多くが患っていた肺疾患のせいか、これ以前から心臓に異常があったからなのか、あるいは水銀を扱う仕事に起因する心疾患のためなのかもしれない。水銀に曝露すること自体でも、こうした爪の状態をひきおこしうる。だが確実なのは、二五歳という若さで、この職業によって男性の両手と健康に消せない跡がすでにつけられていたということだ。(1)

同様の障害を来した手が、国際労働機関による一九二五年の研究に見られる（**図2**）。この報告は、水銀で神経運動系が損なわれることを明らかにしている。鉛筆で書かれたふるえる線は、自分の名前をサインしようとした帽子作りの労働者たちが、体のふるえを抑えられなかった記録である。北米ではこうした不随意運動は、帽子屋のふるえ、あるいはダンベリーのふるえと呼ばれた。(2) このサインからは、毒に侵された労働者がDe Cockとサインすることもほとんどできなかったことがわかる。また、別の無学な帽子作りの労働者は、自分の名前の代わりに十字を書こうとしている。フランスは一八八二年に国民全員を対象とする無償の義務教育を法律で制定した。この判読が難しい鉛筆書きには、帽子作りが熟練した職人の手作り品ではなくなり、機械による工業製品になっていたことが反映されている。二〇世紀初期までには、あまり教育を受けていない老人や外国からの移民が、この埃まみれで死の危険と隣り合わせの汚い仕事についていた。本章では男性のファッションとそれがひきおこす慢性水銀中毒に注目して、ルイス・キャロルの『不思議の国のアリス』（安井泉訳、研究社、ほか）に登場するエキセントリックな「狂った

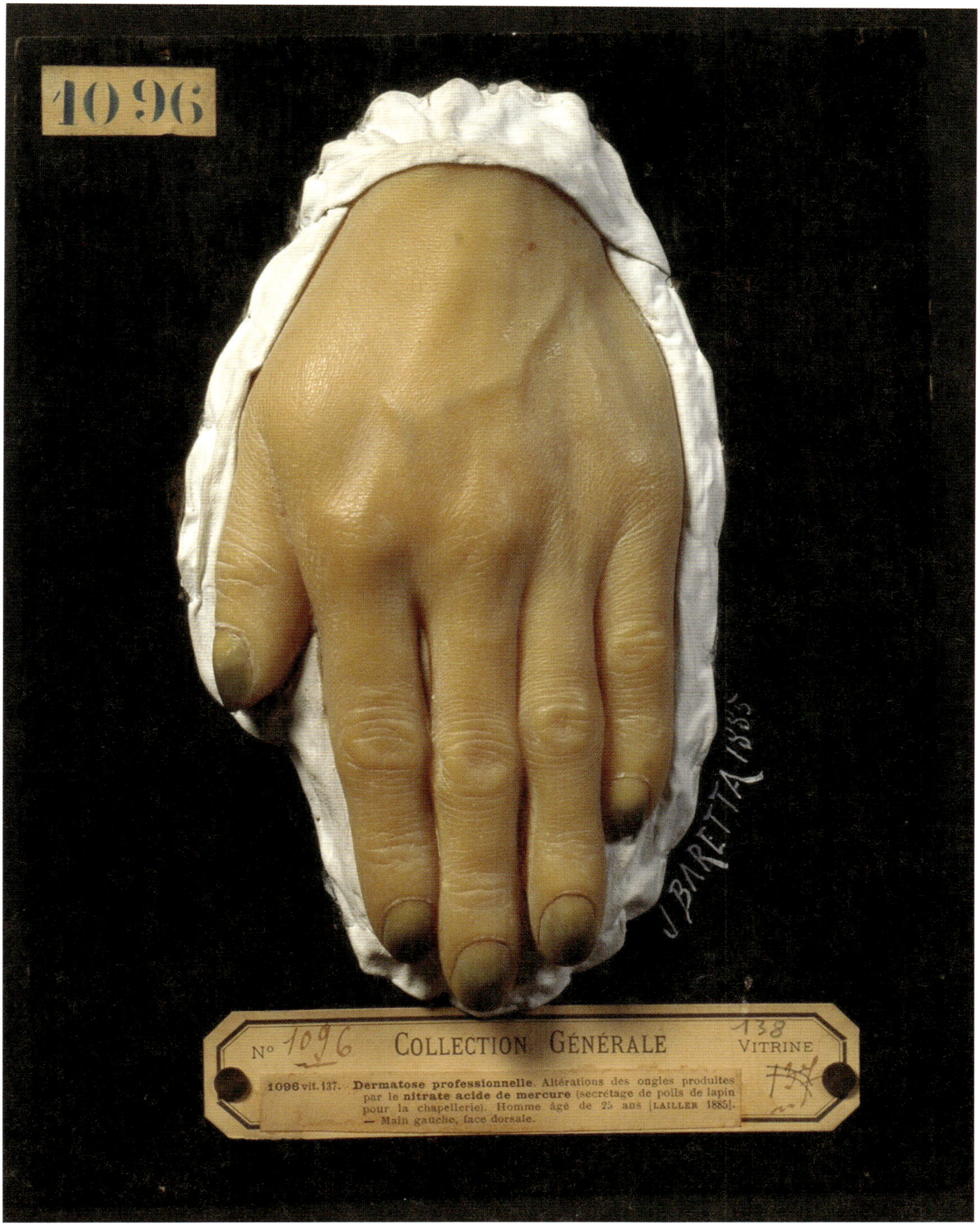

図 1　ジュール・バレッタ、職業性皮膚疾患——25 歳の帽子職人の手で、硝酸水銀によって生じた爪の変化を示している。1885 年、見本番号 1096。Musée des Moulages, Hôpital Saint-Louis, AP-HP, Paris, France.

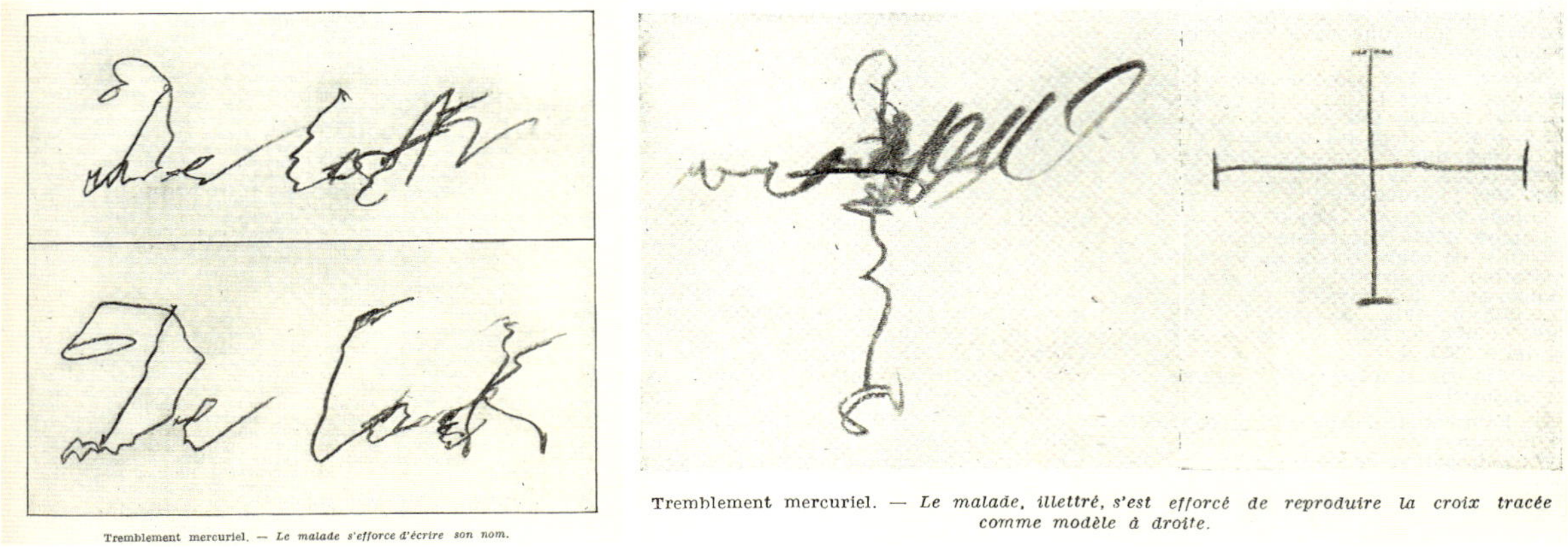

図 2　水銀性振戦（ふるえ）を呈する帽子職人が書いた鉛筆書きのサイン。読み書きのできる帽子職人（左）とできない帽子職人（右）によるもの。フランス、1925 年。Bibliothèque Nationale de France.

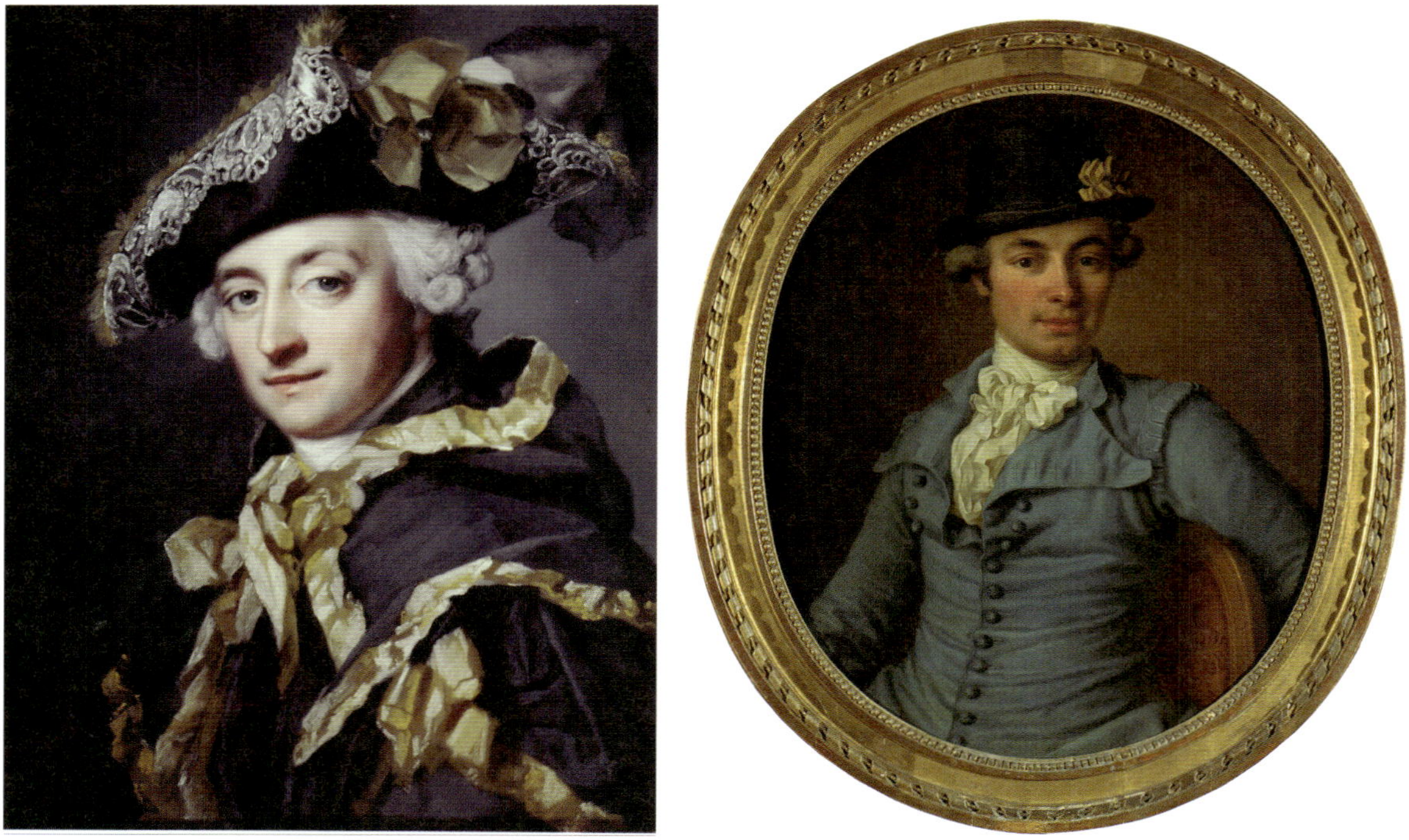

図 3　左：フランシス・コーツ、『ティルニー伯爵一世の息子、ジョサイア・チャイルド氏の肖像』。Lydiard House, Swindon. 右：ウルリカ・パシュ、『アドルフ・ルドヴィク・スティアネルド男爵の肖像』、1780 年。Swedish National Museum, Statens portrattsamling, NMGrh 3581. Photo © Nationalmuseum, Stockholm.

帽子屋」のように愛されている文化的象徴の陰には、身の毛もよだつ現実があることを明らかにしよう。

プロテウス的なもの

私が若いころに見た帽子は、非常に大きなつばがついていて、折り畳むときは日傘のようだった。そうしたつばは、組み紐を使って上に持ち上げられているときもあれば、下げられているときもあった。それ以来、帽子は小船の形に作られている。現在では、丸いそのままの形が流行しているようだ。帽子はわれわれの欲するまま、あらゆる形になるプロテウスだ。

ルイ＝セバスチャン・メルシエ、『帽子』、*Tableau de Paris*, vol. IV, 1782, p. 62

メルシエはパリについて書いた文で、男性のかぶり物のスタイルが絶えず変化していることに思いを巡らしている。彼は帽子が水の形さながらに、ギリシア神話の海神プロテウスのごとく変わりやすいことに気がついていた。メルシエが若者だった一七五〇年代には、フランシス・コーツの絵（**図3左**）に描かれているように、帽子には上げ下げのできる大きくて幅広のつばがついていた。それがのちには二角帽子と呼ばれるボートのような形が人気になった。そして一七八〇年代初めには、ウルリカ・パシュが描いた肖像画（**図3右**）のように、帽子は頭部が丸くてつばが狭い形が最新の流行になった。一八世紀後半の帽子はさまざまな形に変化したが、いずれにも同様に「水銀が含まれる可能性」があった。水銀は、流行の帽子を作るのに使用された獣毛に文字どおり埋め込まれていた。水銀に有毒作用があるのは知られていたが、グレードの低いゴワゴワしたウサギの毛皮を柔軟なフェルトへと変えるには、水銀が最も安価で最も高効率だったのだ。フェルトは、合成繊維を含めてさまざまな原材料から作ることができる不織布だ[3]。ウールは動物を傷つけなくても集めることができるが、獣毛フェルトは動物から剥いだ生皮が原料だ。それはほぼどんな動物からでも作ることができる。「獣毛フェルトに関する限り、四本脚で毛皮があれば——そして帽子屋のそばを通りかかれば——帽子に利用された」[4]。そうした動物の毛から丈夫な布地を作るためには、生皮から毛を剥がし取って「フェルトに成形する」、つまり、こする、圧力をかける、湿気を与える、化学処理する、そして熱をかけるという作業を組み合わせて行うことで、獣毛を絡み合わせる。毛のついたままの生皮に水銀と酸の溶液を加えてブラシをかけて、毛に含まれるケラチンタンパク質を分解すると、毛が赤みがかったオレンジ色に変わるので、この工程はキャロッティングと呼ばれた[3]［訳注：英語の人参、carrot（キャロット）に由来する］。

水銀（クイックシルバーとも呼ばれる）は輝く銀色の小球で、水銀を用いて作る帽子と同様に美しく、流動的で、形を変え続ける物質だ[6]。だが、ピカピカの表面は見せかけだ。というのは、水銀は鉛と同様に人間の健康を脅かす極めて危険な物質の一つで、肺から容易に吸収され、肺ほどではないものの皮膚や胃腸からも体内に入る。ところが、帽子の一時的な流行がすぐに去っていくのとは違い、水銀は永続的だ。帽子を作る労働者の体内や、帽子の布地、帽子工場付近の土壌にひとたび水銀が取り込まれると、そこで永遠に存在し続ける[7]。

現存する獣毛フェルトの帽子は、今でも健康被害をひきおこす可能性を持ったままであることを広く知らせている。ロンドンのヴィクトリア&アルバート博物館（V&A）の衣装コレクションに含まれる帽子は、しわが寄って光が反射しているポリ袋に封入されており、その袋には髑《どく》髏《ろ》マーク（髑髏と骨でできたバツ印を組み合わせたもの）と「有毒」の文字が印刷されたステッカーがついている（**図4**）。V&Aの繊維製品のコンサヴェイター（修復保存管理者）であるグレアム・マーティンとマリオン・カイトが先駆的な実験で示したように、この手の帽子の多くは現在でもなおたっぷりと水銀を含むため、扱う人に害が及ぶ。コンサヴェイターにはなおさらだろう。彼らは、壊れた帽子にスチームを当てて元の形に戻す作業をするのだ。「調査した帽子の大多数に水銀か水銀化合物が含まれている。このことは一八二〇年から一九三〇年にかけてフェルトで作られた帽子のいずれにもあてはまるようだ」[8]。彼らは今では著名な二〇〇二年の論文で、キャロッティング工程による残留水銀が今もなお脅威であり続けていることを、博物館の専門家たちに警告した[9]。そして、博物館の獣毛フェルト帽子は最大で五割に水銀が含まれるだろうと考えて、予防措置としてそれらをすべて袋に入れた[10]。

ありがたいことに博物館のコンサヴェイターの数名が、同様の技術を使って博物館のコレクションをいくつか分析してくださった。使用されたハンドヘルド蛍光X線分析（XRF）装置では、物体に含まれる鉛や水銀などの重金属とそのほかヒ素などの毒物について、量の測定はできないものの、存在していれば検知できる（**図5**）。カナダ王立オンタリオ博物館（ROM）、ロンドン博物館、ライアソン大学物理学部で検査が行われて、一七三〇年代に水銀の使用が始まってほんの数十年後の一八世紀半ばの三角帽子《トリコーン》（いわゆる「海賊帽子」）から、ROM所蔵の二〇世紀初期の帽子まで、かなりの数の帽子に水銀が含まれることがわかった[11]（**図6**）。博物館のコレクションの獣毛フェルト帽子には今でも毒性があるという「科学捜査」による動かぬ証拠に向き合って、本章ではいくつかの重要な疑問に対して答えを探る。帽子がどのように水銀中毒をひきおこしたのか？　水銀がどのように帽子作りの労働者の健康に影響したのか？　その問題はなぜこれほど長く続いたのか？

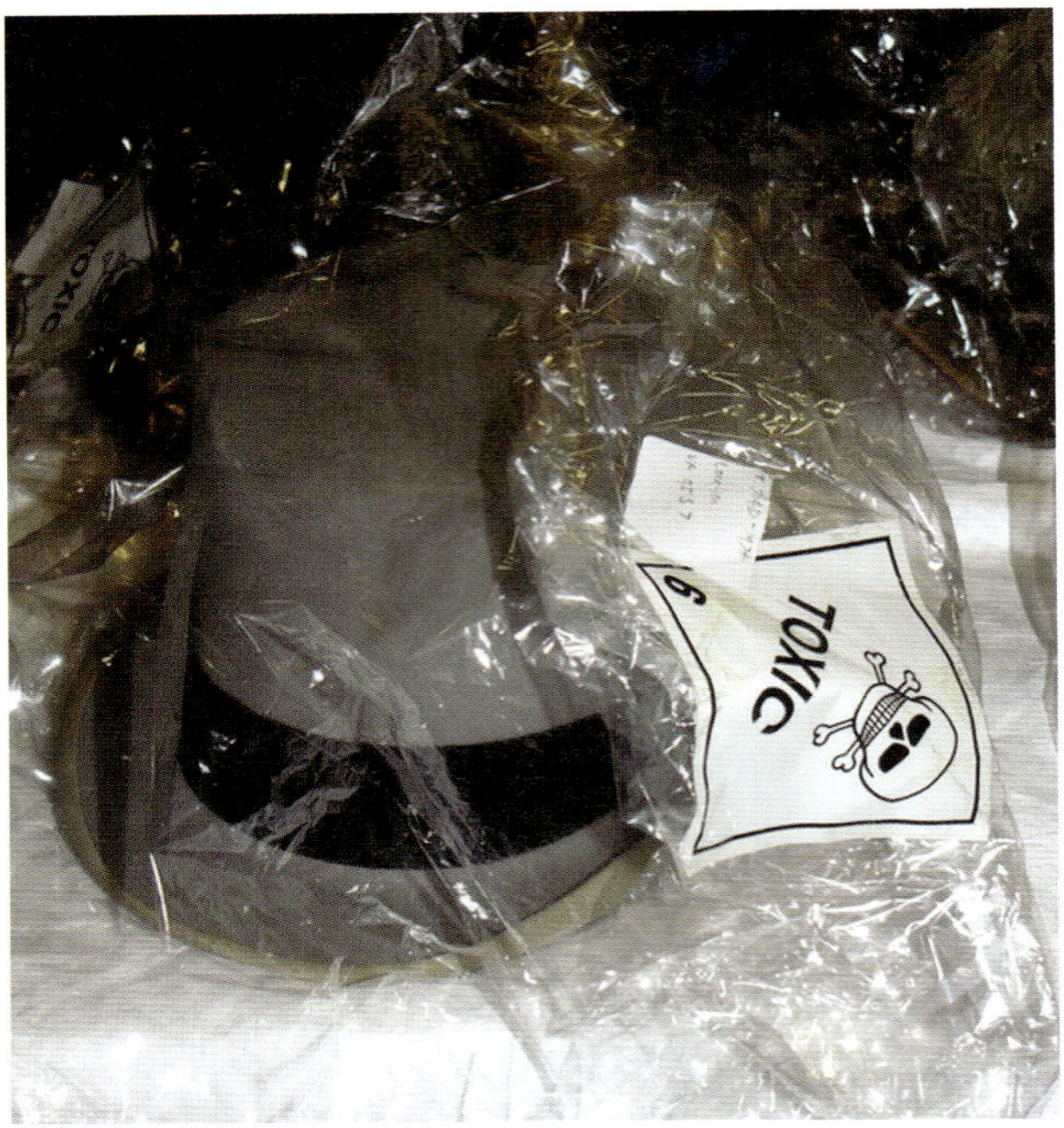

図4　ポリエステル袋に封入された獣毛フェルトのシルクハット。Victoria and Albert Museum, London の厚意による。

エリザベス・ウィルソンは著書の『夢をまとって（*Adorned in Dreams*）』に、フリードリヒ・エンゲルスが一八四四年に著した『イギリスの労働者階級の状態』（浜林正夫訳、新日本出版社）を引用している。「ブルジョワ階級の婦人のまさに装身具となるものの製造が、労働者の健康に最も悲惨な結果をひきおこすのは、興味深い事実である」。女性用ファッションアイテムの製造が労働者の健康に害をなすというこの批判は的を射ているが、自分のかぶっている帽子に毒物が含まれることにはエンゲルスは気づかなかった。現在では獣毛フェルトの帽子をかぶる男性はほとんどいない。だが当時、エンゲルスが帽子をかぶらずに出かけることは、社会的に認められなかっただろう。今では普段着で帽子をかぶるが、多くの文化では帽子が服飾の重要な役割を担ってきた。また、帽子は実用的な理由でも大切だった。帽子はセントラルヒーティングが普及する以前には防寒用に欠かせず、傘が普及する前には雨除けとして使われていたのだ。帽子をかぶる、挨拶で帽子を持ち上げる、帽子を持

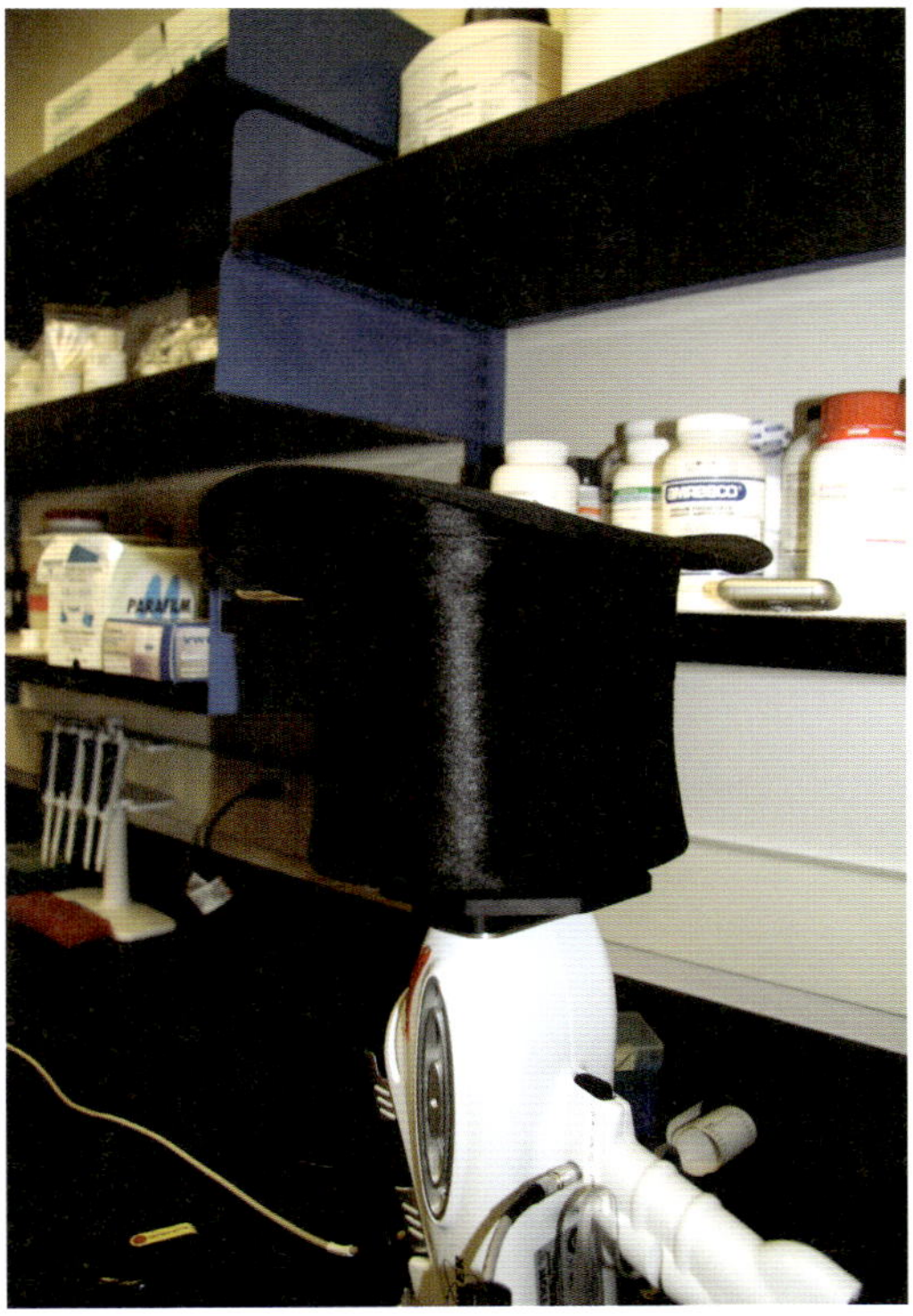

図５　19 世紀後半の獣毛フェルトの帽子（上）は、バータ靴博物館のコレクションの一つ。これをアナ・ペヨヴィッチ＝ミリッチ教授の物理学実験室でハンドヘルド蛍光Ｘ線分析装置に載せて検査した（左）。この検査を実施したのはライアソン大学のエリック・ダ・シルバ博士。上：E. Baumann と Sohne Hutmacher, Switzerland. Copyright © 2015 Bata Shoe Museum, Toronto（写真撮影：Ron Wood）。

図６　左：水銀を含んでいる三角帽子（トリコーン）、18 世紀半ば。© Museum of London.　右：カナダ王立オンタリオ博物館蔵のフェルト製の山高帽子（ボーラーハット）。こちらも検査の結果、水銀が含まれていることがわかった。Christy's, London, 974.117.7, Royal Ontario Museum © ROM の許諾済み。

ち運ぶといった複雑な社会的習慣は、帽子をかぶらない人が大部分の現代社会では一見したところ不可解だが、当時は日常的な作法であり、階層上の差異を補強していた。帽子と靴はともに高価だったが、男性のワードローブに欠かせないものだった。

ダゲレオタイプの写真（銀板写真）には、ヴィクトリア時代のブルジョワの特徴的服装が表現されている。上品な黒いフロック・コート、染み一つない白いワイシャツの胸元、ベスト、ネクタイ、仕立ての良いズボン（**図7**）。モデルの二人がかぶる明るい色の帽子は、表面が起毛して柔らかな風合いを出している。二人は友情か、もしかしたら兄弟愛を表す握手をして、一方の男性が他方の男性の肩に手を置いている。新しく現れた産業と科学技術の領域の一部として、この写真は最新ファッションを身に着けた男性の姿を本物さながらに表して、彼ら自身にそうした自分の姿を見せたのだ。『ル・ナルシス』といったタイトル（水に映る自分の姿に恋をした神話の少年の名前にちなんだものだ）を持つような男性向けファッション誌の出版ブームが到来すると同時に、水銀を用いてめっきしたきれいな姿見に自分を映してじっくり見たり肖像写真を撮ったりすることができるようになった。ダゲレオタイプは一八三九年に発明された写真技術で、磨きこまれた鏡のような銀板に独特の鮮明な画像を写し出した。この技術で写真を作り出す際には水銀蒸気も使用されたので、つまり帽子と帽子の写真のどちらも男性たちを毒に「晒した」ということになる。[12]

獣毛フェルトの帽子が機能的だったことは紛れもないとはいえ、ファッションの市場システムのなかでこうした帽子の交換価値が高かったために、女性のファッションと同じぐらい「不合理」で魅力的だった。「不合理」という言葉をここで意図的に使ったのは、男性の服装史は、合理的に順調な段階を踏んで発達していくものとして取り上げられることが多いからだ。ところが二〇〇年以上のあいだ医師たちが積み上げてきた証拠によると、この産業が生み出した物体は、かぶり主の頭、すなわち理性の宿る場所を守ってきたが、それとともに作り手に神経学的障害をひきおこして、「狂った」帽子屋を生み出してきたのだ。一八四四年にパリの風刺画家ジャン＝ジャック・グランヴィルは、『ラ・モード』誌がいかに暴君的であるかを皮肉る作品を出した（**図8**）。グランヴィルは、紳士服や婦人服の仕立て屋たちが、ファッションの暴君的女王のもとで悪の「死刑執行人」を務めていることに非難の矛先を向けた。

これは運命の女神の紡《つむ》ぎ車ではない。壊れた車輪、あるいは聖カタリナの車輪と呼ばれる拷問道具を象徴する。この車輪には最も凶悪な犯罪者が手足を伸ばして括り付けられ、車輪が転がると手足が砕かれてゆっくりと苦しみながら死に至ったのだ。グランヴィルはこのような非難をしたが、衣類の作り手は加害者や死刑執行人というわけではなかった。状況は逆だ。彼らの仕事は彼ら自身を蝕んでいた。仕立て屋は一日中背をかがめて仕事をしていたために背中が丸まっていることで有名だったし、低賃金のお針子は食いつなぐために売春に走ることも多かった。エンゲルスはブルジョワの女性消費者を糾弾したが、男性もまた、形が次々に変わる男性用帽子によって帽子屋の体に「悲惨な結果」、不具や早死にをひきおこした責任の大きな部分を担っていた。

シルクハットの手品

シルクハットからウサギを取り出す手品は、マジックそのものを象徴している。この「帽子の手品」の起こりは一九世紀初期、おそらくは一八一四年、パリの手品師ルイ・コントの発明だと考えられる。[13] 一八三〇年代までにはジョン・アンダーソンが、見物人の帽子から「見世物動物」のウサギまる一羽を無傷で取り出していた。[14] この手品は今では、英語の表現で「オールド・ハット」、つまり「時代遅れ」になって

図7　ダゲレオタイプ、明るい色の獣毛フェルトのシルクハットをかぶっている二人の男性、1854年頃。Mark Koenisgberg Collection.

LA MODE.

いったが、帽子作りで使われるウサギの毛皮についてのジョークになったのではないかと私は考える。つまりウサギは殺されて帽子になり、手品師はその帽子からもとのウサギに生き返らせるというのを、ユーモラスに繰り返すのだ。ウサギは複雑なプロセスを経て、生きた動物からかぶり物へと形を変えられていくが、帽子はふわふわと柔らかい動物のような手触りを完成品に起毛として残していることが多かった。そして帽子に繰り返し「グルーミング」とブラシがけ（フランス語ではpelotageとbichonnage）をすることによって、つばを整え、表面につやつやとした光沢を出してそれを保つことができる[15]。これらの用語は、ペットの小型犬を撫でたり甘やかしたりする表現にも使われるものだ。また家庭では、気の利く妻が夫の帽子にブラシをかけたものだった。一八九二年のシャーロック・ホームズの短編『青いガーネット』（大久保康雄訳、『シャーロック・ホームズの冒険』、早川書房、ほか）では、巡査が「ひどくみすぼらしい」帽子というヒントをホームズに与える。ホームズは細かい「読み」に基づいて、帽子の持ち主が「一日のほとんどを座ってすごし、滅多に外出しない、すっかり運動不足の中年男性で、ここ数日のあいだに白髪混じりの髪をカットした」と推理した。さらに、持ち主の妻は夫への「愛情が冷えた」のだろうとしたのは、帽子の茶色い埃を観察して、「数週間ブラシをかけられていない」ことがわかったからだ。ホームズは有名な友人に向けて言う。「ワトスン君、ぼくはきみに会ったときにきみが一週間分の埃が積もった帽子をかぶっていたり、そんな状態で外へ出ても奥さんが平気だったりしたら、心配になるよ。気の毒に、きみも奥さんに愛想をつかされたのかとね[16]」。

ホームズの鮮やかな推理は、不在の持ち主の人生の物語を「魔術のように」浮かび上がらせる。一方、ブルヤーズの帽子のアール・ヌーヴォー様式の広告では、帽子を使った古典的な手品の逆が描かれている（**図9**）。手品師の助手らしい赤いドレス姿のおしゃれな女性が、小ぶりの籐籠のふたを開けて疑わしそうに見ている。平均的な帽子を一つ作るのにちょうど必要な五羽のウサギが、「ベイソニング」用機械のバスティシューズ［訳注：ベイソニング（basoning）とは、温度と熱をかけながら型でフェルトを固めることで、それを行う機械がフランス語でバスティシューズ（bastisseuse）と呼ばれた］の投入口にすすんで飛び込んでいる。この機械は、一八五五年に帽子作りに使われるようになった最初の工業用機械で、ばらにした柔毛を大きな円錐形の型に吹き付けるものだった[17]。ここでは円錐型の代わりに、完成した一一種類の帽子――柔らかい中折れ帽（フェドーラ）から麦わらのカンカン帽（ボーター）まで――が描かれている。手品師風の紳士は、ウサギとピカピカの最終製品のあいだに立ち、礼儀正しく帽子を脱いで女性のほうを向いている。この絵は一九〇〇年頃、つまり、帽子製造がついに「魔術のように」全工程を機械で行えるようになったまさにその頃のものだ[18]。魅惑的な広告では、ウサギを殺す製造の工程や労働者に有毒な作業については、まるっきり省かれている。労働組合の委託によって作られたある報告書は、この宣伝ポスターが印刷された当時バスティシューズで作業をしていた女性たちが、実際に深刻な水銀中毒で苦しんでいたことを伝えている[19]。

とはいえ、帽子作りの労働者たちは必ず水銀中毒になった、というわけではない。歴史的に、ビーバーの毛皮で作った帽子「ビーバーズ」は、あらゆる帽子のうちでも最も高価だった。ウールのフェルトは濡れると重くなり形が崩れるが、ビーバーの毛は水を通さず、しなやかで軽くて暖かかった[20]。ビーバーは毛皮がもてはやされたために、ヨーロッパでは一六世紀までに絶滅してしまった。起業家たちは新たな毛

図8　ジャン＝ジャック・グランヴィル、『別の世界』、Paris, 1844, p.280. Toronto Public Library の厚意による。

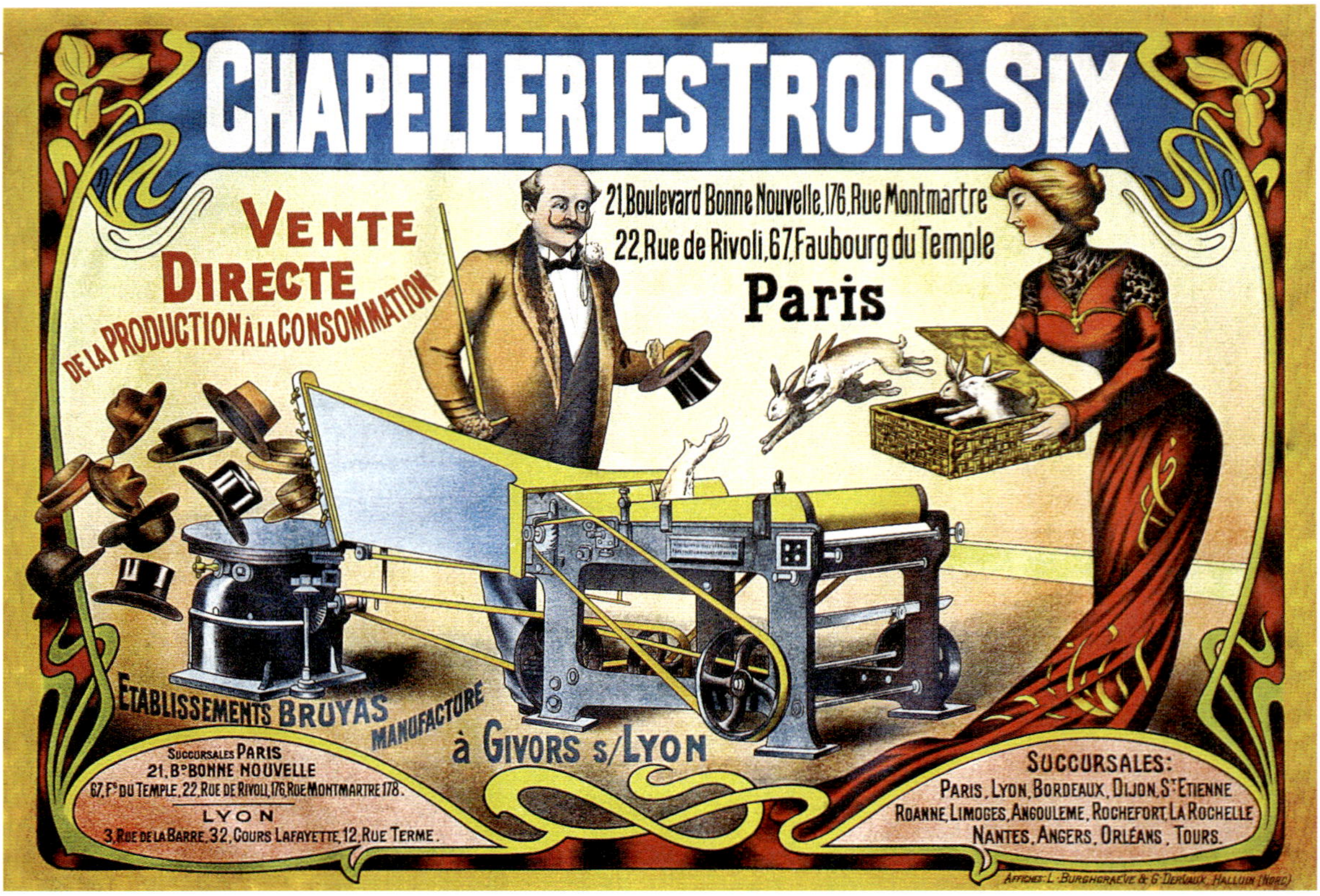

図 9　ウサギを帽子に変える機械のクロモリトグラフ（石版多色刷り）のポスター、Établissements Bruyas, 1900 年頃。Musée du Chapeau, Chazelles-sur-Lyon.

皮の供給源として北米に目を向けた。一七世紀にビーバーの毛皮最盛期を迎えると、颯爽とした騎士と地味な清教徒とが同様に、固いつば広のスタイルを好むようになった。三十年戦争（一六一八〜四八年）のあいだのスウェーデン軍の連勝によって、尖塔のような円錐形でつばが広い帽子のシュガーローフハットが男女ともに流行した。[21] この「魔女の帽子」と呼びたくなる形の帽子は、一六二〇年代の珍しいサンプルが、素材の乾燥によりてっぺん部分が壊れて欠けている状態だが、現存している（**図10**）。毛皮から作られたフェルトは現代のものよりも分厚くできているが、私がその帽子を手で持ち上げてみると、大きさのわりには驚くほど軽く思われた。

純粋なビーバーには水銀を使用する必要はなかった。ビーバーの毛はとげのある構造をしていて、年を経て生体の反応により化学的に変化したものが最高の品質になる。初期のオランダ人移住者が次のように書いている。「……ビーバーの毛皮には、泥や埃、油脂の汚れがついていなければ、フェルトにはならない」。よって、あらかじめすり切れているか「コートの」ビーバーは、それがロシアでコートに縫い込まれていたものや原住民が着て「長年素肌に直接触れて汗や脂で汚れているものが、フェルトに適して良い帽子になる」[22]。この汗くさいもつれた毛皮はキャストー・グラ（castor gras）、つまり「脂まみれのビーバー」と呼ばれ、キャストー・グラを1に対して、未使用のキャストー・セック（castor sec、乾いたビーバー）を5の割合で混ぜると高級品質の帽子ができた。[23] ヴェンツェスラウス・ホラーの版画『英国王チャールズ二世の戴冠式の行列』によれば、社会的および政治的エリートがかぶっているのは山高のビーバーハットで、羽飾りが施されている。イギリスの官僚だったサミュエル・ピープスの有名な日記には、一六六一年に高価なビーバーハットを購入し、ロンドン市長就任の晩餐会など大きな社交的な催しのときだけかぶったと書かれている。[24] 単に馬で出掛けるだけのときには、「ビーバー

図 10　上：ヴェンツェスラウス・ホラーの版画『英国王チャールズ二世の戴冠式の行列』の一部、1662 年。© The Metropolitan Museum of Art. 画像ソース：Art Resource, New York. 左：ビーバーの毛皮のフェルトでできた「魔女の帽子」、1620 年頃、© Museum of London.

を温存する」ために別の帽子をかぶったという[25]。

ピープスの日記の記述から、彼がどれほど帽子を大切にしていたかが証明される。ところが一八世紀には、ビーバーの供給量が乱獲により減少したうえに、サプライチェーンが戦争で途切れた。するとビーバーに代わって、地元で捕れる安価なアナウサギやノウサギの毛皮が使用され始めた。ただしそれには一つ問題があった。ウサギの毛皮はあまり良いフェルトにならなかったのだ。毛に含まれる硬質なケラチンを分解するために、帽子の作り手が使わなくてはならなかったのがキャロッティング溶液で、これはフランス語でスクレ（secret）、つまり「秘密」と呼ばれた。それの詳しい化学成分は企業秘密と考えられたからだ。フェルトを形成するプロセスで、その溶液は人間の汗と同様の化学的効果を与えた。それは、毛皮を着て肌が直接触れるときに汗でゆっくりと生じる自然な生物学的プロセスを速めて、効率をよくしたが、生物毒性を生じる科学技術だった。

「人を殺す贅沢品」

経済歴史学者のジョン・F・クライアンは、二〇世紀に帽子製造業を営んでいたカナダ人一族の出身だ。彼が毛皮貿易経済に焦点を当てて書いた興味深い論説では、水銀中毒による健康への影響に軽くしか触れていない。水銀溶液の出現は技術革新であることを強調し、一八五五年のベッセマー法による鋼精錬の刷新に似ているという[26]。ベッセマー法により鉄鋼技術は安価なものになり、錬鉄に代わって、錆びない強力な鋼鉄が登場した。一八世紀の帽子作りはまだ職人の手作業で、鉄鋼の生産や織物の製造のように重工業ではなかった。だが、ほかの贅沢品と同様に、帽子作りは「産業革命」に先立つものとして経済歴史学者のヤン・デ・フリースの言う「勤勉革命」の一部である[27]［訳注：勤勉革命（Industrious Revolution）は、産業革命（Industrial Revolution）に対照させて、経済学者の速水融《あきら》が一九七六年に提唱した。二〇〇八年のフリースの著書 *Industrious Revolution* のまえがきには、フリースが一九八六年に速水に会って論を知ったことが記されている］。そうした革命の一部として、水銀を使用した新技術が導入され、安価な毛皮でフェルトが作られ、帽子を作るスピードが速くなったが、広くさまざまな産業で新しいやり方や生産の加速が「新たな健康問題の出現を招いた[28]」。早くも一七七八年には、こうした新たな贅沢品のせいで労働階級の人々が死んでいくのを、最初期の人口統計学者のフランス人ジャン＝バティスト・モオーが目撃していた。彼は「人を殺す贅沢品」に税金をかけるように求めて、こう書いている。「血で固められていない記念碑はめったにないし、血で汚れていない衣類もほとんどない。これまで何世紀ものあいだ機械技術を完成するために注がれた努力は、数多くの未知の毒物の誕生という結果を人々にもたらしたのだ[29]」。帽子の製造は典型例だ。クライアンはキャロッティング工程を肯定的に見たが、この工程が健康被害をひきおこしたために、帽子産業は一八世紀のあいだ労働者と工場主が相対する戦場となった。最終的には労働者が戦いに破れて、雇用主の経済的利益が勝ちを収めることになった[30]。

帽子作りの労働者は、水銀が縮絨《しゅくじゅう》を促しフェルト化させる性質をどのように発見したのか［訳注：縮絨とは、動物の毛の表面のキューティクルが互いに絡み合って離れない状態（フェルト）にすること］。二つの別々の伝説的な言い伝えが、これを明らかにしている。どちらの物語も、水銀の一般的な医学的用途がポイントだ。職人たちは釜の中の酸性の液体に尿を継ぎ足し、釜がいっぱいになるまで入れて、毛皮を煮てフェルトにする。ある帽子工場では、特定の労働者が作るフェルトが仲間の作るものよりも品質がよかった。その労働者は梅毒だったので、水銀化合物をペニスに入れる治療を受けていた。水銀が添加された彼の尿が、フェルト化に驚異的な効能があったというのだ[31]。別のイギリスの物語では、医師が乳がんの女性に、水銀を塗ったウサギの皮を湿布として使用した。その湿布を使った帽子職人が、ついに水銀の効能を突き止めたという。(32) 水銀が最初に使用されたのはいつなのか正確にはわからないが、おそらく一七世紀中には帽子職人は水銀がフェルト化を促す性質を知っただろう。だが、一七一六年に帽子屋の組合の規則で禁止された。それは最終製品の品質を維持するため、そして職人の健康を守るためでもあったかもしれない。(33) この禁止措置は長く続かなかった。新教徒のユグノーには多くの優れた帽子職人がいて、亡命先のイギリスへ「秘密《スクレ》」を持ち去ったと言われている。だが逆にフランスの帽子職人が、それからわずか一〇年後に逆輸入したことは、多くの物語に詳しい。(34)

一七三〇年代までに、マルセイユの帽子作りの労働者の組合と、一七三二年に水銀の使用を始めた工場主のキャルボネルは、キャロッティングを巡って法廷での闘争を繰り広げていた。裁判でキャルボネルは自分の主張を裏付けるために経済議論を用いた。水銀のおかげで安い材料を使えて、市場でイギリス製品に対抗できるようになり、この軽い帽子が、スペインやイタリアのような暑いところの消費者に今や引っ張りだこだ、というのだ。(35) これに対して組合の主張は、水銀を使用して作る帽子は壊れやすい欠陥品で、労働者を不正な競争に巻き込んでいるというものだった。また組合は、キャルボネルが否定した健康被害も訴えた。(36) そしてキャルボネルに不利な判決が下り、マルセイユでは再び水銀が法的に禁止され、のちにはリヨンとパリ、そのほかのおもな帽子製造の中心地でも規制された。ところが都市地域以外では、帽子作りに水銀が使われ始めた。ついには、政治と経済によってすべての帽子作りの労働者が水銀を受け入れることになった。一八世紀前半までにビーバーの毛皮はウサギの毛皮の一〇倍から五〇倍の価格で取引されるようになっていた。(37) 一人の労働者がビーバーの未加工の毛皮からフェルトの帽子の形にするには、六時間から七時間必要だった。それがウサギの場合は、たった三時間しかかからなかった。一七八二年に、男性用の「ふつうの」帽子は三リーブルから六リーブルで売れたが、ビーバーの帽子はその四倍の価格だった。(38) それが理由で、一七三五年に禁止された水銀が、一七五一年までにマルセイユにおいてでさえ合法化された。(39) そして一七六三年にフランスがイギリスに敗れてカナダの領土とビーバーの生皮を失うと、フランスで水銀の使用が蔓延するようになった。(40) あるフランスの医師は、一七六三年にイギリスの勝利でヌーベルフランス（北米のフランス植民地）を失ったことを嘆き、「帽子製造工場ではかつてないほど命にかかわる危険が増した。あまり言いたくはないが、平時であろうと戦時であろうと、わが国の労働者はイギリス政府に殺されている」(41)。

キャロッティングは帽子を作る労働者を危険にさらす多くの作業の一つにすぎない。一七六五年に出版されたノレ神父（ジャン＝アントワーヌ・ノレ）による帽子作りマニュアルは、労働者のブラッシング技術を明らかにするために作られた。図から、有毒な液体が入った大きい不安定そうなボウルがあることと、労働者が危険な素手であることだけはわかる（**図11**）。キャロッティングのあとに、アルソン（arçon）と呼ばれる長い弓を使用して「バッティング（叩くこと）」によって、毛を皮から剥がしていった。水銀混じりの毛が舞い上がるこの作業は、風通しの悪い閉じた場所で行われた。暑い日でも窓を閉め切り、作業場の空気の流れを止めて、細かい毛が吹き飛ばされるのを防いでいたのだ。次の段階で、縮絨作業者《フラー》と板張り作業者《プランカー》が木製のローラーと素手のどちらも使ってフェルトを形成する工程でも、別の健康問題をひきおこした。そこでは熱と湿気、化学薬品、摩擦を組み合わせて、ゆるい毛の「かたまり」を半分の大きさになるまで縮め、それを沸騰している酸性水に数時間浸しておく。高度な技術を要するものの、暑さの中で体力を消耗するこの工程が、ジャン＝アントワヌ・ベルジェによる一九〇四年の作品に

図11　左上で作業しているのがキャロッティング作業者（スクレトゥール）（Fig.8）。立って作業台に向かい、ボウルに入った水銀溶液（スクレ）を使って毛皮にブラシをかけている。保護具などは使用していない。ノレ神父、『帽子職人の技術』、パリ、1765年より。© Bibliothèque Forney / Roger-Viollet.

描かれている（**図12**）。帽子を作る労働者が五人、昔ながらの板張りの縮絨用作業台で作業しており、台は四辺が中央の金属製の釜に向かって傾斜している。四人の白髪交じりの労働者は縮絨作業をしており、そのうちの二人は暑さを凌ぐためにシャツを脱いでいる。上半身裸の五人目の男はボトルから直接ワインを飲んでいるが、この男の役割は釜の下側で木を燃やし続けることと熱い希硫酸を注ぎ足すことだ。一八六二年のある業界紙によると、縮絨は汗まみれになる仕事で、作業者は喉の渇きを癒すために頻繁に水分を補給しなくてはならなかったが、「残念ながら好むのはたいていアルコール飲料である」とのことだった。[42] 記事には、一リットルの沸騰したコーヒーにリコリスから抽出したエキスを加えて甘くすると、安くてアルコールよりは健康的な飲み物になる、とある。キャロッティング作業者と同様に、この縮絨作業者たちはエプロンをしているが保護用の手袋もマスクもしていない。彼らの手は、縮絨作業によってただれ、硬くなった。荒れた肌からは、キャロッティング作業者より多量の水銀さえも吸収した。沸騰している釜から立ち上る猛毒の蒸気を、呼吸するごとに取り込んでいた。アルコール飲料が肝臓の解毒機能を妨げて、毒の影響を増幅させたかもしれない。[43] さらに、地域の環境にも水銀が放出されていった。

帽子工場に水銀が導入されたとき、すぐに医師たちはそれによる極めて邪悪な影響に気がついた。帽子産業の慢性的水銀中毒を初めて記録したのは、一七五七年に当時三三歳だったフランスの医師ジャック＝ルネ・テノンだ。フランス外科大学の病理学科長に任命されたばかりのテノンは、パリのおもな帽子製造工場の六つを直接訪問した。工場によって健康状態に若干違いがあるという程度に見えたが、診察するとひどい事態が明らかになった。ムッシュ・キャルポンチエの工場では、最年長の労働者でも「五〇歳を超えている人はめったにいない」し、「朝はほとんどの労働者は手が震えていて」、「多量の汗をかき、咳をして痰を吐き」、全員がガリガリに「やせ細り、弱々しく、スピリッツを飲むことでやっと日々働けるような有様だった」。さらに、彼らはみな「子だくさんだが、ほとんどの子どもは育たない。たいていは四歳ぐらいで死んでしまっていた」という。[44] 別の工場では、工場主自身が「瀕死の状態」にあり、やがて五四歳で亡くなった。また、帽子を製造するルテリエ工場では、それより少し前まで、冬に狩ったビーバーの高級毛皮（ビーバーは冬に毛皮が厚くなり、よく縮絨する）を原料に用いていた。薬品を添加しないただの水を沸騰させて、それに毛皮を入れていたこの工場では、よそに比べて症状のある労働者がはるかに少なかった。[45] そしてわずか数年前に導入した水銀溶液は、ほかの工場で使用される溶液よりもはるかに薄かったので、テノンは秘密の操作《スクレタージュ》、つまりキャロッティングこそが、自分が目にしている重篤な健康問題や早すぎる死の原因であると結論づけた。彼は、ほとんどの帽子工場にキャロッティング溶液を売っていた化学者で薬剤師のボーメとも話をした。この薬剤師は硝酸一六ポンド（約七キログラム）に対し水銀一ポンドから三ポンド（約〇・四五キログラムから一・四キログラム）までさまざまな注文を受けていることを、テノンに伝えた。[46] 毛皮のフェルト化には十分だが作業者の健康を損なわない水銀の割合を帽子工場はまだわかっていない、とテノンは判断し、工場主たちにキャロッティングを削減するように呼びかけ、もっとよいのは水銀使用をやめて、「職人をそれほど傷つけずにこの技術に使える工程」に変えることだと訴えた。[47]

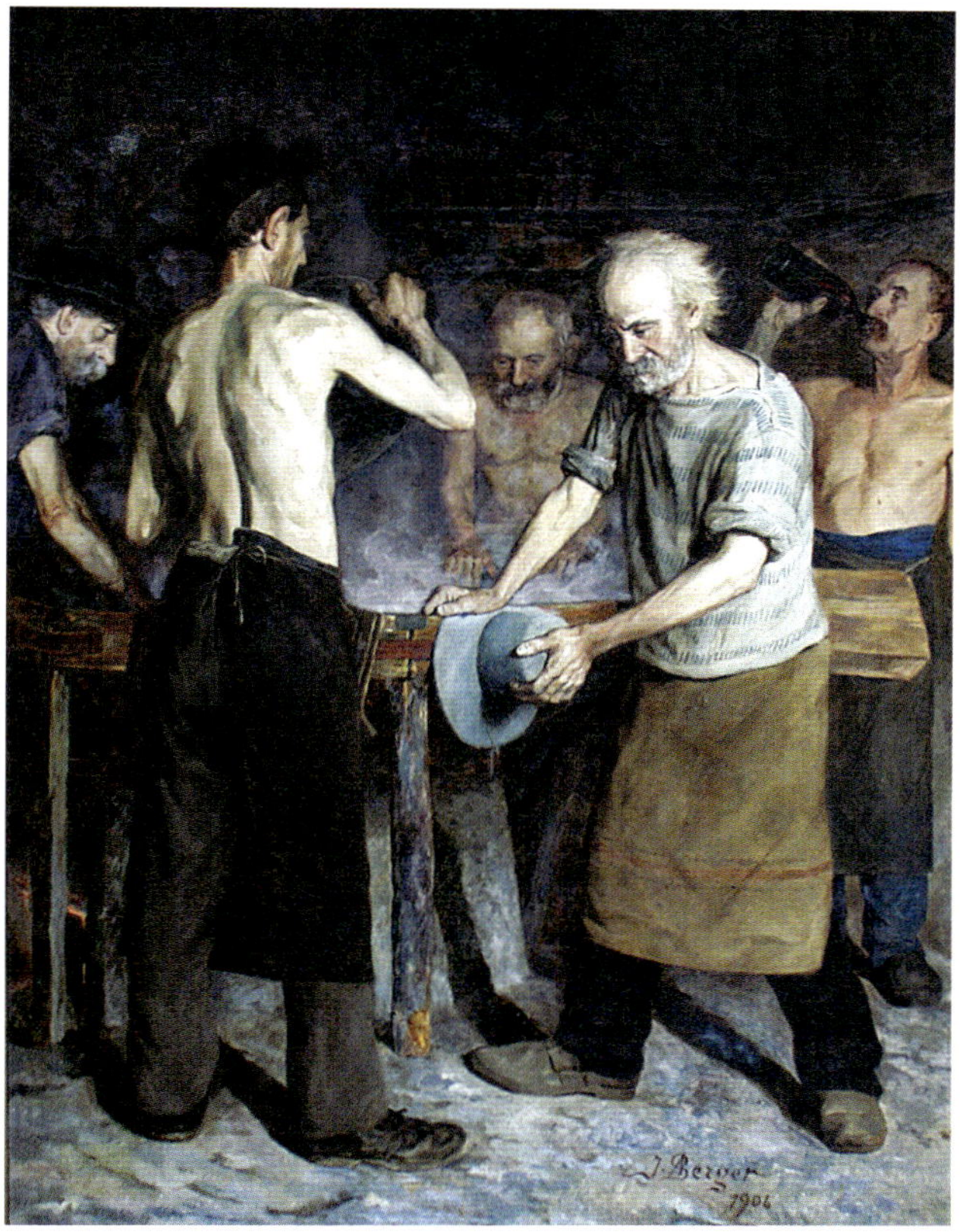

図12　ジャン＝アントワヌ・ベルジェ、『縮絨作業をする帽子職人あるいは板張り作業』、1904年。Musée du Chapeau, Chazelles-sur-Lyon.

　テノンの書いたものは出版されず、警告は無視された。医師たちは帽子工場で働く労働者が痙攣発作や手足の振戦、麻痺などの症状に苦しむ様相を記録し続けた。三年にわたってこの問題の調査に取り組んだアシャールは、五か月の乳児が両親の工場と家庭で水銀蒸気を吸い込んで死亡したことを記述している。[48] 一七七六年には医学専門誌の『ギャゼット・ドゥ・サンテ』誌が、水銀の使用は「不要で奇怪、虐待である」と書いた。[49] フランスとイギリスでは芸術と科学の国立学術団体が、代替手段となる化学的プロセスを探し求めてコンテストを開催したが、こうした対策は実際の状況にほとんど影響を与えなかった。[50] それどころか、フランス革命後のナポレオン帝国の期間に状況は悪化し、目下の戦争が優先されて健康問題はなおざりになった。この問題については、帽子職人に発言権は一切なくなった。[51] いくらか防護用具の改善があり、ある帽子職人が仲間のためにマスクとスポンジを設計したことさえあったが、全体的な状況は一九世紀初期に悪化の一途をたどり、一八二〇年代にどん底に陥った。(52) パリは芸術や文化、ファッションの中心地と考えられがちだが、フランスのアンドレ・ギレームやトーマ・ル・ルーなど環境汚染史の研究者は、一七八〇年から一八三〇年のあいだにパリが「産業の」中心地となり、パリでは贅沢品と、大量生産に使用される多様な化学薬品がどちらも製造されていたことを指摘する。(53) そして、パリの産業で水銀が果たした役割を評価し直して、特に水銀のひきおこした重金属汚染と蔓延した環境汚染に注目している。

ポール・ブラン（カリフォルニア大学医学部教授）が論じるように、傷つくのは労働者の体に限らない。なぜなら、「『労働リスク』と『環境リスク』には絶対的な境界点が存在しない」からだ。(54) 一八二〇年代の始まり以来、歴史的に重要な帽子製造産業の中心地であるコネチカット州（アメリカ）のダンベリーとノーウォークでは、土壌の水銀濃度が産業革命以前の三倍から七倍であることが、最近の地球化学的研究によって証明された。(55) 水銀は依然として、かつての帽子製造工場の付近に集中的に存在している。水銀は土地に沈殿して一五〇年以上たってから、洪水などの激しい天候によって流出して、ロングアイランド湾に流れ込んだ。(56) パリでは帽子工場で、板張りに囲まれて中央で沸騰している釜から、最も生物毒性が強い形の水銀化合物が揮発した。(57) この水銀化合物が酸化して道路や屋根に降り積もり、そこから食糧供給に入り込み、地下水を汚染した。(58) 一八二〇年代のパリではフェルト帽の人気が高かったので、セーヌ川右岸のパリ中心部の人口密集地帯に二〇〇〇から三〇〇〇の帽子メーカーがひしめいていた。

水銀は危険な物質だと認識されていたにもかかわらず、パリ警視庁は住宅地から工場を離しておかなければならないほど危険だとは考えていなかった。一八二五年にパリの帽子メーカーが製造していた帽子はおよそ二〇〇万個だった。水銀の使用量はキャロッティング作業者一人につき年間一〇キログラムに達し、水銀を使用する全産業（メッキ業者や鏡メーカー、帽子メーカーなど）をすべてまとめると、一七七〇年から一八三〇年のあいだにパリの右岸地区では約六〇〇トンの水銀が放出されたことになる。(59) 帽子工場から水銀蒸気の黒い煙が絶えず吐き出されて街に立ち込めていたというのは、ゾッとするような光景だったに違いない。目撃談によると、それは人々を悩ませ馬をも怖がらせていたという。(60) 一八二八年の冬と翌年の五月にはパリでの水銀使用量が最大となり、肢端疼痛症（ピンク色の発疹が生じることから「ピンク病」とも呼ばれる）が集団発生し、四万人を超える住民が発症するに至った。この集団発生はヒ素か鉛が原因と考える人々もいるが、歴史家のアンドレ・ギレームは、地域の産業が放出する水銀が数万人のパリ市民に被害を与えたと主張する。

皮肉にも集団中毒が発生する前の夏に、画家のジャン＝シャルル・デヴリーは、セーブル焼［訳注：フランスのセーブルで生産される高級陶磁器で、絵画的な美しい柄が特徴的］の工場で製造する皿のデザインをスケッチするために、パリの帽子製造工場を訪ねていた(61)（**図13**）。デヴリーは、実用的な段ボールから、ゴブラン織のタペストリーや金の装身具といった贅沢品まで、一五六種類の製品の製造工場での中心的な場面を取り上げて、一八〇枚の絵を描いており、工芸品を褒めたたえる比類のない作品群となっている。ここに示した絵は、おそらく化学者のアレキサンドル・ブロンニャールに依頼されて描いたのだろう。ブロンニャールはセーブルの工場を指導するために雇われた化学者で、一八二〇年代にフランスの最新科学技術と美のイノベーションを示すために開催された一連のフランス工業製品博覧会においては、審査員を務めていた人物だ。博覧会は汚い嫌な仕事には触れず、帽子の染色やブロッキング［訳注：型に入れて蒸気を当てて帽子の形にすること］、研磨など、帽子を消費者の欲

図 13　ジャン＝シャルル・デヴリー、帽子屋、スケッチ、1828 年。© Victoria and Albert Museum, London.

する形にする最終部分の展示を呼びものにした。作業台の手前右にいた労働者は、裏返した帽子のつばにアイロンで仕上げをし、帽子が「ブラシや布、熱いアイロンなど芸術的な器具を使って、上品で魅力的に見えるようにした」という。[62] 帽子屋を描いた金装飾の皿の完成品は現存していないが、一八三六年にフランス王ルイ・フィリップは、贈り物として一式すべてをオーストリア宰相のプリンス・メッテルニヒに提供した。[63] メッテルニヒ邸において、当時フランスで最大級に有害な産業が描かれたその皿から、豪華なディナーを食べた人もいたことだろう。

皿のデザインとその豪華な装飾は産業問題を文字どおり粉飾していたが、同様の粉飾が別の形でも始まった。デヴリーのデザインした皿が窯で焼かれた一八二九年、公衆衛生の専門家（フランス語では hygièniste）の新世代は、科学データを利用して職業病が存在するとは思えないと言い出した。そうした人々の多くは産業と結託した化学者や評判の実業家当人で、守るべき労働者の健康よりも産業の経済的利益を優先したのだ。[64] その結果、労働者の傷ついた体は絵からは恣意的に排除され、テノン医師のように核心を突いた観察で労働者それぞれを個別に症例研究したものは脇へ押しやられ、抽象的な統計的「科学」が幅を利かせた。ついには、帽子作りの労働者は自分たちの仕事の危険性を十分に知らされなくなった。一八二九年に、帽子工場で働く若者が仕事を学ぶのに役立てる目的で作られたイギリスのマニュアルには、彼らが使用しているキャロッティング液の原料の水銀については触れられてもいなかった。[65]

それでも、帽子を製造する労働者が獣毛フェルトの代替品を探していたことを示す物的記録がある。博物館のコレクションには、獣毛製と絹製のどちらのシルクハットも見られることが多い［訳注：日本語では素材にかかわらず top hat の形の帽子を「シルクハット」と呼ぶのが通例のため、本書では top hat を「シルクハット」と訳出している］。絹ビロードのシルクハットは一七九〇年代までに市場に現れ、獣毛フェルトの帽子より毒性の低い代替品として、ジョージ・ダニッジのロンドンの店舗で「ビーバーハットの模造品」として売られた。[66] 一八五〇年代までには獣毛がシルクに置き換わり、本物のビーバーの毛皮は時代遅れになっていった。一八八五年に『コーンヒル・マガジン』誌には、「現在ではビーバーを博物館以外で見かけることはなかなか難しいだろう」と述べられている。[67] とはいえ、有毒の獣毛フェルトは、ボーラーハットやホンブルグハット、フェドーラなど、形式ばらない丸みを帯びたモダンなタイプの帽子に使われ続け、中毒者は減らなかった。

「狂《マッド》った」帽子屋《ハッター》

ヴィクトリア時代には、フィクションで最も有名な帽子屋が作り出された。ルイス・キャロルの一八六五年の作品『不思議の国のアリス』に登場するこの帽子屋は、無意味なことを話し、お茶のないお茶会を開くという、わけのわからないキャラクターだが、大衆のファッション文化でたいへん愛されている。アニー・リーボヴィッツはアメリカの『ヴォーグ』誌の二〇〇三年一二月号で、アリスをテーマとする特集記事を書いた。記事では、イギリスの帽子デザイナーで、これまでにヴィヴィアン・ウエストウッドやジョン・ガリアーノ、コム・デ・ギャルソンの帽子を作っているスティーブン・ジョーンズが、狂った帽子屋の役割を果たしている。ティム・バートンが監督した二〇一〇年の映画『アリス・イン・ワンダーランド』で、狂った帽子屋に扮したジョニー・デップが明るいオレンジ色の髪をしているのは、帽子屋がその色のキャロッティング液を使って毛皮を帽子にしたことにちなんでいる。この帽子屋は、帽子作りに水銀が利用された二〇〇年の歴史の中ほどの時期に登場する。とにかく、たとえ現実の労働者に基づいてキャラクターが作られたのだとしても、帽子屋のエキセントリックな魅力は、労働者の実際の体にもたらされた水銀の影響を、当たり障りがないような解釈で示したものだ。キャロルが水銀中毒の症状からインスピレーションを得たかどうかについては、議論が続いている[68]。ジョン・テニエルが『不思議の国のアリス』に描いた挿絵では、帽子販売人のように描かれ、かぶっている帽子に「この型一〇シリング六ペンス」という安い値札が付いている。だが、帽子屋には水銀中毒の症状のような行動がいくつか見受けられる。ハートのジャックの裁判で帽子屋が「不安そう」な「びくびくしている」様子で、足を組み換え、ティーカップを齧《かじ》り、「ひどく震えて、両足とも靴を脱いでしまった」といった部分だ[69]（**図14**）。

キャロルは医学的興味を持ち、テニエルも『幽霊に取りつかれた婦人』（序論の図4）の絵に死んだお針子を描いたが、一般の人々は労働者の現実については何も知らなかったようだ。一八六二年の『パンチ』誌は、「われわれが知りたいのは、帽子屋によくありがちな特有の狂気が何なのか、なぜ高度な技術のなかでも、このように奇妙に際立ってこの分野だけに、ベドラムの特別保護送りが生じているのかということだ」と問いを投げかけている。ベドラムすなわちベツレヘム病院は、当時イギリスで最も有名な「きちがい病院」だった[70]［訳注：ベドラムの正式名称は王立ベスレム病院（Bethlem Royal Hospital）で、ロンドン南東部ベックナムに所在する有名な精神科病院。一二四七年にロンドンに設立された世界最古の精神病院の一つ］。記事は、フェルトを「感じ（られ）る」（felt）という言葉にかけて締めくくられる。「われわれはきっとこう気づくことができるはずだ。帽子屋の仕事の性質による狂気は、説明されるより感じるほうが容易と言われているようなことだと」。「mad as a hatter（まったく気が狂っている）」（直訳すると「帽子屋のように気が狂っている」）というスラングは「mad

図14　上：ジョン・テニエル、帽子屋すなわちハッタ、震える足から靴を蹴って脱ぐ、*Alice in Wonderland*, 1865［邦訳：ジョン・テニエル絵、脇明子訳、『不思議の国のアリス』、岩波書店、ほか］より。下：ヴィクトリア時代の水銀が含まれるシルクハット、イーブシャムのチャールズ・バッジャー作、1840年代頃。© Museum of London.

as an adder（毒蛇のように怒っている）」という表現が崩れた形と考えられており、このスラングでも「mad」が「正気を失っている」ではなく「怒っている」という意味で当時使われていた可能性もある。(71) 確かに帽子屋はフランスとイギリスのどちらでも政治的な抗議活動を積極的に行ったし、同世代に比べるとおおむね、暴力的な罪を犯しやすく、若くして死にやすく、自殺をしやすい傾向もあった。(72)

キャロルのインスピレーションに関する議論にはけりがつきそうにない。とはいえ、多くの医師たちが水銀中毒を十分に認識していた。一世紀前からすでに記述されていた症状は、続く一世紀半のあいだに若干変化して、フランスやイギリス、アメリカの医学の教科書に再び現れた。帽子製造に携わる労働者階級の人々の名前は学術論文には記録されなかったが、実際に労働者たちが中毒になっていた。たとえば、ジョン・バトラーは帽子工場で働く四〇歳の労働者で、一八四〇年にロンドンで「振戦譫妄《せんもう》」により死亡した。(73) それと同じ時期に、ウースターの小さな町イーブシャムで、帽子工場を一人で営んでいたチャールズ・バッジャーが作ったシルクハットが、今はやや形が崩れているものの水銀が含まれたまま現存している。大きなファッション中心地から外れた田舎の工場でさえ、この毒物を使用していた、ということだ。一八五七年にはストラスブール出身の帽子工場で働く労働者が、自分の使っていたキャロッティング液を飲んで自殺を図り、苦しんだ末、一二時間半後に死亡した。六一歳で、「陰鬱で気難しい」性格だったという。(74) 水銀中毒に起因する典型的な気分障害が、自殺を招いたと考えていいだろう。水銀中毒の症状には自殺願望も含まれるのだ。一八六〇年に実施された検査によると、病んだ労働者たちは疲れきっており、痩せこけた青白い顔をしていて、多くは歯茎に青い線が浮き出ていた。(75) 男性より少ない数だが、毛皮作業者《ファーリアー》［訳注：動物の毛が付いたままの生皮から、毛をむしり取る作業をする人］として水銀の付着した生皮を扱う女性も存在し、一八七五年の研究はそうした女性が水銀の毒によって流産や早産、死産になったことに言及している。(76) 毛皮はそれ以外にも、さまざまな危険の温床だった。多くの労働者が呼吸器疾患で死亡した。数は少ないが、動物の毛や毛皮が運ぶ炭疽菌に感染して炭疽症になる人もいた。(77) 炭疽症は、またの名を羊毛選別人病と言い、抗生物質以前には致死率が五〇パーセントだった。第一次世界大戦中に多くのイギリスやアメリカの兵士は、また一般市民男性も、汚染されたひげそり用ブラシから感染した。アジア産の馬の毛は染色すると高級なアナグマの毛のように見えるので輸入され、特にそうした毛で作られたブラシが感染源になった。(78) ひげを剃ると、西洋剃刀《かみそり》［訳注：ストレートレザー。日本では理髪店でよく使われているタイプの剃刀。ただし現在は当時と異なり、使い捨ての替え刃式が主流］や安全剃刀でさえ、小さな切り傷ができるので命取りになることがあった。炭疽菌は今日でもなお恐れられている生物毒素で、テロの脅威として警戒されている。

一八五〇年から一九〇〇年まで、帽子産業は機械化が進んでいき、毛皮を準備する工程と帽子を作る工程が別々の工場で行われるようになった。(79) 一方は「毛皮作業者」すなわち「毛のむしり取り作業者《ファープラー》」、もう一方が「帽子製造作業者《ハッター》」だが、どちらも水銀中毒にさまざまな程度で苦しみ続けた。この時代には衛生の問題に対し、政府による組織的な監督が始まりつつあったが、そうした対策は必ずしも改革や健康改善をもたらさなかった。イギリスでは一八九五年に制定された工場および作業場法によって、「危険職業」において危険な四つの職業病の届け出が必要になった。つまり鉛中毒、ヒ素中毒、リン中毒、炭疽症の発生は、報告が義務づけられた。一八九八年に首席工場女性監督官のアデレイド・アンダーソンが、ロンドンにおける毛のむしり取り作業者（ほとんどが女性だった）が水銀中毒を患っていることに気づいた。さらに男性の監督官長T・M・レッグは、「一般には過去のものだと考えられているので」、この異常な事態の調査を求めた[80]。そして翌年にはこの事態に応じて、危険物質リストに水銀を追加した。ただし、症状が重くて仕事をやめざるを得なかった労働者は、統計にはほとんど含まれていなかった[81]。

一八八〇年代に、蒸気を当てて熱いアイロンで圧力をかける必要が少ないボーラーハットなど固めの種類の帽子が流行したために、コネチカット州（アメリカ）での問題の規模も縮小したと言われている[82]。だがイギリスでは、チャールズ・ポーターという名の医師による一九〇二年の報告書に、死亡率が依然として高いことが示されている。ポーターは厳然とした科学的姿勢で、医療の専門外の読者には冷酷に感じられるほどかもしれないが、恐ろしい事実を詳しく記録している。水銀蒸気に晒された労働者の歯は「黒くなり、歯茎の後退によってぐらつくようになり、最初は上下の大臼歯、次に犬歯、切歯といった一定の順番で脱落していく」というのだ[83]。ポーターは冷ややかな統計データで、帽子製造に携わる労働者の三分の二に生じた歯の脱落を記述したが、同時代に蝋で作られた「水銀口内炎」の像は、鮮明に絵付けされており、さらに嫌悪感を抱かせるものだ（**図15**）。水銀蒸気は粘膜や歯茎、頬、舌を傷つけ、腫れがひどくて口が閉じられない人もいた[84]。マンチェスターで開業医をしていたフランク・エドワード・ティルコートは、一九二〇年代に肺がんと喫煙を関連づけた初期の医師の一人だが、労働者たちのこうした悲惨な状況を深刻に受け止めた。彼によれば、水銀中毒患者の「金属的なにおい」をかぎ取ることができるということだった。帽子メーカーの「産業中毒」に関する一九一二年の報告書には、製造の各段階でそれぞれ異なる健康被害が記録されており、水銀性振戦により「[工員は]服のボタンを掛けたり、靴紐を結んだりほどいたりするような、細かい指の動きが自分でできなかった[85]」という観察が記されている。毒の付着した毛皮を機械で選別していた吹き飛ばし《ブロワー》作業者や、紙やすりで帽子を磨いて「かなりの量の埃」を吸い込んだ仕上げ《フィニッシャー》作業者は、呼吸器疾患で死亡することが多かった[86]。吹き飛ばし作業者に呼吸器障害が生じるのは当然だった。毛皮は機械で何度か吹き飛ばす必要があり、ある公衆衛生監視員は、吹き飛ばしの作業室で「激しい吹雪のごとく、大量の毛皮が部屋の中で吹き荒れているのを目の当たりにし、また、ある工場では、蒸気と毛皮によって窓がフェルトで固く覆われていた」と記録している[87]。一七五七年のテノンの研究から一五〇年以上のちの一九一三年にも、帽子を作る労働者たちが依然としてキャロッティング液一〇〇キログラムに対し水銀二〇キログラムを使用していたことには、暗い気持ちにならざるを得ないだろう[88]。

狂気の沙汰の終焉？

フロイト派精神分析の台頭により、医師たちは水銀中毒に起因する身体的な障害だけでなく、「精神障害」を記録し始めた。症状が進むと、現在で言う神経症や「社交不安障害」になった。この病気は水銀過敏症（mercurial erethism）と名づけられた。誤った由来として、「患者が困惑して紅潮するから」赤を意味するギリシア語の eruthos であると言われるが、ほんとうは、いらいらすることを意味するギリシア語の erethidzein からきている。一九四六年に王立ロンドン病院の産業医療研究部門の医師らは、水銀性振戦などの身体症状を書いてから、この「過敏症（erethism）」の心理面への影響について臨場感のある表現で伝えている。「その男性患者はすぐに動揺や困惑をしやすく、生活の楽しみをすべて失い、仕事を解雇されるのではないかと常におびえながら暮らしている。そして臆病で、人に会うと取り乱すことがある。そのため、工場で彼を見ようとして誰かが立ち止まると、彼は自分の道具を投げ捨て、怒って侵入者のほうを向いて、見られると仕事ができないと言うこともある[89]」。労働者はみな、仕事場に医師たちが立ち入るのを不快に思

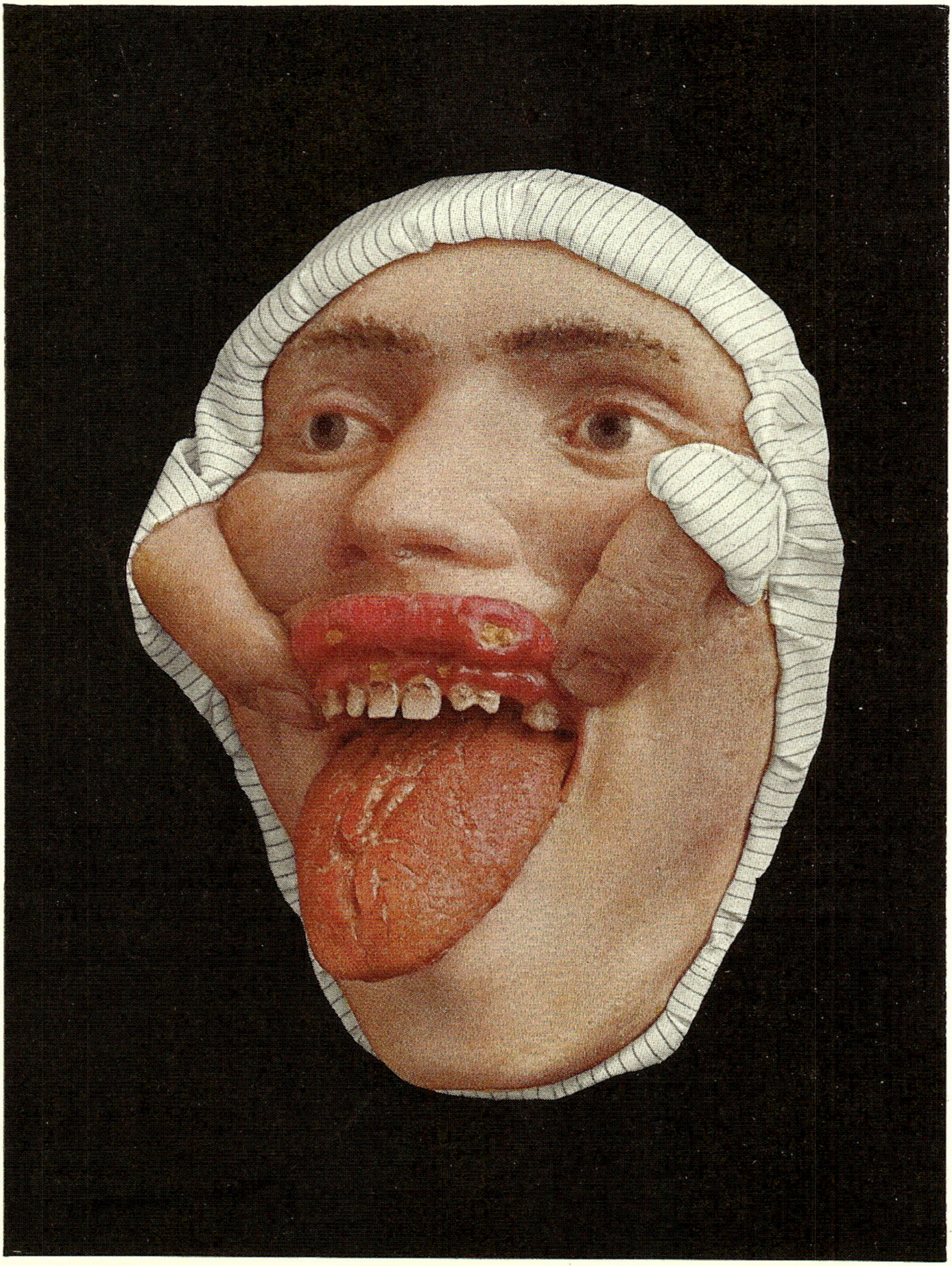

No. 91. Stomatitis mercurialis.

図 15　水銀中毒の歯と唇、舌への影響を示す蝋製の像、1910 年頃、ジェローム・キングスベリー著、『皮膚病画集（*Portfolio of Dermochromes*）』、vol. II (New York: Rebman, 1913) より。Gerstein Science Information Centre, University of Toronto の厚意による。

いがちで、水銀中毒の男性は困惑し、それから暴力的になった。

二〇世紀初期に帽子を作る労働者の体は、次第に高度化する綿密な科学的検査の対象になった。彼らの作った帽子も同様である。一九一二年、ティルコートは専門家に依頼して帽子の化学的分析を行った。すると驚くべきことに、帽子の重さの八〇〇分の一もの水銀、つまり約六〇グラムの帽子四〇〇個につき約三〇グラムの水銀が含まれていた。[90] 一九二〇年代と三〇年代には、公衆衛生当局が帽子製造工程で水銀の気化する量を調査した。毛皮と埃には問題のある量の水銀が含まれていたため、彼らの懸念はもっともだった。[91] 工場によって危険の度合いがさまざまだったことから、状況は複雑だった。一九三七年にフランスの医師アンドレ・ヴィニエスキから、シャゼル＝シュル＝リヨンの帽子製造センターのフレシェ工場あてに書かれた手紙に、二九歳のデュルビズという名の既婚女性の「震えを伴う水銀中毒」を二回治療したことが書かれている。彼女は二か月間仕事をできずにいたが、復職し、また発症し、二度目は復帰までに四か月かかったという。ヴィニエスキ医師の手紙は、彼女を現在の雇い先から引き抜いてフレシェ工場で雇うように懇願するものだ。フレシェ工場は「よく研究された設備」によって労働者が保護されているから、ということだ。[92] 一九四〇年代中頃までには、有名な科学論文が『狂った帽子屋』はもう現れない」だろうと楽観的に宣言した。それに続けて、アメリカの政府関係者はすべての州に水銀使用を禁止するように「説得した」とある。[93] だがその論文が出る前に、一九四〇年のアメリカの公衆衛生報告書によって、コネチカット州の五つの工場でフェルト帽子の製造作業者の一一パーセントが慢性水銀中毒になっていることが判明していた。[94] こうした水銀禁止の勧告は法的強制力がなかったため聞き入れられなかったのだ。イギリスではついに水銀が公式に禁止されることはなく、帽子産業で水銀が使用されていることが文書化されたのも、ようやく一九六六年のことである。[95] 水銀使用が実際になくなった最大の理由は、一九六〇年代の「ユースクエイク」［訳注：youth（若者）とquake（地震）からできた言葉で、当時の学生運動から若者に広がった反体制的で過激な行動や考えを指す。現在では、それよりも広い意味で使用されることがある］によって、きちんとしたスーツとそれに合わせる獣毛フェルトの帽子が流行遅れになったことだ。

本章では帽子をかぶる人の危険が目立たないことに、読者は気づいているかもしれない。帽子を作る労働者たちの苦痛に満ちた物語は、帽子に含まれる水銀が消費者に危害を与えうるのではないかという疑問を投げかける。毛皮の塵と実際の帽子に高濃度の水銀が見つかったため、医師たちは健康への影響を疑ったが、帽子に直接の健康リスクがあると指摘するのをためらった。工場の監督官長が一九一二年の報告書に条件付きの暫定的警告を記載している。「フェルト製の帽子の着用者が水銀中毒になる可能性は、まったくないとは言えないだろう」[96]。私は帽子の着用者が水銀の被害に遭ったという証拠を持ち合わせていない。この問題を緩和しているのは、帽子のデザインだ。というのは、帽子の表面にニスを塗る防水加工で、帽子が固まっている場合が多いからだ。ただし、艶を保つために帽子をブラシがけしたり整えたりするときに、水銀を含む埃が多少は出ているかもしれない。帽子の内側も、光沢のあるシルクサテン（本繻子《ほんしゅす》）で保護するような内張りがあり、革の装飾が施されている（**図16**）。ハットバンド（帽子のリボン）自体がアレルギー反応をひきおこす可能性があり、一八七五年の『ブリティッシュ・メディカル・ジャーナル』（イギリス医学会雑誌）に「帽子による中毒」という論文が掲載された。ポーランドの靴屋の青年が、かぶっていた帽子によって重篤な皮膚反応をきたし、額に膿がたまった発疹ができて、顔が腫れあがり、両目が開けられなくなった。帽子は国の分析官に送られ、裏地に「毒物を含む染料」が特定されたという。[97]

当時の男性たちは帽子にいら立っていたが、そうした不満は暑くて窮

図 16　シルクハットの内張り、1910 年頃。Henry Heath Ltd. により作られた帽子、105,107,109, Oxford St. W. London. W&D Dineen Co. Ltd., Temperance and Yonge Streets, Toronto のための特別製造品。Kathy Cleaver の贈答品。Ryerson University, FRC2014.07.091A（写真：Ingrid Mida）。

屈という理由に限られていた。一八二九年にアレクサンドル・プレシィの書いた医学論文には、帽子は頭にかかる衝撃や落下物から、かぶっている人を守ると指摘したが、抜け毛や頭皮感染症、過熱に懸念を示した。血液の循環を妨げるために、おそらく体質を悪化させ、頭痛をひきおこし、「知的能力の自由な行使を阻む」ことさえあるという。[98] こうした不満に対しては、科学技術の革新を利用して男性向けに新商品を販売したいといつも思っている帽子メーカーが応えている。パリのガリエラ宮モード博物館のコレクションに含まれるいくつかの帽子は、如才なく上部と脇に換気用の隠れた穴があり、波状に折った厚紙で作られた額の「汗取りバンド」が、必要に応じて取り外しできる形で付属したデザインである［訳注：当時シルクハットなどに用いられた「波状に折った厚紙（corrugated paper）」が、のちに現在の形の段ボール（英語では corrugated paper とも言う）になった］。

帽子産業では水銀使用が二〇〇年以上にわたって続いた。男性ファッション消費者を脅かすものとは認識されなかったからだ。水銀は、この産業に従事するおもに男性労働者をゆっくりと死に至らしめてきたにもかかわらず、男女差と階層の力学が働いて、水銀使用をこれほど長引かせた。つまり中産階級や上流階級の男性はファッションの魅力や危険に影響を受けないものとされていたので、そうした被害に遭うとは想定されなかったというわけだ。結果的に、水銀の危険をめぐる議論が展開されたのは、限られた医療分野だった。ルイス・キャロルの狂った帽子屋のようにあいまいで例外的なものでは、帽子製造産業の毒物の懸念すべき実情が一般の人々に広く知られることはなかった。水銀は政府によって規制や調査がなされた「危険な産業」だったので、一般向けの医療改革運動の関心は向かなかった。帽子製造労働者向けの帽子産業資料は、水銀のリスクについての情報を広めるものではなく、たいていの労働者は何も知らされずに働いていた。仕事のせいで歯が抜け、体を痛め、臆病になり、言葉にどもりが出て、怒りっぽくなり、全身が震えるようになっても、社会から無視され排除されて、あるいはルイス・キャロルの名作のキャラクターのように変わっているが害のない愚か者として、笑って片づけられていた。

労働者が体を壊して障害を負い、早死にした原因であるこの有毒金属を、私たちは科学的機器を使って検知しなければならない。そして帽子の製造が、光沢を放つ魅力的な帽子そのものの周囲にもたらした損失を科学的に測る必要がある。ファッションはつねに形を変えることで、いつも私たちを誘惑する。まさに獣毛フェルトは、かぶり物の流行に合わせて形を変えやすい、申し分なく柔軟な素材だった。だが、今それは、保管先のヴィクトリア&アルバート博物館で、研究者が必須の手袋で扱いにくくてイライラするセロファンの包装紙に封入され、人を寄せつけないための髑髏マークがつけられ、警告を発している。帽子メーカーが何世紀も前に使用した毒は、目の前の帽子の繊維に存在し続けているということを。こうした帽子の流行のスタイルとシルエットは、なんと寿命が短かったことだろう。それと対照的に、有害とわかっていつつ帽子作りに利用された化学的毒物は、なんと寿命が長いことだろうか。

第3章

毒を持つ色素

——ヒ素を含む緑

第3章 毒を持つ色素——ヒ素を含む緑

一八六一年一一月二〇日、造花作りの仕事をしていた一九歳のマチルダ・シューラーが、「予想外の」中毒で亡くなった。もとは健康だったこの若くて「器量の良い」女性は、ロンドン中心部のバージェロン氏の工場で、ほかの一〇〇人の従業員とともに働いていた。作り物の葉を「ふわふわに膨らませ」て、魅力的な緑色の粉を振りかける仕事だったので、息を吸うごとに粉を吸い込み、また手に付いた粉を食事のたびに取り込んでいた。この鮮やかな緑色の顔料は、ボストン美術館に保管されているフランスの手の込んだ花冠《かかん》（**図1**）に見られるように、ドレスや髪飾りの着色に使用されたが、銅と三酸化二ヒ素（白砒素として知られていた）という毒性の強い物質を混ぜ合わせてできていた。シューラーの最期をぞっとするほど詳しく伝える新聞記事によれば、誰の目にも彼女の死病は恐ろしいものだった。彼女は緑色の水を吐き、白目が緑色に変わり、医師に「物がすべて緑色に見える」と言ったという。そして最後の数時間には数分おきの痙攣発作を繰り返した末、「ひどく不安そうな表情を浮かべた」まま、口からも、鼻からも、目からも泡を吹きながら亡くなった[1]。解剖の結果、彼女の手指の爪ははっきりと緑色に変色し、ヒ素は胃と肝臓、肺に到達していた。二週間後には『パンチ』誌が、「美しい有毒の花冠」と題して皮肉を込めた記事を出した。「彼女が過去一年半の間に四回、同じ理由で体を壊していたことが医師の証言により明らかにされた。そういう環境で死者が出たのは、欠陥があるとわかっている鉄道ダイヤで衝突事故が発生するのと同程度に予想外であることは明らかである」[2]。医療の専門家ではない一般の人々にも、シューラーの死は予想できて絶対に防げたと思われたし、裕福な婦人たちが流行の装身具に抱いた欲望のせいで、彼女の命が犠牲になったと感じられた。

彼女の死の原因に取り組んだいくつかの慈善団体には、貴族階級の女性が所属する婦人衛生協会も含まれた。協会員の一人ニコルソン女史は、それ以前にも、造花が作られている屋根裏部屋や工場を訪ね、目の当たりにした衝撃的な状況を記事にしていた。そこで働いている「服もろくすっぽ着ていない」「餓死寸前の」少女たちは、「何かの皮膚病」にかかっていて、包帯をした手で、順に葉を取ってブーケにしていたと記事は伝える[3]。少女の一人がこれ以上働くことをかたくなに拒んでいるのを見た、とニコルソンは書いている。その少女と同じ工場で働く少女たちが、血に染まったハンカチを身に着けているのも目にした。働くのを拒否した少女も「それまでずっと緑［を使って働くこと］を続けてきた……もう顔じゅうが痛みでいっぱいだった」し、目もほとんど見えていなかったという。ニコルソンの記事は、若い女性労働者が「ヒ素入り緑」の持つ性質とそれの及ぼす影響を知らないでいる、という事実を読者に警告し、「彼女たちが身の毛もよだつような境遇にいるのを想像してほしい」と訴えた[4]。シューラーの死後、婦人衛生協会は、世界的に名高い分析化学者のA・W・ホフマン博士に、女性用花冠から取った作り物の葉の検査を依頼した。ホフマンはその結果をロンドンの『タイムズ』

図１　ヒ素を含む可能性がある果実と花のついた紗（薄い絹織物）の花冠、フランス製、1850 年代。
写真：© 2015, Museum of Fine Arts, Boston.

紙の記事に、「死の舞踊」というセンセーショナルな見出しで一般の人々に向けて発表した。ホフマンは専門家として、平均的な花冠には二〇人の致死量に十分足りるヒ素が含まれると結論している。「ボールドレス（フォーマルドレス）用として最近流行の緑色のターラタン生地の大部分」には、その半分の重さのヒ素が含まれる。つまり、こうしたドレスは、この生地を二〇ヤード（約一八メートル）ほど使って作られるので、ヒ素を九〇〇グレイン（約五八グラム）含むことになる。あるベルリンの医師の測定によると、「このタイプのドレスは、一晩の間に六〇グレイン（約三・九グラム）以上の粉を撒く」ということだった。[5] グレインは小麦一粒に基づいた単位で、一グレインが六四・八ミリグラム、これは1ポンドの七〇〇〇分の一に相当する。ヒ素は平均的な成人の致死量が四～五グレイン（約〇・二六～〇・三二グラム）である。[6] ホフマンの扇動的な記事が出た一週間後、『ブリティッシュ・メディカル・ジャーナル』（イギリス医学会雑誌）は、緑色の装いの女性を「キリング」・ファム・ファタールと呼んだ（キリング killing には、「致死的」という意味のほかに、ヴィクトリア時代の俗語として「魅惑的」という意味がある）。「それを着た魅力的な女性は、キリングな人と言っていいだろう。実際に、六つの舞踏室で触れ合う取り巻き全員を殺害できるほどの毒を、スカートに含んで運んでいるのだ[7]」。女性の活動家たちは化学者に対し、イギリスの国民に警告を発するように要請していた。人殺しだと指摘されたのは、緑で装う裕福な女性たちだったが、ヒ素入り緑のドレスの危険に警鐘を鳴らし、化学者たちにそうした主張を後押しするように求めたのも、同じ社会階層である特権階級の女性たちだった。

これらの活動で示されたように、一九世紀当時、真の色の革新者は芸術家ではなく、化学者が画家の代わりになったようなものだった。フェルト製帽子が化学物質によって形を変え続けたのと同様に、科学のおかげでさまざまな色が作り出され、色は消費者の嗜好に合わせて無限に変化し、男女の装いを作るさまざまな色の組み合わせが次々に移り変わっていった。色という科学的分野では、特にドレスに関連して女性の参加が促された。フランスの有名な化学者で色彩研究でも知られているミシェル＝ウジェーヌ・シュヴルールによって提唱された色の科学が、中産階級の女性向けのファッション誌に頻繁に現れていることを、シャーロット・ニクラスが指摘している。[8] それまでの染色は輸入された動物や鉱物を用いたために高価だったが、化学によって染色が恒久的に大衆化されたのだ。そのことは、ヴィクトリア時代の「全色盛ったいい女（Totty-all colours）」という俗語――虹の色すべてを盛り込んだドレスの女性を意味する言葉――にも表れている。[9] だが消費者向け製品の例に漏れず、大衆化には健康の代償が伴い、どんな色よりも毒性の強い緑色の顔料がマチルダ・シューラーの命を奪ったのだ。一九世紀の有毒な色についての物質的証拠や医学的証拠、化学的証拠をたっぷりと調べてみて、私は服飾史の研究者たちがこれまでにこの側面に取り組んでいなかったことに驚きを感じた。衣服や装身具の色づけに用いられた物質は、汚れた空気や水、土壌といった跡を残し、労働者と消費者に病気をひきおこした。私はそうした物語の輪郭に「色を塗る」ことをしようと思う。というのも、化学とファッションの産業史は大部分が白紙のままだからだ。

有毒の緑色の花冠と花作りで中毒になった少女たちは新聞の見出しを飾ったが、一九世紀にはヒ素とそれが招いたヒ素恐怖症が至るところで見られた。ジェームズ・ホートンの著書『ヒ素の世紀――ヴィクトリア時代のイギリス人はどのようにして家庭や仕事場、娯楽で毒に侵されたのか』は、この物質があまねく存在していることを見事に実証している。顔料や殺《さつ》鼠《そ》剤、医薬品になる「亜ヒ酸」、つまり白砒素（三酸化二ヒ素）は、安価で無色の物質で、銅やコバルト、スズの採鉱や精錬の副産物として細かい白粉の状態で得られる。[10] 医師は治療に、犯罪者は殺人に使ったヒ素は、偶然に食べ物やビールにまで入り込んだ。子どもでも、処方箋もいらずに薬屋で買えた。獣毛フェルト帽子に匹敵する毒で、非常にさまざまな形を取ったので、「毒販プロテウス」と呼ばれた。[11] イギリスでは、一八五一年にヒ素販売規制法、さらに一八六八年に薬事法が成立して、個人に販売できる量が制限されたが、産業での大規模な使用は完全に合法で、規制されなかった。毎年何百トンものヒ素が消費者向けの商品になっていた。[12]

海峡の向こう側のフランスでは、ナポレオン三世を含め国内の首脳クラスの人々の顧問医師を務めていたアンジュ＝ガブリエル＝マキシム・ヴェノワ（一八〇九～七七年）が、独自に研究を行っていた。ヴェノワは高い地位についていたにもかかわらず、労働上の危険にも強い関心を寄せた。一八五九年には造花工場を調査して、この産業によって労働者が死病にかかることを発見していた。[13] 彼は造花製造の各作業で生じている健康被害を書き示し、記述を図で説明するクロモリトグラフ（石板多色刷り）の絵で、緑色の有毒な粉末が作業者の手や体をいかに蝕《むしば》むかを表現している（**図2**、**図3**）。作業場や工場の環境では、細かい粉が爪の内側に入り込み、食事では汚れた手からその粉も口に運ばれた。擦り切れた靴から覗くつま先には、粉によって火膨れができた。床に降り積もった粉で、ネズミが死んでいた。ヴェノワは造花作りの工場が、害虫や害獣、それらを捕まえる猫も（病気の猫を一匹見かけた以外には）存在しない、数少ない工場の一つであることに気づいた。夜になれば、労働者たちは粉を服に付けたまま帰宅し、下手をすると、出来高払いで暮らす「独立した」労働者の狭苦しいアパート全体に粉が振り撒かれた。

一九世紀には、ヒ素は「刺激性の」毒物と考えられていた。体に触れると、「腐食剤として働き、肌に腐食作用を及ぼして、ひりひりさせ、かさぶたを作り、組織を損傷し腐肉を形成する物質」と考えられた。[14] これは、黄色い爪をした緑色の手の「潰瘍」や、鼻と唇の周囲にある赤みと皮むけ、労働者の足にあるクレーターのような白い縁どりのがん性の傷から明らかだ。肌に擦り傷や切り傷ができると、その毒物が深部まで入り込みやすくなった。ヴェノワはアパレチュール・デトッフ（布地の仕上げ工、apprêteurs d'étoffe）と呼ばれる男性たちが特にダメージを受けやすいと指摘する。彼らは「自然な」色合いの緑を作り出すために、ピクリン酸という別の刺激性の化学染料を使って白い布を黄色に染めて、前腕（肘から手首まで）を素肌のまま使ってエメラルドグリーンのペーストを直接布地に塗ったあと、布地を伸ばして釘で木枠に取りつけ、その上で乾かした。彼らの手や腕は釘で傷つき、毒物が直接血流に入り込んだ。ヴェノワはそれをヒ素の持続的な「接種」と呼んだ。[15] 男性たちが排尿すると、手に付いていたヒ素が陰嚢と内腿部分に付着して痛みを伴う炎症が生じ、梅毒に似た病変が現れた。これらの傷からときには壊疽《えそ》になり、治療のために病院のベッドで六週間安静に過ごさなければならない場合もあった。[16] 男性たちによって布地が準備されると、少女や若い女性がその布地から葉やブーケを作った。この女性労働者たちには、「吐き気、疝痛《せんつう》（激しい発作的腹痛）、下痢、貧血、青白い顔色、こめかみを万力で締めつけられているかのような持続性の頭痛を伴う」食欲不振があった。[17] そのためフランスとドイツでは、政府がこれらの顔料の法規制を急ぎ決定した。[18] しかしイギリスでは、政府は何の対策も打たなかった。シューラーの死のわずか一年前の一八六〇年にかろうじて、イギリスの医師アーサー・ヒル・ハッサルによって、ロンドンの造花製造労働者の状況が「極度に悲惨」だと記述されているのみだ。[19]

このようにヒ素で色付けした手袋は、はめた人の手も、ひどくはないにせよ傷つけた。一八七一年になっても、「きちんとした有名店で箱入りの緑色の手袋を買った婦人」は、手の爪まわりに繰り返し皮膚潰瘍ができて、そこからヒ素化合物が検出されている。[20] この有毒な手袋は、マンチェスターのギャラリー・オブ・コスチュームに所蔵の手袋（**図4**）

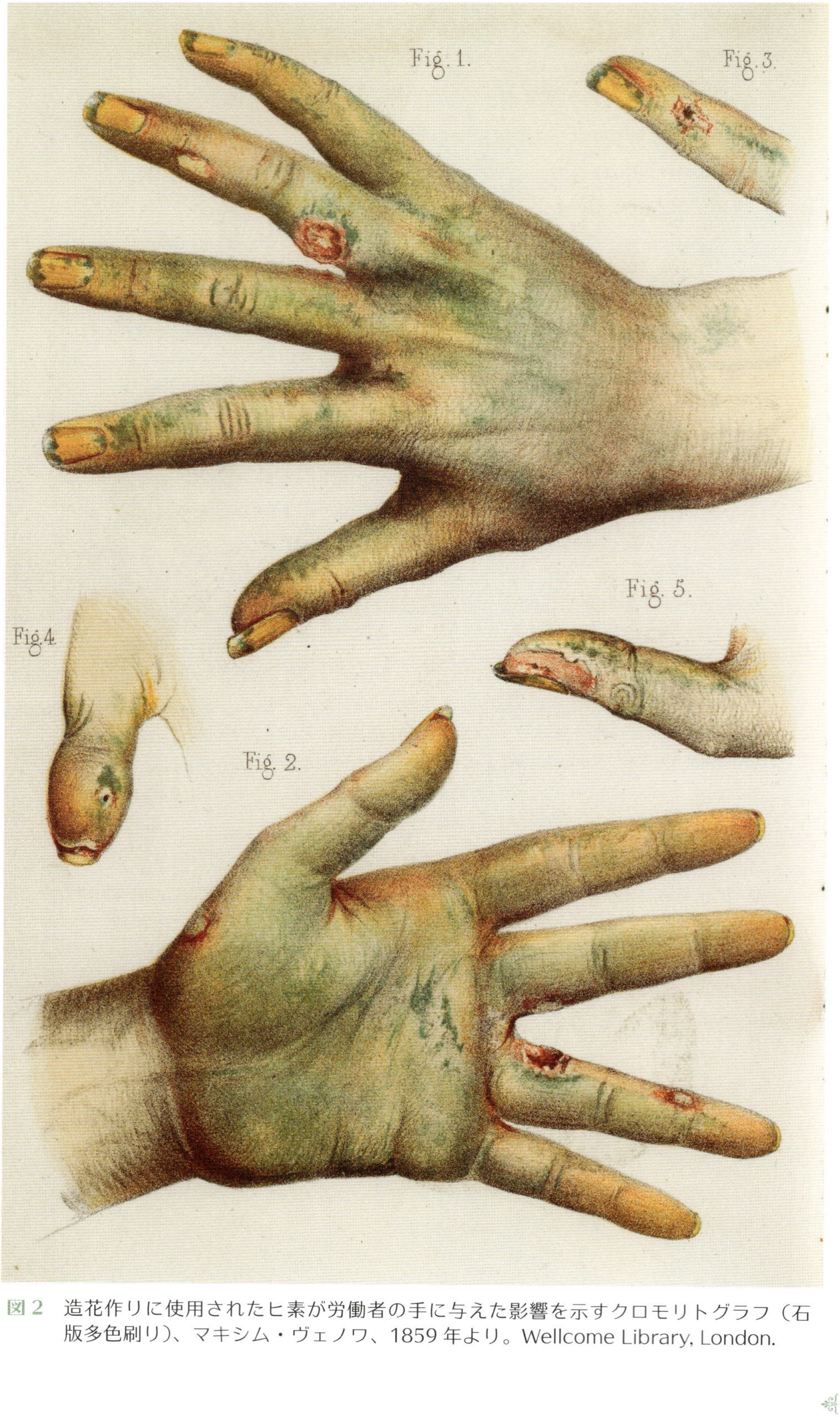

図2　造花作りに使用されたヒ素が労働者の手に与えた影響を示すクロモリトグラフ（石版多色刷り）、マキシム・ヴェノワ、1859年より。Wellcome Library, London.

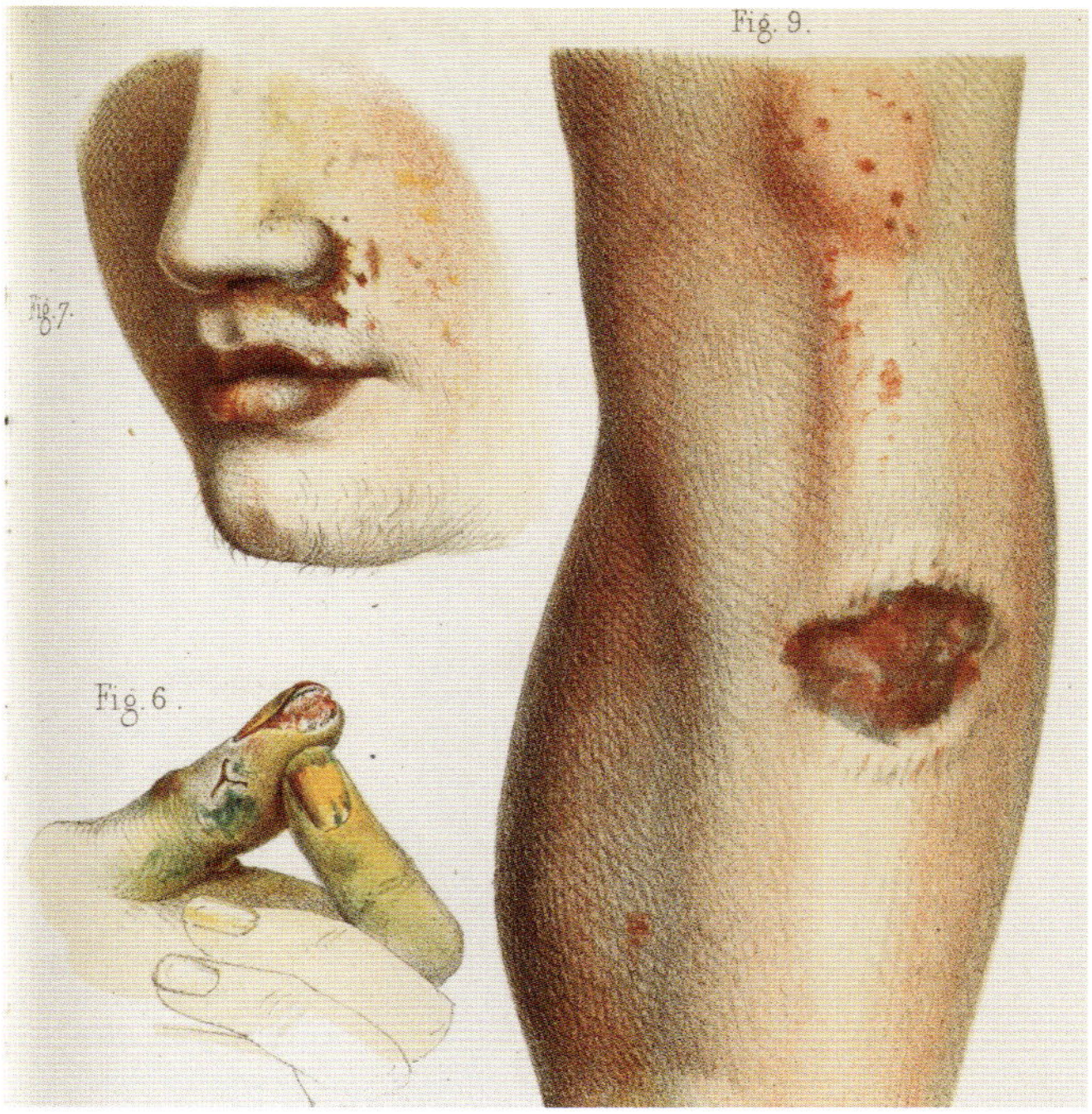

図３　造花作りに使用されたヒ素が労働者の顔や手、足に与えた影響を示すクロモリトグラフ（石版多色刷り）、マキシム・ヴェノワ、1859年より。Wellcome Library, London.

図４　エメラルドグリーンの手袋、1830年代～70年代頃。Platt Hall, Gallery of Costume, Manchester.

と類似のものだったと思われる。手が傷ついたのも当然だろう。というのも、当時の作業説明書からは、ある種の染色は溶液を直接手袋に「ただブラシで塗る」だけであって、色を定着させるための「それ以上の処置はない」ことが示唆されるので、女性の温かくて汗で湿った手に革の手袋からヒ素は浸み出しやすかっただろうと考えられるからだ。[21] 私たちはこれらの危険を忘れているが、パリのオートクチュールの伝統的な世界は、おぼろげではあるが、長く記憶に留めている。

ノー・シャネル・グリーン

裁縫師は緑を嫌がるものよ。でも私は緑を美しいと思わないだけ。迷信のせいではないわ。私は迷信を信じるような人間じゃない。

マダム・ドミニク、ハウス・オブ・シャネルの立体裁断アトリエで働くプルミエール・マン〔訳注：プルミエール・マン（Première main、直訳すると「第一の手」）とは、オートクチュールのアトリエ（作業場）で働く裁縫師（お針子）のこと〕、『サイン・シャネル――カール・ラガーフェルドのアトリエ』（二〇〇五年）より。[22]

二〇〇五年のドキュメンタリー作品『サイン・シャネル――カール・ラガーフェルドのアトリエ』（日本コロムビア）では、オートクチュール〔訳注：パリのクチュール組合に加盟している、オーダーメイドの一点物の高級服をデザインして仕立てる店、あるいはその店の服を指す〕のシャネルで働いている最もパワフルな女性たちが、「裁縫師は緑を嫌がるものよ」とレンズを通して私たちに話している。このアンチ緑色の姿勢は、漠然とした伝説的迷信になって、「悪運」に対する恐怖につながっている。ココ・シャネル本人はモダニズムの黒と白という色の組み合わせで有名だったので、シャネルのドレスに緑色など「自然な」色調が用いられることはなかなか想像しがたい。後継者のカール・ラガーフェルド〔訳注：二〇一九年二月に八五歳で死去〕も自身が黒と白の服を身に着けて、ココと同じように色物は避けている。だが、ココ・シャネルが自分のコレクションで特定の色味を避けているのは、純粋な審美的選択ではないのかもしれない。シューラーの死が示すように、高級仕立て服（クチュール）における緑という色を取り巻く恐怖と迷信は、一九世紀の具体的な医学的理由から生じた。

ガブリエル・「ココ」・シャネルは、一八八三年に労働者階級の家庭に生まれ、一二歳で孤児になった。孤児院で育ち、修道女に縫い物を教わった。[23] 二〇代初めまでは（お針子として）衣料店で働いていた。[24] まもなく、パリの恋人が所有するアパルトマンの一階に自分の婦人向け帽子店を持ち、リュシエンヌ・ラバテという職業デザイナーから商売のテクニックを学び、「婦人向け帽子職人の女王」カロリーヌ・ルブー（一八三七～一九二七年）に匹敵する技術を磨いた。[25] ココがヒ素グリーンについて孤児院の修道女や衣料店の雇い主、ともに働いた職業デザイナーの誰かから学んでいたにせよ、いなかったにせよ、彼女の師匠たちは古い世代に属していたので、ヒ素による健康被害を記憶していたか、ことによると直接経験していただろう。フランスの女性画家エヴァ・ゴンザレスが婦人向け帽子職人を描いた一八七七年のパステル画では、若い女性が造花を丁寧に選んでアレンジし、鮮やかな緑色と赤いバラのブーケにして帽子に飾り付けている（**図5**）。フランスではこの時代までに、造花にヒ素顔料を使用することは

図5　エヴァ・ゴンザレス、『婦人向け帽子職人』、キャンバスにパステルと水彩、1877年頃。Olivia Shaler Swan Memorial Collection, 1972.362, The Art Institute of Chicago.

禁止されていたにもかかわらず、消費者向けの無数の商品はまだヒ素で色付けされていて、広く服飾用の商品や包装にヒ素顔料が使用されていた。小売店はゴンザレスが帽子職人の膝の上に描いたような緑色の縁取りの「バンドボックス」や緑色の箱を使って、アクセサリーを販売し、運搬し、保管した。この絵にそっくりの緑色の紙製靴箱がバータ靴博物館にいくつかあり、それらをテストしたところ、かなりの量のヒ素が含まれていることが判明した。また、一八八〇年にスコットランドの化学者も、似たような箱で極めて高濃度のヒ素を発見している。[26] ヒ素で色付けされた非常に多くの品々の歴史的証拠と残存する現物のことを考えると、ドキュメンタリーに記録された漠然とした迷信以外には、こうした物語が服飾史から排除されてきたとは、信じ難いことだ。

「奇妙に鮮やかな」緑色

エリック・ジョン・ホームヤードはオックスフォード出版局の『技術の歴史』で、一九世紀前半に「利用可能な染色の色に重要な追加は無し」と書いている。[27] それは正しい。染料は水やその他の液体に溶けるものを指すが、ヒ素グリーンは不溶性で、技術的には顔料に分類されるからだ。とはいえ、この時代の実物と絵を目にすれば、色の科学技術に重要な革新があったことがわかる。流行の室内装飾や衣服、消費者向け商品には、化学的に作り出された緑による、美しくてまったく新しい色味が付けられていた。一七八〇年代に入る前は、緑は「混ぜ合わせた」色で、青色染料と黄色染料を混ぜて作り出された。たとえば、大樽に入れた青みがかった緑の大青《たいせい》という染料に布を浸し、次に黄色染料の入った大樽に浸け、あるいは浸ける順を逆にして行う。[28]「天然染料には耐光性の黄色は存在しな」かったので、緑色と黄色は特に褪せやすかった。[29] 天然染料を操るには熟練も必要だった。その一つで、銅ベースを使ったヴェルデという緑青色の鉱物染料は、腐食性で毒性もあり、一七世紀まで特別な場合と劇場のみに使用されていた。[30] これに対し新しい緑は、「明るく」「純粋な」色合いが「特段に魅力的に目に映り」、太陽光の下でも人工の光の下でも奇跡的と言えるほど明るい輝きが保たれた。[31] この化学合成による緑は、そのまばゆい輝きと価格の安さゆえに、また比較的使いやすかったこともあって、頼れる理想的な流行色となり、一般の人々が毒物と認識して排除するまでには、発明から八〇年以上の年月を要した。

亜ヒ酸銅は、有名な薬剤師であり化学者のカール・ヴィルヘルム・シェーレ（一七四二〜八六年）が発明した。彼は実験に使用していた有毒ガスと重金属の中毒になり、四三歳で亡くなった。一七七八年には、カリウムと白砒素を混ぜて硫酸銅溶液に注いで作った『緑色の顔料』についての論文を発表している。[31] この美しい色は「シェーレグリーン」と呼ばれた。[32] 一八一四年に、これとはわずかに異なる化学組成で色の飽和度（純度）の高い緑（アセト亜ヒ酸銅）が合成されて、エメラルドグリーン（または日本語で「花緑青」）、あるいは、最初に量産された町にちなんでシュヴァインフルトグリーンと呼ばれた。[33] イギリスとアメリカではパリグリーンという名でも知られるが、フランスではヴェールタングレ（vert anglais）、つまりイギリス緑と呼ばれることが多い。紛らわしいが、同じ色がほかにもウィーン緑、ミュンヘン緑、ライプチヒ緑、ヴュルツブルク緑、バーゼル緑、カッセル緑、スウェーデン緑、オウム緑とも呼ばれる。[34] この色はまずドイツやスカンジナビアで流行して、室内装飾品や衣服で爆発的な人気となったが、キャンディ、食品の包装材、キャンドル、子どもの玩具にも使われて、この危険な顔料が作り出す美しい色調に消費者は強く惹きつけられた。

たとえ化学合成の緑であろうと、緑を慕う気持ちは、自然崇拝というもっと大きなロマン主義の一部でもあるのだろう。産業化が進み、近代都市は灰色や茶色、黒色で占められていく時代に、緑色は対照的に元気

図 6　ヒ素グリーンが使われているファッションプレート、1840 年。*The London and Paris Ladies' Magazine of Fashion*, 著者のコレクション。

を回復させるものとして映り、一見したところは戸外の自然を室内にもたらしたようだ。しまいに緑色は一九世紀の女性らしさと自然との関連性にもマッチした。女性はエロチックな花のように描かれ、若い女性が頬を染めた「花盛り」は性的な成熟期、「食べごろ」の視覚的サインと見なされたのだ[35]。一八世紀には、男女とも花柄プリントや花柄織物の生地でできた上着を身に着けたが、一九世紀には男性の外出着から花柄がほとんど消えて、花柄は女性だけのものになった。女性が生花を入手できなかったときは、衣服や装飾品のための造花のブーケが、全然ないよりはましなものとされた。

この緑の顔料の重要な使い道の一つは、緑色の絵の具だった。ごく有名な画家たちも、それぞれ思いのままにそれをキャンバスに塗っていたし、中産階級のあらゆる家庭に入り込んだ安価な手描きファッションプレートでも、ドレスの色付けにそれが使われていた。ウィリアム・ターナーは一八〇〇年代初期にはシェーレの発明した緑を使ったが、一八三二年にウィンザー&ニュートン社によりもっと鮮やかなエメラルドグリーンの油絵の具が発売されると、こちらを使うようになった[36]。アンドリュー・メハーグは、フランスで一八四八年発行の『ラ・モード』誌のファッションプレートに塗られている絵の具を、蛍光X線分析装置を用いて検査した。私が検査できたプレートの多くと同様に、それにはヒ素が含まれていた[37]。たとえば、『ロンドンとパリの婦人のファッション雑誌』一八四〇年七月号の手彩色された版画（**図6**）では、美しいが有毒なライトグリーンによりイブニングドレスが描かれている（3番、下段の左から三人目）。記録は残っていないが、こうしたプレートに色付け作業をしていた女性や子どもは、特に作業者の多くは筆先を舐めて整えていたため、ヒ素中毒に苦しんでいた可能性がある。一八四〇年代には、緑の絵の具を飲み込んだ子どもたち数人が中毒になっている[38]。

一八一一年のゲオルク・ケルスティングの絵画作品『刺繍をする婦人』は、シェーレグリーンへの賛歌だ（**図7**）。壁はこの色で柔らかに輝き、椅子は緑色の布張りがなされ、この色で薄く染められたドレスを身に着けた女性が、緑色の絹の刺繍糸を使って刺繍をしている。椅子に座っている女性は、ルイーズ・ザイドラーという名の画家で、芸術のわかる知的な上流階級サークルで崇拝されていた。それにはケルスティングだけでなく、ゲーテやヘーゲルといった作家や哲学者も含まれていた。この部屋が塗装されたときには、緑色が流行色になってから三〇年近くたっていた。この色は発明された直後に流行が始まり、それが驚くほど長く衰えなかった。イギリスの雑誌『アッカーマンの宝庫』でケルスティングの絵と同じ年に出た号のファッションプレートに、散歩用の衣類が描かれたものがある。「ジャコノット・

図７　ゲオルク・フリードリヒ・ケルスティング、『刺繍をする婦人』、1811年。Klassik Stiftung Weimar, the Herzogin Anna Amalia Bibliothek.

モスリン」のシンプルな白いドレスに、短い「シーグリーンのサースネット」のスペンサー・ジャケット、銀のマルタボタンとミリタリー「バレル」フロッグ、「中国の」パラソル、「金が取り付けられた」リディキュールあるいはハンドバッグ、上品な緑色のハーフブーツという姿である[39]（**図8**）。女性たちの身に着けるものは、頭の上からつま先まで緑色になった。ショールや扇、手袋、リボン、ボンネット〔訳注：帽子の基本型の一つ。一八世紀より、あごでリボンを結ぶ頭巾型の婦人帽を指すようになった〕も緑に染まった。一八二〇年代に、華やかさを増して化学的に設計された「エメラルドの」アセト亜ヒ酸銅が市販されると、たちまちシェーレグリーンと同様に服飾に使われるようになった。トロントのバータ靴博物館には、女性が正礼装で白黒の室内靴（舞踏会用の靴）を履くのがふつうだった時代に、緑色がいかにおしゃれな色だったかを証明する履き物がある（**図9**）。調べた緑色の靴すべてにヒ素が検出されたわけではないが、写真の靴は亜ヒ酸銅で出せる色の範囲に入っている緑色だ。柔らかいパステルカラーの室内履きから、宝石のようなエメラルドグリーンの室内履きまで、シルクサテンの生地に光が当たると緑色が揺らめく。

貴重な歴史的資料である衣類を検査するのは難しいが、私の研究のためにロンドン博物館とカナダ王立オンタリオ博物館が、コレクションからいくつか科学分析を行ってくださった。ロンドン博物館には、おそらくは「特有の」とりわけ鮮やかな緑色をした子ども用ドレスがあり、その青みがかった寒色系グリーンが私の目を引

図8　緑色のスペンサー・ジャケットとパラソル、ハンドバッグ、靴が描かれたファッションプレート、アッカーマン社の『芸術、文学、商業、製造業、ファッション、および政治の宝庫』誌（通称『アッカーマンの宝庫』）、volume 6 (July 1811). Platt Hall, Gallery of Costume, Manchester.

図9　ヒ素グリーンの靴、1820～40年頃。Bata Shoe Museum, Toronto のコレクションより（写真：Emilia Dallman Howley）。

図 10　ヒ素グリーンの木綿の子ども用ドレス、1838 ～ 43 年頃。右は、手差し刺繍の部分を拡大したもの。© Museum of London.

いた。綿モスリンの生地に、紫と白の刺繍糸を使って手差しで刺繍が施されたこのドレスは、六歳から八歳の女児のために一八四〇年頃に作られた（**図10**）。これに蛍光X線検査が施され、この少女は知らずにヒ素を身に着けていたことが確かめられた[40]。下着を何枚か重ねた上に着ていたと思われるが、糊付けで布地から落ちずに残っている染料は一部に過ぎないだろう。ストラスブール大学教授のジャン・ペルソーズという熟練の化学者が書いた一八四六年の専門書など年代物のマニュアルによると、繊維業界ではヒ素を検知するために一八四〇年代に開発された最新式の実験器具を利用していたが、健康上の危険性には無関心だった。ペルソーズのマニュアルには、さまざまな布地を「銅系グリーン」［訳注：シェーレグリーンもエメラルドグリーンもこれに含まれる］で染める方法が業者に示されているだけではなく、「銅とヒ素をはっきり見えるようにするのは何よりも簡単だ」とも書かれている。布地を焼やして標準的なマーシュ検査法を用いると、点状に光沢のある黒い物質、すなわちヒ素鏡と呼ばれる紛れもないヒ素の結晶が現れたのだ[41]。繊維工業が廃棄の際に使用した器具と検査方法は、毒物研究者が殺人事件の解決に取り組むときに用いるのと同じものだった。

ヒ素グリーンの壁紙もまた、消費者にとって極めて危険なものだった。買い手が気づかないうちに、イギリスのじめじめした気候で顔料は壁紙の糊とカビ胞子に混ざり込み、室内で致死的毒性を持つ有機ヒ素化合物の気体を発生する。私たちは科学的な調査を引き続き進めているが、ドレスに含まれるヒ素は自然に揮発してしまった可能性もある。アンドリュー・メハーグは、ヴィクトリア時代の壁紙にヒ素を発見した。そのなかには、美術工芸品デザイナーでもあるウィリアム・モリスが設立した高級店で一八八三年以前に作られた壁紙も含まれている。モリスのデザインした壁紙の一つで、赤いバラと緑の葉が描かれている「トレリス（格子垣）」には、葉の部分にヒ素、花の朱色には多量の水銀が含まれていることが検査でわかった。[42] ヒ素はすでに壁紙には広く用いられていたが、健康への懸念が警告され始めたのは一八三〇年代末になってから、当時ようやく製品についても身体についても、診断のためにこの毒物の検査が行えるようになった。毒物研究者はヒ素の存在を簡単には検出できなかったが、マーシュ法（一八三六年）とラインシュ法（一八四一年）の発明により可能になった。犯罪捜査の中毒学と並行して、法医学すなわち「法律業務における医学」が、一八〇〇年代初期に注目されるようになった。新たな科学技術は、殺人者の有罪宣告に役立ったり、危険な製品の製造者や小売店を突き止めることや、ときには告発することを後押ししたりした。[43]

新聞が長いあいだ、子どもの玩具やキャンディ、その他さまざまな消費者製品に含まれる有毒な色を非難してきて、一八六〇年代までには、ヴィクトリア時代の人々ははっきりわかるほど恐れるようになった。最前線にいる医師たちが探偵役になって、原因と見なした食品や商品のサンプルを化学の専門家に送り、そこで正規の検査が行われた。家族のために買い物をする女性たちは、自分の実験室こそ持っていなかったものの、化学者から有用な（ただし、不安をもたらす）アドバイスを得た。そうした化学者の一人、ロンドン病院のヘンリー・レセビーは、毒殺に関する検査を行う犯罪科学の専門家として、また「極めて正確な技術化学者」としてイギリスでは有名だった。[44] レセビーは一八六二年に、買い物客が不安に感じる（緑色の）品物なら何であっても、濃い液体アンモニアを使うようにと述べている。そして「それが青く変化すれば、銅が含まれるということだ。ヒ素が存在しない織物に銅が存在することは（ないわけではないが）まれだ――つまりその緑色は、銅のヒ素化合物（亜ヒ酸銅）である」。レセビーはこの方法で一〇〇枚以上のドレスや紙を調べて、女性が「いつもの香水瓶の代わりに」アンモニアを持ち歩けば、疑わしい緑色に「湿った栓で触れるだけでヒ素毒を見破れるので、すぐに話は済む」と記している。[45] 気が弱い人なら、買おうとする品にヒ素を見つけたら、自分の小瓶にアンモニアよりも失神発作の気付け薬を入れておけばよかったと思ったかもしれない。だがレセビーの記述からわかるのは、この問題が広く知られて、ヴィクトリア時代の女性がアマチュアの探偵か毒物学者になるように勧められたということだ。今ではヒ素の存在を瞬時に明らかにできるもっと感度の高い器具があるとはいえ、ペルソーズの一八四六年のマニュアルとレセビーの一八六二年の検査が示すように、布地のヒ素を調べるのが比較的簡単だったとすれば、なぜドレスは長いこと大きく疑われずにきて、一八五〇年代末になってヒ素恐怖症が広がり、消費者のパニックが起こることになったのだろうか？　それは当時、流行の変化で危険な緑色のドレスと髪の花飾りの人気が増したために、それらを作る労働者と着用者の体に起こる影響が無視できなくなったということだろう。壁紙やファッションプレートに色をつける顔料としても危険だったが、布地でも有害だった。紗《しゃ》と呼ばれる薄い絹織物には、緑の粉を糊や陶砂《どうさ》［訳注：膠《にかわ》とミョウバンを混ぜた水溶液で、色のにじみを止めて定着させるために用いる］で軽く付着させているだけだったので、製造工程でも消費者のところでも、あらゆる段階で粉が大量に舞い落ちた。[46] 紗の布地は一八五〇年代に人気が再燃して、ボリュームのあるスカートの上にかぶせて、一着に何メートル分も使用された。この期に及んでも、当時の研究者はこの顔料の正確な性質を理解していなかったが、ある繊維業界の専門家は、実際に布地に「貼り付いている」これらの「今話題の色」は「擦れると簡単に剥がれ落ちる」と非難した。[47]

図 11　フランツ・クサーヴァー・ヴィンターハルター、エメラルドグリーンのボールガウンドレスを身に着けたヴィクトリア女王、1855 年、水彩。Royal Collection Trust/© Her Majesty Queen Elizabeth II 2019.

エメラルドの勝利

一九世紀の半ばまでは、依然としてエメラルドグリーンの人気に揺るぎはなかったようだ。一八五五年の水彩によるヴィクトリア女王の肖像画では、「モダンな」君主がまばゆいエメラルドグリーンのボールガウンドレスを身に着けて描かれている（**図11**）。当時三六歳の女王が、お気に入りの宮廷画家フランツ・クサーヴァー・ヴィンターハルターのためにポーズを取っている。ヴィンターハルターは王族女性の身に着けている高価な生地やヘアスタイルを巧みに描く才能の持ち主で、フランスのウジェニー・ド・モンティジョやオーストリアのエリーザベトといった欧州大陸の皇后たちから肖像画を描いてほしいという依頼を受けた。このあまり形式ばらない水彩画で、皇后はレースがあしらわれた緑色のイブニングドレスを着ている。撚り合わせた真珠の束が首周りと手首を美しく飾り、宝石で飾られたティアラの冠で頭を美しく飾っている。髪飾りは注目に値するものだ。作りものの緑の葉と花のついた巻きひげをあしらった花冠を茶色い髪に巻き付けている。長いあいだ生花も造花も、女性のドレスやとりわけ髪にふさわしい「女性らしい」装飾品だったが、ヴィクトリアの肖像画が示すように、それが一八五〇年代後半にファッションの極みになった。シルクのボールガウンドレスと花冠には手が届かない人々向けで、もっと安価だがヒ素は同じように含んでいるのが、アメリカで一八五五年頃に着用された日中用の木綿ドレスで、緑色と美しいローラープリントの花柄が組み合わされて一枚の服に仕上がっている（**図12**）。だが、パリの最新流行を追うゆとりのある人々向けには、ヴィクトリア女王やウジェニー皇后の正式な御用達を務めていたマダム・ティルマンの店が、パリのリシュリュー通りで営業していた。この店の髪飾り（フランス語で parures de bal、直訳すると「舞踏会の装飾品」）や花、羽飾りは一八五四年から六八年のあいだに広く宣伝されて、一八六三年一月二四日発行の『レ・モード・パリジェンヌ』誌のファッションプレートに登場した（**図13**）。中心に描かれている髪飾りは、ギリシア神話の木の精霊の名前からドリュアス（ドライアド）と名づけられ、「オパール色の蝶がいる野の草と水辺の草を合わせて冠にあしらった芸術的なヘアスタイル」と説明されている。[48] 草が長く尾を引いているような髪飾りが大流行したので、次の冬までに『パンチ』誌はこの流行をパロディにして、ロンドンの少女から田舎のいとこに向けた架空の手紙に「野菜の」ドレスを登場させている。

図13　パリのメゾン・ティルマンによるヒ素を含む花冠、*Les modes parisiennes*, January 24, 1863より。著者のコレクション。

図12　緑色のウールと綿でできた1854～55年頃の北米のドレス、蛍光X線検査によりヒ素の含有を確認、975.241.52. Royal Ontario Museum © ROMの許諾済み。

イブニングドレスやディナーパーティ用のドレスはすてきなのよ。私は、サーモン色のドレスで、グリーンピースの飾りがついているのを見ました。ほかにもお肉色のイブニングかディナーパーティ用のドレスで、玉ねぎとカリフラワー、ニンジン、小さなセロリの飾りがついているのもありました。お野菜、草、麦わら、干し草のドレスはたくさんの人が着ています。帽子はまだとても高いけれど、若いおくさまのはラディッシュと玉ねぎで飾られていて……お年を召したおくさまのは玉ねぎとカブです。蒲《ガマ》は若い女の人にとってとてもおしゃれで、アザミとそのほかの雑草は夫を亡くしたおくさまのためのものです。[49]

　この架空の手紙はグリーンピースなどといってふざけたり、雑草と喪服のどちらの意味にも使われるweedsをかけて言葉遊びをしたりしているが、ユーモラスなことに「食べられる」ドレスは実際に存在した。ボストン美術館所蔵のフランス製の花冠は、一九世紀半ばにアメリカに輸入されたもので、こうした装飾品の精緻な魅力をよく示している（図1）。リアルな果物や花、葉は、頭の上にアーチのようにかかっているワイヤーフレームの「茎」からつながっている。繊細なピンク色がかった白の花から次第に変化して、摘み頃のおいしそうに熟したイチゴまでが示されている。みずみずしい赤と紫のブドウの房が、つまんで口に入れてごらんと誘いかけてくる。そして、蝋が塗られた赤褐色の茎が頭の両側からぶら下がっているのを如才なく見れば、ブドウの粒がいくつかつまみとられて食べられてしまっているのに気づくだろう。イチゴは春の果物でブドウは秋に採れるものだが、あからさまにエロチックなメッセージが読み取れる。この女性は魅惑的で美味である、と。

　これと同時代の一八六二年に出版されたクリスティーナ・ロセッティの詩「ゴブリン・マーケット」（『クリスチナ・ロセッティ詩抄』、入江直祐訳、岩波書店収録の「お化け商人」、ほか）は、ゴブリンの果物の魔力に誘惑されたローラという若い女性の物語だ。ローラは金髪の一房と引き換えに、熟した果実の汁をすするが、買えなくなってしまうと痩せ細っていった。これは明らかにイヴの原罪と知恵の木を暗示するが、「食べてはほんとに甘いけど／血を腐らせる」危険な果物は商人たちが売っていた。詩のなかで病身の主人公が、「知らぬ畑に熟《な》った実を／啜って、啜って、啜り込み」（以上は、入江直祐訳より改変して引用）したのだが、これと奇妙に似たことが、この詩の出版と同じ年に発生した。エリザベス・アン・アブデラは、ロンドンのイーストエンドのショーディッチ出身で、当時一五歳だった。この少女が、みずみずしく見えるガラス製の緑のブドウを口に含み、緑の顔料を摂取して亡くなった。彼女の一三歳の友人エリザベス・ホールは、雑貨屋で帽子の飾りつけをして働いていた。この幼い労働者が、飾りつけ用のブドウを年上の友人にプレゼントとしてあげたのだ。アブデラの死後、残ったブドウと葉が化学的に検査されて、青とピンクの部分は安全だったが、緑の部分にはヒ素が含まれており、法廷で「一枚の緑の葉には一人の子どもを死亡させるのに十分な量の毒が含まれているだろう」と証言された。[50] 果物をあしらったこの髪飾りは、目を楽しませることだけが目的だった。その髪飾りのブドウすべてに毒が含まれていたわけではなかったようだが、繊細な紗でできた葉には強力な毒が含まれていて、それは造花産業で働いている人々の健康を損なうほどだった。

労働者と富裕女性にとってのヒ素

深い眼《め》は空無と闇で出来ていた、
手際よく花の鬘《かずら》で結い上げた頭蓋骨

脆そうな背骨の端に、なよやかに揺れて動いた。
馬鹿々々しいほど着飾った虚無の魅力という奴だ！

ボードレール、「死の舞踏」（『悪の華』、堀口大學訳、新潮社より引用）[51]

一八五七年に詩人のシャルル・ボードレールは、道徳的批判を浴びた有名な詩集『悪の華』を出版した。花（華）は、一九世紀の文化で複雑な象徴的および経済的なメッセージ性を帯び、女性の美や、成熟、繁栄に関係していた。だがボードレールが執筆中のまさにそのときには、文字どおり邪悪な「悪の」花々が、あらゆる中産階級女性の体の上に存在していた。一八五六年に、パリで布地や蝋から実物そっくりの造花を作る専門技術が、医学と政治の分野から注目された。その年、パリ五区で造花作りをしていた労働者たちが（男性労働者と女性労働者のどちらも）集まって警察に行き、危険な労働条件について公式に苦情を申し立てた。[52] 一八五〇年代末までに、何人かのフランスの医師と科学者は、この問題について論文などを発表していた。そうした一人、エミール・ボーグラン医師は、帽子製造業における水銀中毒も非難していた人物だ。また、化学者のアルフォンス・シュヴァリエ（一七九三〜一八七九年）は、フランス安全委員会（Conseil de Salubrité）の委員だった。さらに、アンジュ＝ガブリエル＝マキシム・ヴェノワの研究についてはすでに言及した。[53] 一八五八年のパリに推定一万五〇〇〇人、一八五一年のイギリスに推定三五一〇人（そのほとんどがロンドンに集中していた）の労働者を擁した造花製造業は、重要な都市産業であり、深刻な問題でもあった。[54]「造花の製造は、国内外のどちらにおいても重要かつ大規模な産業をなしている。……自然の緑の植物によく似せて作られた草や葉の緑の飾りに……繊細な陰影や光沢があるのはエメラルドグリーンに負うところが多い」と、ある医師は書いている。[55] ファッション誌はこうした造花を「髪を飾るには、明らかに最もふさわしい品」[56] と褒めそやしたが、そうした美しさは作り手の多大な犠牲の上に成り立っていた。

造花屋《フロリスト》や趣味で造花を作る女性のために一九世紀に書かれた多くのマニュアルが裏づけるように、布地や紙で花を作り、帽子や衣服を飾ることは、特殊技術を要する「芸術的」な仕事であると同時に上品な娯楽でもあった。自然の花と色は、布地と化学作用で代用されて、ヒ素が労働者や女性の体にも家庭にも同様に入り込んだ。一八二九年のマニュアルによれば、画家のように造花の作り手が、いくつかの顔料を粉に挽いて混ぜてから塗るように説明されている。そして葉を作るためには、軽くきめ細かいエメラルドグリーンの、あるいは「カーテン用」のタフタ［訳注：薄い絹織物の一種。薄琥珀とも言う］と、三つの緑色の紙を購入するように勧めている。その緑の一つがボーヴェール（beau-vert）、フランス語で「美しい緑」とされているが、これは亜ヒ酸銅の別名である。[57] 同じ出版社で一八五八年に改訂されたマニュアルからは、造花の作り手が、独立した職人から工場の労働者に移行したのが明らかだ。この仕事が「紛れもない産業」になって、当時は小さい町でもかならず造花屋があった。[58] 興味深いことに、メゾン・ティルマンで働く贅沢品産業の男性労働者は、ファッションプレートに描かれている花冠を製造していたが、一八四八年のフランス二月革命では政治的な活動をしていたようで、「兄弟の」造花屋たちに呼びかけて、あまり恵まれていない仲間を支援する集会を開催した。[59] サン＝ドニ通り二二七番地の「オー・ジャルダン・アルティフィシエール（人工の庭で）」という名が体を表す店は、今でもパリのサンチエという衣料品関連業者の集まる地区に存在するが、そうしたタイプの小売店が現れてきて、造花産業用の特殊材料を供給した。一八五九年にヴェノワが数えたところ、パリ中心部の右岸地区で現在の二区と三区にあたるサン＝ドニ地区とサン＝マルタン地区に、造花の卸売店と小売店が九〇〇店存在したという。[60]

こうした製造業者向けのマニュアルのいずれにも、女性にヒ素の危険

図14　ロンドンのリージェント通りのロドルフ・エルブロネで販売された趣味用の造花作りキット、1850年代～60年代初期頃。© Victoria and Albert Museum, London.

を警告するような記載はないが、ヒ素は存在していた。ヴィクトリア&アルバート博物館にいくつか現存する趣味のためのキットの一つには、毒がたっぷり含まれている（図14）。それは一八五〇年代から六〇年代初期にさかのぼるもので、ロンドンのリージェント通りにあったロドルフ・エルブロネが経営する会社の優雅な建物で販売された。エルブロネはベルリン製の刺繍キットや造花キット、スウェーデン製の子ども用手袋をロンドンの王宮に納品し、上流階級の婦人向けに毛糸の刺繍など手作り品の講座を開いた。そして一八五八年には「四季折々のあらゆる美しさを持つ花の特徴をそのままにご婦人が手作りできる楽しい趣味」として、お祝い用の造花作りのマニュアルを出版して、女性が友人へのプレゼントを作ったり、「応接間や食卓、衣服を飾ったり」することができるようにした。[61] 楽しんで作れる精巧なキットには、二層のミニチュアの丸い箱がついていて、そのなかにジャーマンアスターと呼ばれるキク科の花や、フリンジポピー、チャイナローズを模した薄葉紙でできた花と茎、さまざまな緑の布や紙の葉が入っていた。ヴィクトリア&アルバート博物館のコンサヴェイター（修復保存管理者）が検査したのは、緑色の箱の紙製のふた、緑色の紙の仕切りと丸い「キャベツ」の花、キットの中央一番上の引き出しに入っている真っ赤な雌蕊《めしべ》の脇に見えている釣り鐘型の緑色の花、キットに備え付けではなかったと思われる包み紙の中の布製の葉である。その結果、検査した部分では、包み紙の中の葉を除いたすべてに銅とヒ素が含まれていることがわかり、エメラルドグリーンが顔料として使われていたと結論された。[62] 趣味の女性たちは、実際には葉に色付けの粉を振りかけることはなかったので、趣味で楽しむ程度なら十分に無害だったと考えられるだろう。しかし、商売での造花作りではその規模と性質によって、製作キットを組み立てて葉に粉を振りかけていた労働者たちが致死量のヒ素に晒されていた。あるパリの工場で働いていた一二歳の少女は、仕事で使っていた緑色の液体を故意に飲んで自殺を図った。緑の顔料の致死的危険性は、不幸にも彼女が亡くなったことで実証された[63]。

ヒ素はいつの間にか女性の家や衣裳部屋にも入り込むことがあった。ヒ素で緑の葉を作るのと同様に、剥製術は「自然」を家の中で展示するための方法だ。ある意味では残酷で人工的な方法だが、一九世紀初期に剥製は人気を集めるようになった。流行の女性用帽子のために小型の鳴き鳥が何百万も殺されることになり、当時の帽子がいまだに人体に有害というほどの危険が社会にもたらされた[64]。剥製術では、ヒ素石鹸を使って鳥の皮膚に「保存処理」あるいは「ミイラ化」を施した。「動物の細胞組織を保存し、その質をほぼ永久に維持する」のが目的である[65]。一八八〇年代に婦人向け帽子店は、鳥の剥製をまるごと使って帽子を飾りつけた。写真の帽子は一八八五年のフランス製で、赤みがかった茶色の羽毛を持つ鳥が一羽まるごと、茶色い獣毛フェルト（水銀が含まれるかどうかは不明）の上に固定されている（**図15**）。生きているかのように作られる自然史標本とは違って、この鳥は捻じ曲げられて、サテンのリボンの止まり木に押し付けられ、嘴《くちばし》と体は色が塗られて金色の花模様になっている。ヴィクトリア時代の評論家は、審美的な点からも環境的な点からもこの流行を非難した。芸術や衣服、美についての著作で有名な人気作家ホーウェイス夫人（メアリー・イライザ・ホーウェイス）は、一八八七年に文芸誌に寄稿した『打ち砕かれた鳥』で、「死骸は決して真に心地よい装飾品にならない」という一文を書いている[66]。夫人は「絞めて料理された」鳥が帽子にされることを嫌っていた。なぜなら第一に「固定されたかわいそうな動物が、帽子から『助けて！　私は拷問されている』と鳴きわめいているように思われた」から、第二に「良識の規範」に背いているからだという。ホーウェイス夫人は、帽子やマフ（耳当て）、間仕切りのために年間で三〇〇〇万羽以上にのぼる「大量の殺戮」をすることはやめるように呼びかけて、女性がそれを身に着けて歩くことは「死神の頭が歩いているだけ」だから、どうかやめていただきたいとして文章を締めくくっている。鳥を一羽そのまま使う流行が去ってからも、ミサゴやユキコサギなど珍しい鳥の羽は帽子の飾りに使われ、それが二〇世紀に入ってかなりたっても続き、「殺戮の帽子」[67]として、自然保護を求める人々の怒りを掻き立てた。紳士用帽子がビーバーを全滅させたように、婦人用の帽子が多数の鳥に危害を加えたのだ。今では世界じゅうの博物館に有毒の遺産として収蔵されている。

造花産業は文字どおり「豊かに花開き」、美しい品々が毒を潜ませたまま生み出されていった。だが帽子作りとは違って、造花を作る労働者の健康問題はまもなく世間に知れわたるようになった。『タイムズ』紙にホフマンの『死の舞踏』の記事が出たわずか一週間後に、『パンチ』誌に漫画が掲載された（**図16**）。『ヒ素のワルツ』と題されたその漫画には、「新たな死の舞踏（緑色の花冠とドレスの商人に捧ぐ）」という副題がつけられ、上品な服を着た男の骸骨が女性をダンスに誘うところが描かれている。彼は女性のひざに向けて恭しく腰をかがめ、礼儀正しく骨張った指を広げて女性に差し出している。服の各部分から、体に肉がついていないことが強調されている。頭蓋骨には髪がなく、頸椎の周りにネクタイと襟がしっかりとしまっていて、白いシャツを着た腹があるべき肋骨と骨盤のあいだはぽっかりと空洞になっていて、靴を履いた踵の骨が奇妙に後ろへ突き出ているのだ。彼が誘っている女性は、一八六〇年代初期の舞踏会用にふさわしい華やかな衣装をスタイリッシュに着こなしている――幅広いクリノリンの入ったひだ飾り付きスカート、蝶結びのリボンで飾られたオフショルダーのボディス（胴着）、扇を持つコ

図 15　帽子に固定されている一羽まるごとの鳥の剥製、1885 年、パリ、Modes du Louvre. © Victoria and Albert Museum, London.

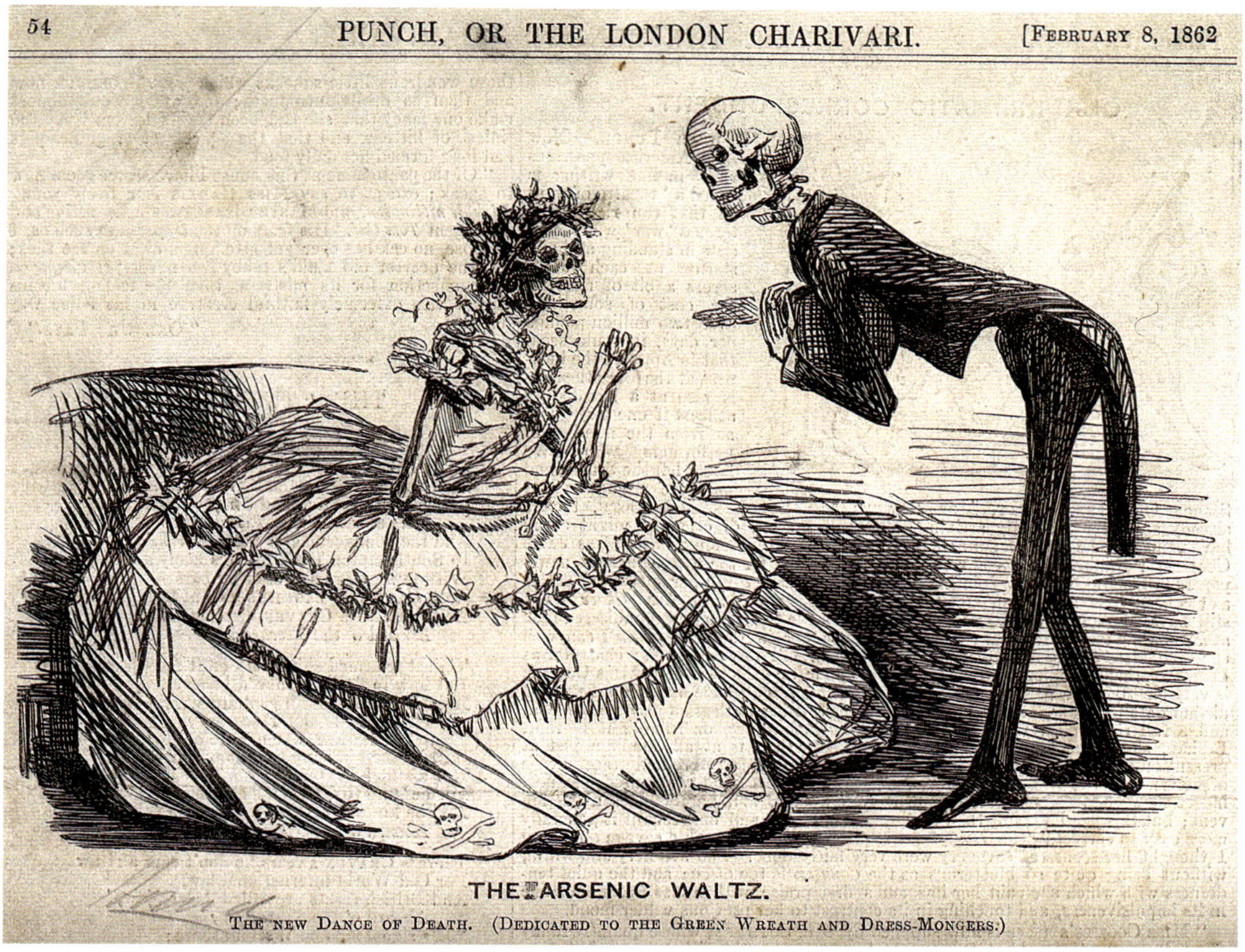

図16 『ヒ素のワルツ』あるいは『新たな死の舞踏（緑色の花冠とドレスの商人に捧ぐ）』、『パンチ』誌（1862年2月8日）。Wellcome Library, London.

ケティッシュな「手」のしぐさである。にっこり笑っているように見える女性の頭蓋骨に、ヴィクトリア時代の女性には最高の誇りだった長い髪はないが、枝葉の絡み合う手の込んだ花冠をかぶっている。ドレスの裾回りには、ふつうのアップリケの花やデザインの代わりに、髑髏マークの繰り返し模様が描かれ、見る人にこのドレスが死を招く毒を「含む」と警告している。

歴史的に、死の舞踏（ドイツ語でTotentanz、フランス語でdanse macabre）の比喩はメメント・モリ（memento mori、死を忘れるな）として働いた。中世やルネサンスの芸術家は、たいていはローマ法王や皇帝、国王、子ども、労働者とともに死神が躍る姿を描いて、命あるすべての地位の人々に死は訪れるということを、見ている者に再認識させた。その近代版は、ワルツという道徳的に物議を醸すダンスとして表現された。バイロン卿（ジョージ・ゴードン・バイロン）は一八一六年にアンチワルツの詩を書いて、男性と女性の踊り手が相手を「みだらにつかむこと」や相手に「無規律に触ること」を非難した。「華奢な腰のくびれに手を回し、紅潮した頬を手でなでおろす／手からは見境いもなく愛欲が注がれる」[68]。こうした「スキャンダラスな」イメージにもかかわらず、ヴィクトリア女王もアルバート公とワルツを踊ることが大好きだった[69]。ここでことさらワルツが選ばれたのは、相手と最も接近して触れ合うので、女性の身に着けているドレスや花冠のヒ素による最大の危険が、パートナーの男性の身に降りかかったからだ。『パンチ』誌は、求婚者になりうる男性に「助言」として、こうした緑を纏《まと》った「危険人物（poisoner）」とどのように接触するべきか、この色を買ったり身に着けたりするのを女性にどのように断念させるかを提示した。ユーモアのある雑誌であることから想像されるように、最初の記事は冗談めかしたものだった。たとえば、一八六一年のこの雑誌では、「思いやりはあってもせっかちな若い男性」は、「造花作りの作業者が実際に毒で死んだことを非常に軽く受け止め、真剣な強い口調で非難をすることもないだろう。たとえば、それはずいぶんと強欲で見事に非人道的だな、などと言うだけかもしれない」と指摘している。[70]『小娘たちが緑をもたらす、ああ！』という短い記事では、緑色を身に着ける女性たちに緋色の文字で印をつけることを提案する。「男性がワルツかポルカのいずれかをシェーレグリーンで装う女性と踊れば、その美しいお相手のドレスと同じぐらい男性にも緑が付着するだろう。もっとはっきり言えば、この緑のドレスを着た女性は、背中に『危険！』という印をつけるか、『毒に注意！』と赤い文字で刺繍するべきだ[71]」。人を不安にするこのユーモラスな方法には明らかに効果がなく、一年以上たったのち、『パンチ』誌は『危険人物とポルカ』で緑色の装いの女性と砲弾を対比させている。ヒ素の粉が火薬に喩えられているのは明らかだ。「ここでご婦人方がヒ素のドレスを着ることにこだわるなら、舞踏会《ボール》は砲弾《ボール》と同じぐらい破壊的で死の危険があり、踊る人はほぼ全員が（ヒ素の）粉を食らうことになる[72]」。結局、エメラルドグリーンの強い魅力に立ち向かうのは困難だった。

一八六二年初旬、シューラーが亡くなったセント・パンクラス病院の行政区の軍医ヒリアー医師は、枢密院に特別報告書の作成を説得した。法医学の教授として評判の高いウィリアム・ガイが雇われ、ガイによって興味深いが腹立たしい内容の報告書が作られた。ガイが発見したのは、シューラーと同じバージェロンの工場で造花作りをしていた一七歳のフランシス・ロロの死にヒ素が重要な役割を担っていたこと、それと同時に、シューラーを診た軍医のところには、バージェロンの工場で働いていた女性およそ一〇〇人のうち五〇人がすでに治療を求めて来ていたことだった[73]。イズリントンのエセックス通りに移転してきたその工場は、前よりもずっと風通しが良くなり、狭苦しくない建物になっていたにもかかわらず、ガイが出会った若い女性のほとんどは依然として慢性的なヒ素中毒に侵されており、ある年上女性は髪が抜け落ち、数人は性器に異常をきたして座ることもできなかった[74]。一八歳未満の子どもはヒ素を扱う仕事を禁止するなど、ガイはいくつかの提言をしたものの、そこにヒ素顔料の使用規制は盛り込まなかった。イギリス経済に悪影響を与えかねないので「製造の自由」を制限したくなかったのだ。ガイは、ヒ素顔料を使用する労働について「仮に……私の調査がいくつかの死亡例を発見することになっていたら、全面禁止を勧めるのが適切と考えただろう」と付け加えている。どうやら「死亡例が一件」では不足だったらしい[75]。ほかの労働上の危険に関しても、自由な企業は人間の健康を打ち負かした。このようにイギリスでは、有害物質を扱う労働に対して関心が欠けているのが通常だった。たとえば、リンは安全マッチを作るのに使われたが、リンを扱う作業者は顎の骨が溶けてリン性壊死と呼ばれる恐ろしい状態になっていた。有害なことが知られていてさえ、こうした危険な労働は長らく公的に検査もされず、ようやく規制が行われたのは一八九〇年代だった。

上流階級の女性が緑色の花冠を付けたあと、肩のあたりに「痛みを伴う発疹」、いわゆる皮膚発疹を訴えたが、マチルダ・シューラーの症状に比べればほとんど取るに足らないことだった[76]。だが、緑色のファッションの人気が高く、また緑色が目に見えることから、医療専門家は、個人診療に訪れた上流階級の女性が着ていたヒ素を含む衣服の影響と、無料の病院にヒ素中毒の治療のために来た労働者とを、直接結びつけて考えることができた。ある医師は、造花作りで病んだ労働者が病院の外来診療所に入ってくるのを見て、舞踏会で「花冠を装う美しい女性」がユリのように白い顔色で、目が充血してチカチカ痛むと言っていたのを

図 17　ヒ素グリーンのドレス。1860 ～ 65 年頃、Glennis Murphy のコレクション。写真は Arnold Matthews の厚意による。

思い出し、目の前のかさぶただらけの肌をした貧しい少女と比べて考えた、と述べている。[77] それでも、上流階級の女性は、有毒色素の使用の抑制にも重要な役割を果たした。女性消費者は家族のものの購入を決めるので、ファッションを取り入れることも拒むこともできた。『パンチ』誌の漫画は、造花作りの労働者やお針子の女性たちのことを考えていなかったが、女性が服の仕立て屋や帽子店から緑色の服飾品を買って、自分やほかの人に毒を盛っているという深刻な事態をあらためて想起させた。こうした警告には確かに効果があったようだ。というのは、博物館のコレクションに一八六〇年代の鮮やかな緑色のタータン地のドレスは、私には一つも見つけることができていないからだ（どこかに存在する可能性はあるが）。粉の形になっているエメラルドグリーンは、いくつかの産業の労働者にとって極めて有害だったことは明らかに思われる。にもかかわらず、一九世紀の化学者がしばしば検査を行って多量のヒ素の含有を見つけたとされる服地に関しては謎のままである。そうした危険はヒ素恐怖症的な想像の産物で、メディアにひどく誇張されていたのだろうか？　あるいは、私たちが調べた布地からは多くのヒ素が揮発してしまったのだろうか？

　私たちはオーストラリアの個人が所蔵するエメラルドグリーンの絹のドレスを詳しく検査した（**図17**）。所蔵者は親切にもドレスをカナダへ送付してくださり、バータ靴博物館において私も共同主事として務め

Lamoureux Imp. r. Lacépède. 38. Paris

Ad. Goubaud, Edit. Paris

787

LE JOURNAL DES DAMES ET DES DEMOISELLES

Edition Belge

Toilettes de la Mon Gagelin, r. de Richelieu. 83 _ Modes d'Alexandrine Rue d'Antin. 14.
Fleurs de Mme E. Coudré. Mon Tilman, r. Richelieu. 104 _ Costume d'Enfant de la Mon A St Augustin, r. Nve St Augustin. 45.
Nouvtés en Dentelles de F. Monard r. des Jeuneurs. 42 _ Corsets de la Mon Simon Bté r. St Honoré, 183.

Rubans et Passementeries A la Ville de Lyon, Chaussée d'Antin. 6. | Jupons de P. de Plument (Ve Dugé) rue des Fossés Montmartre. 9.
Foulards de la Malle des Indes. Passage Verdeau. Nos 24 et 26. | Parfums de Legrand fourn. de S. M. l'Empereur, r. St Honoré 207.

た展覧会『ファッションの犠牲者たち』(二〇一四年六月～一八年四月に開催)での展示が実現した。所蔵者の女性の許可をいただいて、裏地から小さく三片を切り取ってサンプルとし、全反射蛍光X線分析法(TRXF)による破壊分析を行った。ヒ素と鉛のスペクトルが重なるために結果の分析は難しいが、ヒ素とその他の元素の量を正確に測定できる。[78] ヒ素は昔から博物館のコレクションの殺虫剤としても用いられてきたが、このドレスは博物館に所有されたことはなかった。[79] 分析の結果、銅、亜鉛、鉛、鉄、臭素、カリウム、硫黄、そして少量のヒ素の存在が確かに示された。バータ靴博物館の所蔵する靴を検査したところ、多量のスズも含有されていることがわかったが、スズ精錬が白砒素の主な発生源の一つだったとすれば、つじつまが合う。ヒ素の一部が一五〇年の間に浸出や分解で失われたかどうか、また、これらの特定の品物に製造者や着用者の健康被害をもたらすほどのヒ素が当初に含まれていたかどうかは、今のところわからない。確かなことは、緑色が褪せて黄ばんだ部分がたくさんあることと、鮮やかな色のサンプルよりも薄く色褪せたサンプルのほうがヒ素の含有量が少なかったことだ。[80] また、ライアソン大学のファッション・リサーチ・コレクションにある一八六〇年代の緑色のドレスには、銅とヒ素が含まれていた。ほかにもファッションに関する品物を検査すれば、多くのものから興味深い結果が得られるのは間違いないだろう。ヒ素含有の疑問を解明するには、さらなる探索と科学的分析が必要だ。

緑色に関して否定的な報道が繰り返されたため、緑の色合いは避けられていき、そのうちに流行が去った。三回の改訂を重ねた一般向けの本『われわれの国内の毒』の著者で、土木技師のヘンリー・カーは、一八七〇年代と八〇年代までに、一般の人々が特定の色合いを見分けていたことや、消費者が「これはヒ素グリーンではないね」などと「ごく日常的に」判断していたことに言及している。[81] 色そのものが見分けやすいことや、赤いかさぶたや皮膚発疹ができることなど女性に対する影響が大きかったため、最終的に人気は失墜した。医師や化学者、女性団体、メディアが、一般消費者向けの商品でのヒ素化合物の使用に疑問の声を上げることができた結果、ヒ素恐怖症は広く大衆に伝わり、今日でも私たちの心をとらえ続けている。[82] 一八六〇年代の後半までに、明るいエメラルドグリーンが、もっと暗い青みがかった緑色へと置き換わっていった。たとえば、鉱物の緑である青緑(ビリジアン、フランス語でvert Guignet)は一八五九年に特許権が取得されて、のちにヒ素グリーンの安全な代替品として受け入れられた。[83] とはいえ、ヒ素とその他の有毒な色の物語は、決して終わってはいなかった。

一八六〇年代初めのベルギーのファッションプレートには、緑色の服を着た(見るからに毒がありそうな)美女のそばに、最近取り入れられた紫色の装いの女性が立っているが、皮肉なことに紫の染色にも初期にはヒ素が含まれていた(**図18**)。驚くことではないが、人形のような女性が本章ではお馴染みのメゾン・ティルマンの造花を頭に飾り、メゾン・ゲジランのドレスを身に着けている。シルクのその新色は、「オートクチュールの父」シャルル・フレデリック・ウォルトが独立する前に、その店で売ったものだ。二人の女性は並んで立っているが、ヒ素恐怖症とヒ素グリーンを叩く報道の後押しにより、この新しい「モーブ」と「マジェンタ」が、服飾と室内装飾の流行を長く制してきたヒ素グリーンから輝きを奪うことになった。

図18 *Journal des dames et des demoiselles*, Belgian edition, 鋼板彫刻と手彩色によるファッションプレート、1860～65年頃。著者のコレクション。

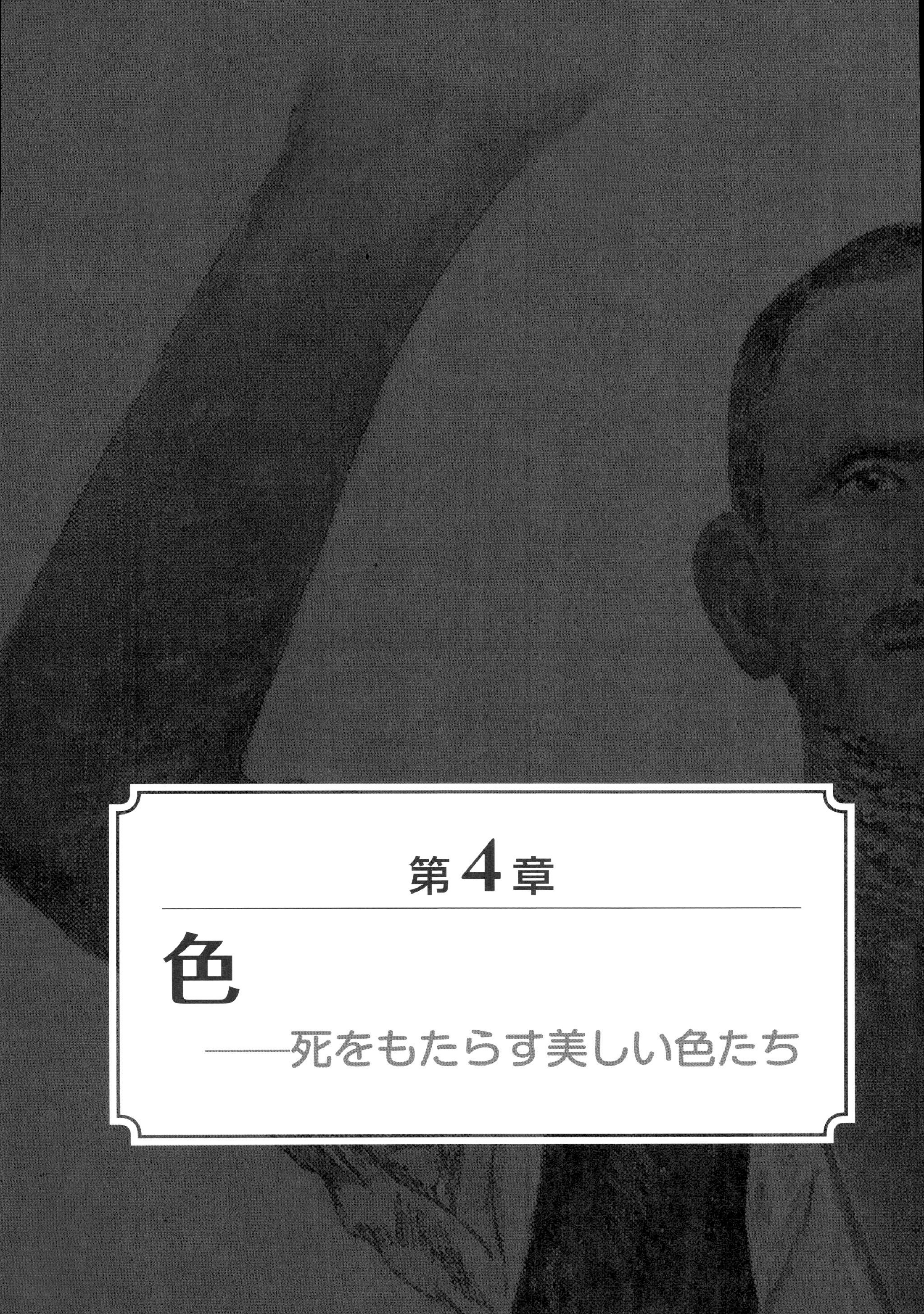

第4章

色
――死をもたらす美しい色たち

第4章 色——死をもたらす美しい色たち

一九〇四年三月二〇日のこと、若くて健康な一人のセールスマンが、オハイオ州のトレドで死亡した。当時二二歳、身長一七五センチメートル、体重七三キログラム、「優良筋肉質体型」だったという。[1] 解剖により死因は明らかになった。彼は亡くなる数日前にセールで一足の靴を買っていた。その安売り商品は、特許を取った黒いつま先革と上部の淡褐色の布地でできており、バータ靴博物館のコレクションにある一九二〇年代のアメリカ男性用の靴と類似のものだったと思われる（**図1**）。彼は買ったままでは満足せず、靴の上部の薄い色の布地を、シカゴで購入した液体「靴墨」で染めてから、その夜の「ダンスパーティ」に出席した。彼は知らなかったことだが、その靴墨は、ニトロベンゼンを含む「アニリン」染料だった［訳注：アニリン染料は、現在では天然染料に対して合成染料一般の総称だが、当初はアニリンが主要原料だった。アニリンはコールタールの成分であるベンゼンから製造され、アニリンとなる直前の中間生成物としてニトロベンゼンが生じる。これが溶媒成分として当時のアニリン染料に含まれた］。彼は靴墨が乾くのが待ちきれずに靴を履いたので、足先から足首にも染みて黒くなった。ダンスパーティのあと、彼は四、五人の友人と連れ立ってカフェに行き、ビールをいくらか流し込み、チーズとクラッカーも食べた。そこで気分が悪くなり始めて、気を失い、嘔吐し、友人に付き添われて馬車で家に帰った。友人は彼が酔っ払っているだけだと思ったが、結局ルームメートが医者を呼んで立ち合い、朝の五時直前に亡くなった。気を失ってからわずか四時間半後のことだった。女性の労働衛生に関する優れた専門家アリス・ハミルトンは、セールスマンの死にさらなる要因が寄与していることを、研究により示した。すなわち、ニトロベンゼンの作用が「アルコール飲料によって大幅に強められた」というのだ。[2] ビールと靴墨によって、死を招く化学的カクテルは生み出された。この事例の深刻さにもかかわらず、ちょうど二〇年後にミシガン大学の四人の学生がニトロベンゼンの靴墨を使って靴を磨いた。そのうちの一人、歯学専攻の学生ジョージ・スタンフォードは、二回の輸血をしてようやく死なずにすんだ。[3] 染料の在庫は当局によって差し押さえられたが、鮮やかな化学的色彩の「恐ろしい染料」による染料中毒は、これが最初で最後というわけではなかった。ヴィクトリア時代の人々は世紀末までにはこれを嘆くようになり、「今に至って

図1 男性用オックスフォードブーツ、黒いエナメル革と上部は淡褐色布地、1914～20年頃、バリー、スイス。Copyright © 2015 Bata Shoe Museum, Toronto（写真：David Stevenson と Eva Tkaczuk）。

もファッション・リーダーたちのレパートリーには、激しい苦しみの赤、胸苦しい恐怖の緑、ゾッとするようなライラック（薄紫）、醜悪なモーブが見られる」と訴えた(4)。

前の章で示したように、一九世紀には色が物議を醸した。帽子の形と同様に、ドレスの流行色の組み合わせは、一八五〇年代にアニリン染色が発明される以前から絶えず変化していた。色選びは、女性消費者が自分の社会的地位や個人的好みを誇示しやすい方法だった。歴史的には、赤や紫といった鮮やかな飽和色は製作コストが高く、上流階級の人々のためのもの、それに対し労働者階級の人々の衣服は、くすんだ茶色やぼんやりとした色の生地か、染色されていない生地に限られていた。ところが、安価で明るいがしばしば有毒、という化学合成された色が出現したことで、分類のヒエラルキーは反転し、「色恐怖症」になる人が現れた。一九世紀後半に始まったイギリスの耽美主義ムーヴメントで、ジェームズ・マクニール・ホイッスラーのような芸術家は、白やパステルピンク、グレーといった穏やかで調和的な色の「シンフォニー」で装いをこらした上流階級の婦人たちを描いていた。「趣味の良い」消費者はそれに倣い、審美的理由と医学的理由の両方によって、それまでに浸透していた刺激的ともいえる色を拒絶するようになった(5)。

一八八四年に開催されたロンドン万国衛生博覧会で、ロンドンのセント＝ジョン皮膚科病院の皮膚科医ジェームズ・スターティンは、痛々しい皮膚発疹の写真と、アニリン染色の靴下や手袋、そのほか「実際に肌の損傷を引き起こし、臨床の場で個人的に注意を引いた」事例の原因となった衣服を展示した(6)。バースのファッション美術館に所蔵されている一八八五年から九五年頃のイェーガー博士の五本指ソックスのように、美術館収蔵品によって、化学合成された有毒な色に対する社会的関心と、染色されていない「自然の」色合いに対する新たな市場需要が実証されている。ロンドンのリバティのような高級店は、上流階級の顧客に応えて「芸術的な」さまざまな色彩の生地を販売した。手作業を基本としたモリス商会のようなデザイン会社は、自然の植物染色に戻ったが、アニリンは近代的な実験室で「芸術的な」色合いさえ大量に生み出すことが可能で、後戻りすることはなかった。そのときには、新たな効果と低価格を目指して色の化学に革新を起こすことを、市場が命じていたのだ(7)。

イェーガーの染色していないウールの靴下は、「健康な服装」の面白い実例だ（**図2**）。私たちはドイツの博物学者で衛生学者のグスタフ・

図2　くるぶしまでの長さのニットの五本指靴下、イェーガー博士の五本指ソックス、19世紀（ウール）。English School, Fashion Museum, Bath and North East Somerset Council/ Bridgeman Images.

図 3　ヴィクトリア時代の縞模様の男性用靴下、1860 年代（右側の 2 組には 1862 年の記載がある）。Platt Hall, Gallery of Costume, Manchester.

図 4　図 3 右端の、マジェンタ、オレンジ、黒の縞模様の男性用靴下の拡大写真、1862 年。Platt Hall, Gallery of Costume, Manchester.

イェーガーによるいくつかの理論を笑うかもしれない。彼が絹と綿の生地に反対するロビー活動をしていたのは有名で、彼の信念によれば、肌には染色していない自然のウールの下着のみを着るべきということだった。ジョージ・バーナード・ショーのような健康マニアは、イェーガーの商品を早くから購入していた。一九〇三年にイェーガーは著書の『健康文化』で「衛生的な顔料や染料」に一章をまるごとあてている。多くの危険な染料がいまだに市販されているので、消費者は染色していないウール（自分のを指しているのだろう）を購入するべきだと彼は主張する。

> 健康的な染料が衛生上重要であることを認識している人はまだそれほど多くないので、メーカーが安価でしばしば不健康な染料を使うという一般的傾向に、影響を与えるには至っていない。……色のついた靴下を履いている女性たちに、問題の重要性を示すために、論文の一節から引いて、ある若い女性について詳しい説明をしよう。……最近その女性は、一晩じゅう踊ったために足を痛めた。靴で足がひどく痛かったにもかかわらず、踊っていたのだ。数時間以内に靴下の有毒染料は足の傷から体内に入り、女性の血液が汚染された。その論文によれば、女性の命を救うために両足を切断しなければならなかったという。(8)

この一節は、人の不安を煽って自分の商品を宣伝しているとも考えられるが、一九世紀の染色産業の状況にあっては、イェーガーの懸念ももっともだっただろう。(9)

イェーガーの健康靴下は、有毒染料に関する国民的で政治的な論争が数十年続いた末に登場した。その三〇年以上前の一八六八年から六九年にかけて、鮮紅色、オレンジ色、フクシャ（赤紫）色の染料を使用した製品は、一部の購入者に痛みや腫れ、皮膚発疹、歩行困難を引き起こしていた。それが、ここに示す一八六〇年代の鮮やかな男性用靴下の染料である（**図3**、**図4**）。『パンチ』誌は靴下中毒事件を風刺して、発明された化学物質の名を、本書の序論で触れた古代ギリシアのヘラクレスの命を奪ったマントの神話に結び付けた。現代の英国人《ブリトン》は今や「何がヘラクレスを殺したのかを知っている。ネッソスのマントにカエサルの毒された血は染み込んでいない。……マントに染め込まれていた鮮やかな赤は、クロロキシ硝酸、ジニトロアニリン、あるいはアニリンといった鮮やかだが有害な物質のいずれかであり、それが着色された靴下に含まれ、英国民の足や足首に疱疹を発症させている」[10]。これらの靴下は、神話との類似を超えて、たとえ外見的には取るに足りない小さな商品であったにせよ、現代の産業の「発展」がもたらしうる危険のシンボルになった。一八六九年のロンドンの『タイムズ』紙にあるように、「一足の靴下によって中毒死が発生しかねないという先頃の発見」は、実際に意外ではなかった。記事は続けて、「靴下には危険な可能性があるというなら、プレッシャーの大きいこの文明の時代に、何の製品が信頼できると言えるだろうか？」と問う。多くの学者は、この記事が問題全体に対するショックを示すと考えるが、記事はかなり冷淡に書かれている。

> 中毒事故は、すでに知られているように、じつにさまざまな形で潜んでいる。それはわれわれのあらゆる場面に――食器や壁紙、衣服、醜聞の囁きに、そして舞踏場の美しい婦人たちの華やいだ頬にさえ――待ち構えているが、社会に新たな毒物が見つかっても、直ちに影響を受ける人々を除けば、誰もそれにはほとんど興味を持たない[11]。

一九世紀後半になると一般の人々は、「中毒事故」がいたるところに潜んでいることを知っていた。あまりにも当たり前になっていたので、ほとんど注意を引かなかったのだ。

モーブ麻疹

> この病気が正体を現す初期症状の一つは、患者の顔や首のあたりに麻疹のような発疹が出現することだ。発疹の色はモーブで、すぐに広がって、場合によっては全身が発疹に覆われるようになる。
>
> 「モーブ麻疹」、『パンチ』誌、一八五九年八月二〇日（土曜日）、八一ページ

白砒素が、産業革命の産物である大規模な採掘と精錬の工程から生じるように、アニリン染料の原料として使用される有毒化学物質のベンゼンは、石炭の採掘とその副産物に由来する。一九世紀の最初の数十年に用いられた鯨油や獣脂のろうそくなど明かりになる自然のリソースが不足したために、ガスによる照明や暖房の発達は促進された[12]。石炭ガスを使用すると、コールタールと呼ばれる黒くて粘度の高い残留物が大量に発生した。化学者は医療と商用のいずれでも、この有り余る汚泥が利用できる方法を探し求めた。一八歳だったウィリアム・ヘンリー・パーキンは、マラリアの治療薬キニーネを合成しようと試みていたところ、使用していた黒いコールタール溶液で布地が紫色に染まることを発見した（**図5**）。『オール・ザ・イヤー・ラウンド』誌（あのチャールズ・ディケンズが編集していた人気雑誌）によれば、この紫色は「豊かで純粋、何にでも適している。扇であろうと、スリッパ、ドレス、リボン、ハンカチ、ネクタイ、あるいは手袋であろうとも。それは女性の瞳に変わることのない穏やかな輝きを添える――それはどんな形にもなって、口実を見つけるのだ。落ち着きなく女性の頬の周りを動くために――その唇へ……吸いつくために――その足に接吻するために――その耳元で囁く

ために。ああ、パーキンの紫色よ、おまえは愛される幸運な色だ[13]」。こうしてエロチックな魅力を持つモーブは生まれて、発見した化学者は裕福になった。紫色は一九世紀のあいだは絶えず人気を博し、しばしば女性の足に「接吻した」。そうした靴がバータ靴博物館にも所蔵されている（**図6**）。図の奥にある「派手な」シルクサテンのアニリン染色によるモーブのブーツは一八六〇年代製で、色がかなり褪せている。イギリスの女性がフランスで購入したものだ。

　それでも、すべての出版物が同じようにモーブを温かく迎え入れたわけではなかった。『パンチ』誌は、一八五九年にイギリスで、すべてのおしゃれな男性や女性、子どもによってアニリン染色モーブが急速に受け入れられたことを、感染力の強い麻疹（はしか）の大流行にユーモラスになぞらえた。麻疹は、皮膚に明るい紫色がかった赤い斑点を生じる病気である（**図7**）。この章の初めのほうで引用したように、ファッションライターたちは伝染病にまつわる医学用語を借用して、モーブが人々のあいだへ急速に広がる様子を「伝染性が高い」と表現した。婦人向けの帽子店やボンネットの店は、『危険』な場所として今まさにマークされるべき」感染の場だとされた。それによって「被害を受けるのはおもに女性」であり、一部の男性は同じ病気にかかるにしても軽症で、「一般には、冷笑を一回たっぷり投与すれば治癒するだろう」とも書かれている[14]。別のジャーナリストは少しましな診断で、「微熱」と「流行性のパー

図5　パーキンのモーブで染められたドレス、1862～63年。SCM—Industrial Chemistry, Science Museum, London.

図 6 紫色で染められた 19 世紀の靴。上から順に、1860 年代頃のイギリスで所有、1855 ～ 70 年頃のトルコ製、1830 年代頃のフランスで所有。Copyright © 2015 Bata Shoe Museum, Toronto（写真：Ron Wood）。

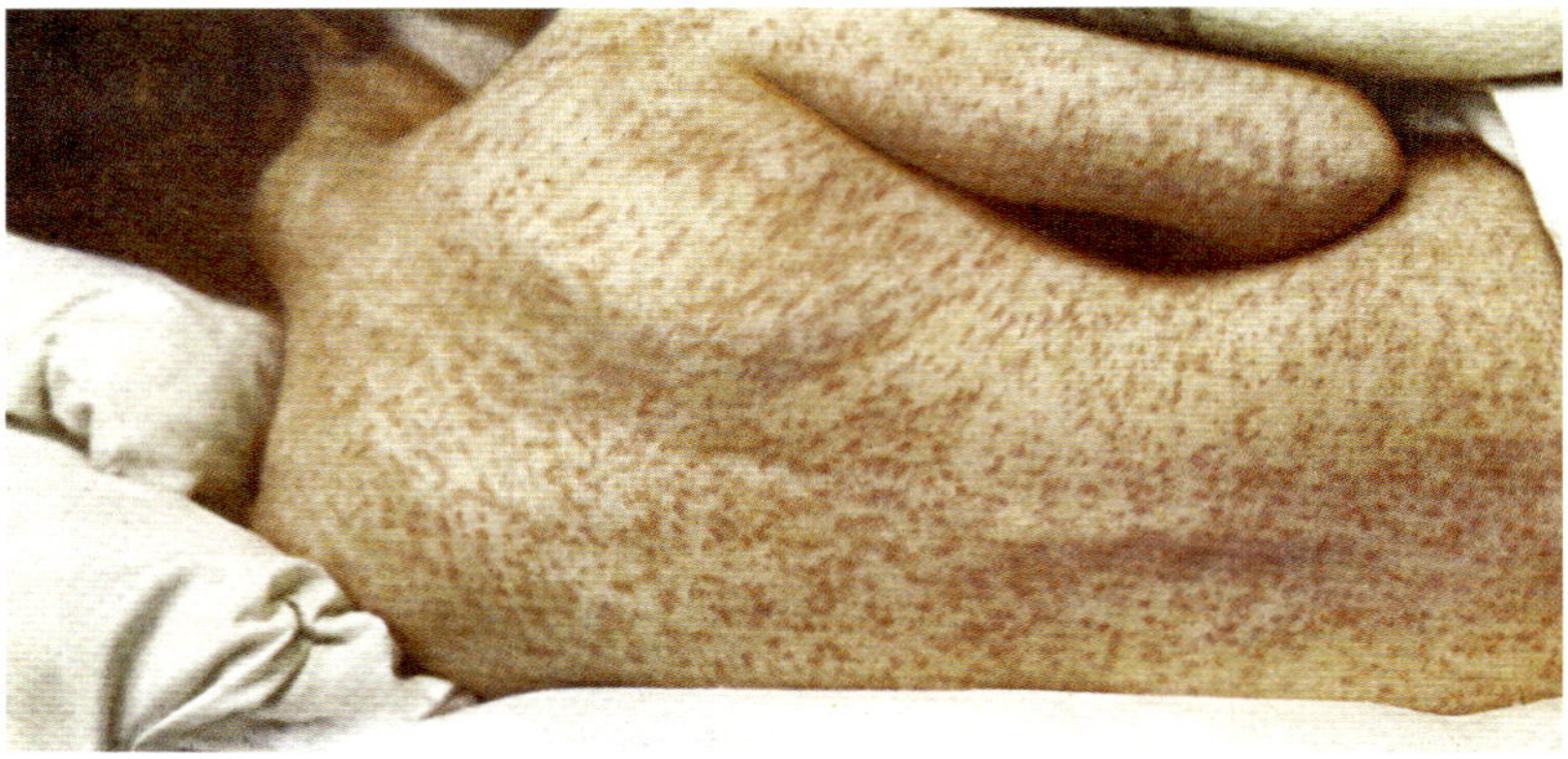

図7　麻疹の症例を示す女性の背中。Ricketts, *The Diagnosis of Smallpox* (London: T. F. Casell and Company, 1908), Plate XCIII より。Wellcome Library, London.

キン紫色軽度かぶれ」とした。彼は窓の外を見て、この色がいたるところにある様子を描写し、「パーキンの紫の極致が目の前にあるようだ――表玄関では紫色の手が握手を交わす――幌のない客車からは紫色の手が振られる――通りの両側から紫色の手を上げて罵り合う人々がいる。紫のドレスはバルーシュ型馬車をぎゅう詰めにし、辻馬車を満員にして、蒸気自動車に押し寄せ、鉄道駅を混雑させる。すべては田園に向かっているのだ。楽園に移動する大量の紫色の鳥のように」[15]。この急速な、ときに筋の通らない、ファッショントレンドの伝搬と同じことは、現在でも特定のイメージや映像、出来事が「バイラルになった」［訳注：「バイラル」は「ウイルス性の」という意味で、情報がウェブ上の口コミでウイルス感染のように広がることを示す言葉］と言われるときに起こっている。新たな染料が女性から女性へと広がったり、都会から田舎へと移っていったりすることに気づいたのは一九世紀の評論家だったが、この現象は世界的なものであり、私たちの衣服を今も染めている化学合成染料でも同様のことが起こっている。

　アニリン染色の開発は社会全体に影響を与え、科学や医療、商業面にさまざまに応用されることになった。免疫学や化学療法の到来もそれに含まれる。研究者は、結核やコレラの病原菌を染色して識別することが可能になった。合成香料や食品着色料も現れた[16]。その反面、アニリンの誘導体は多くが有毒で、アニリンから作られる化合物は非常に危険な爆薬の原材料になった。だが、これらの危険にもかかわらず、パーキンの発明の物語は、多くの祝福の文章や写真などで繰り返し語られた。ヒ素は誰もが納得する緑色の葉を作り出せたが、花の名にちなんで名づけられたモーブ［訳注：モーブはアニリン染料の「モーブ」による色］やフクシャ（赤紫）［訳注：フクシャはアニリン染料の「フクシン」による色］といった色は、自然の色合いを作り直して改善することができたように見えた。『オール・ザ・イヤー・ラウンド』誌に書かれたように、ゼニアオイの花の「くすんだ茶紫色」は、「パーキンの豪華なバイオレットとはまったく違う」ものだった[17]。一八五九年にフランスのエマニュエル・ヴェルギャンが発見したフクシャの「豊かな深紅色」は、軍服に大量に使われた［訳注：フクシャ色を出す染料「フクシン」は、すでに一八五八年にドイツのアウグスト・ヴィルヘルム・フォン・ホフマンらにより別の方法で合成されていたが、布地の染料としての重要性を認識したのはヴェルギャンだった］。そしてその年の末までに、流行色として大ブームになった[18]。この色は勝利した戦いにちなんで誇らしく、まずはソルフェリーノ、それからマジェンタと名づけられた［訳注：一八五九年にフランス・サルデーニャ連合軍とオーストリア軍が対戦して連合軍が勝ったソルフェリーノの戦いとマジェンタの戦いのこと］。写真の輝かしいマジェンタのドレスは、一八六九年頃のパリの高級婦人服の仕立て屋マダム・ヴィ

図 8　マダム・ヴィニョン、マジェンタのドレス、1869 〜 70 年頃、パリ。© Victoria and Albert Museum, London.

ニョンによるものである（**図8**）。この刺激的な紫がかったピンク色は、一〇年間流行し続けた。モーブは発見されてまもなく全色彩リストに加わった。色彩リストの一部は、染色産業がドイツ人に独占されたあとのフリードリヒ・バイエル商会の色見本帳で見ることができる（**図9**）。

一八六〇年代と七〇年代に、アニリン合成の探求は非常に複雑で、人々の興味をそそり、シャーロック・ホームズ探偵が注目するほどとなる。邪悪なモリアーティ教授から隠れていたときに、ホームズはフランスで「数か月間コールタールの誘導体の研究をやって過ごした」のだ。[19] 新たな色を発明して特許を取って儲けるという繊維業界内の動きは、さらに状況を複雑にした。初期のアニリン染料は、亜ヒ酸染色工程を使うことで、鮮やかな色を出していた。毒素は必ずしも、最終製品に残らないように洗い流されるとは限らず、身に着けた人の肌から吸収される可能性があった。ヒ素は工場周辺の水や土壌にも浸み出し、フランスではフクシン（マジェンタ）を作る工場の近くで女性が中毒死した。解剖によって女性の臓器にヒ素が検出され、その女性が使っていた井戸が汚染されていたことが明らかになった。[20] 一八六〇年にマジェンタは人気の真っ只中にあり、パーキン自身の工場はこの色を作るために硝酸第二水銀を使っていた。獣毛フェルト帽子のキャロッティング工程で使ったのと同じ水溶液である。しかし使用をやめざるを得なくなる。工場の労働者が、帽子を作る労働者たちと同様に、この水溶液で中毒になったからだ。[21] 一九世紀後半に技術革新のスピードが上がり、化学者たちは薬剤の調合や同系統の化合物の研究にいそしんで、流行の青色や緋色で特別な色合いを作り出そうとしていた。変化のスピードはあまりにも速く、健康に害をなしている特定の色の化学組成を解明するには、民間医も軍医も、毒物学者や獣医でさえ手探りするしかなかった。コラリンと呼ばれる赤みがかったオレンジ色の染料の場合、著名な毒物学者アンブロワーズ・タルデューと助手のルーサンは、ゾッとするような、しかし決定的

図9　パーキンのモーブで染められたショール（1856年）とアニリン染め色見本帳、1910年頃、Bayer & Co. SCM—Industrial Chemistry, Science Museum, London.

と思われる実験を行った[22]。コラリンの毒性を証明するために、沸騰したアルコールを用いて問題のソックス一組から赤い色素を抽出し、それをイヌとウサギ、カエル各一匹ずつに注入したのだ。最終的には三匹とも死亡した。そしてウサギの肺が赤い色素により「緋色のとても美しい色味」に染まっていたのに気づくと、その染料を抽出して、一かせの絹糸をコラリンの「特徴的な」色合いにまだ染められることを実証した（**図10**はウールと綿での検証）。フランスのリヨンの大きな工場では、製造した染料が無害なことを証明するために実験が考案されたが、これを模倣したのがランドリン兄弟だった。若い獣医と医師だった二人は、パリの有名なゴブラン織タペストリー工場で働く二人の労働者とともに、驚くべき行為をやってのけた。タルデューらの実験と同様にアルコールの中に靴下を入れて蒸留し、数日かけて自分たちの手足を何度も染めて、タルデューらの結果が誤りで、商用のコラリンは「完璧に無害」だということを実証しようとしたのだ[23]。

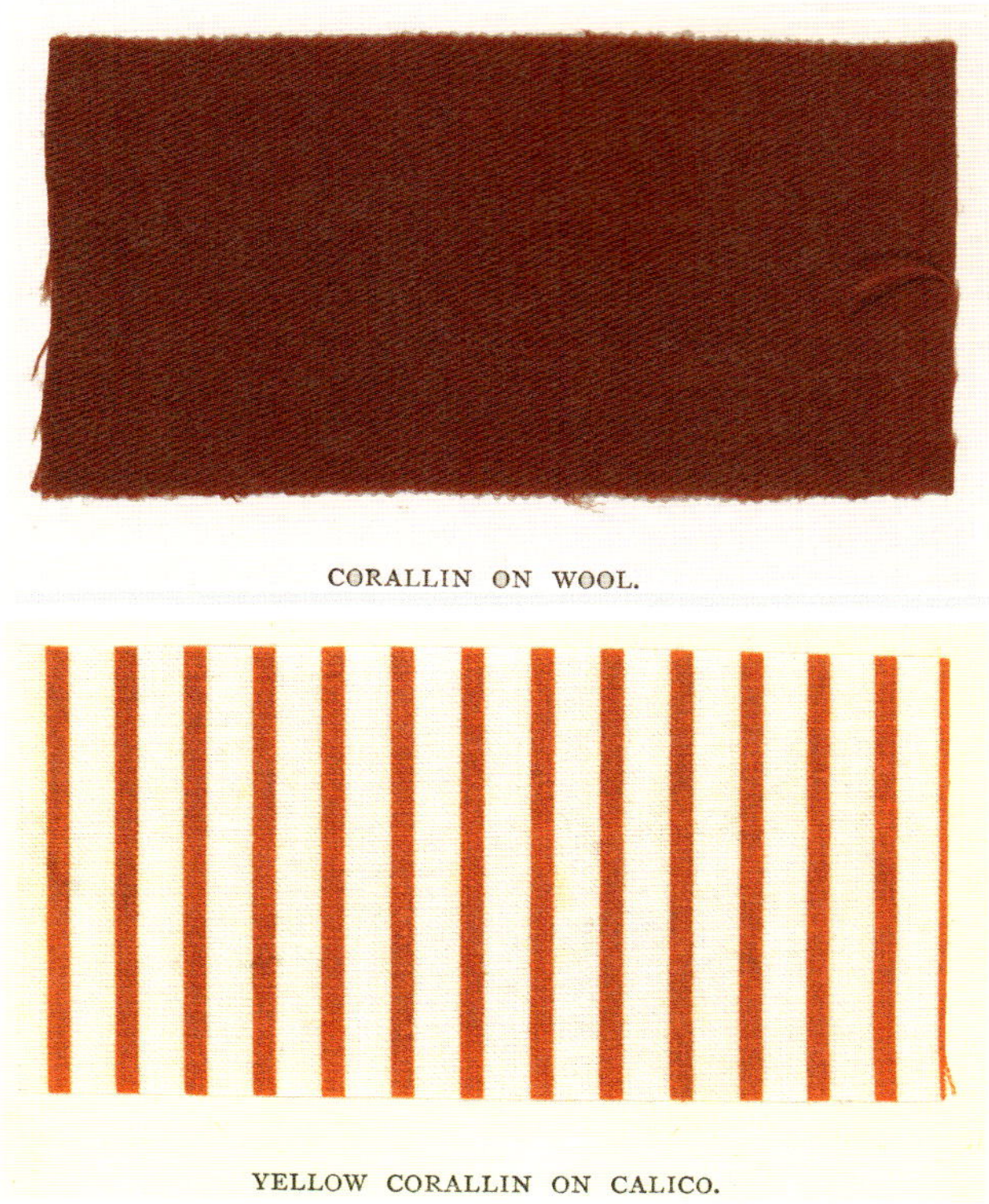

図10　赤いコラリン染料のウールの布見本と、黄色いコラリン染料の綿の布見本。Dr. F. Crace-Calvert, *Dyeing and Calico Printing* (Manchester: Palmer & Howe, 1876) より。© Victoria and Albert Museum, London.

時間が彼らの結論に異議を申し立てた。何年、何十年もの観察により、染色作業をしている労働者は、急性および慢性のアニリン中毒、「アニリニズム」を発症することが示されたのだ。長らく行われてきたこの仕事の危険性が、第一次世界大戦の幕開けまでに、ようやく衆知されるようになった。染色には「着色、漂白および定着剤、あるいは媒染剤として、さまざまな種類の有毒物質」が用いられた[24]。クロム（現在では**chromium**だが、当時は**chrome**と呼ばれていた）は、二〇世紀初頭には革なめしと染色で大規模に利用された。作業者は手に深い「クロム穴」ができて、サヨナキドリ（フランス語でロシニョール**rossignol**）というあだ名をつけられた。ひどく痛がって、夜な夜な鳥のように声を上げて叫んだからだという。職業性皮膚病に関する論文に、靴下の染色をしていた男性の腕と首に、クロム蒸気によって生じた痛々しい湿疹を示したイラストが掲載されている（**図11**）。職業病に関する別の論文は、保護手袋をせずに「手によって糸から染料を搾り出す」労働者を示し、染色を「ひいき目に見ても」汚い仕事であるとした[25]。そして、この業界の労働者が、気管支炎のような呼吸器疾患、皮膚炎（湿疹など）、貧血症、チアノーゼなどに苦しんでいたことも指摘している。労働者のあいだでは「例の青いの《ザ・ブルーズ》」として知られていたチアノーゼは、酸素欠乏のしるしで、唇や手足の先が青くなった状態だ。アニリンは膀胱がんや精巣がんが多数発生する原因にもなった[26]。

アニリン中毒になったのはおもに、色鮮やかに飾り立て

図 11　靴下の染色によるクロム接触皮膚炎、1910 年頃。Prosser White, *The Dermatergoses or Occupational Affections of the Skin* (London: H.K. Lewis, 1934). Gerstein Science Information Centre, University of Toronto の厚意による。

るようになった一九世紀の女性だと思われるかもしれないが、最悪の被害を受けたのは、子どもと成人男性である。ヴィクトリア時代の中流階級から上流階級では、しとやかで活発な男性や子どもに比べて、女性は落ち着いていて、しとやかであまり動かないことが期待された。男性と子どもは、暑い天気でも汗をかきながら仕事や勉強をし、歩いたり走ったりして、ときには、たっぷりかいた汗が、シャツや靴下、靴、ハットバンド（帽子のリボン）にまで染み出した。アディダス・イノベーションチームと共同で行われた最近の学術研究では、男性が腰と額に最も多くの汗をかくこと、そして運動中は女性の二倍近くの汗をかくことが証明された。[27] エメラルドグリーンと新しいアニリン染色によるさまざまな新色は、肌に直接触れるように着られることはほとんどなかった。ところが、男性用や子ども用の靴下、女性用の靴下（タイツ）、フランネルの肌着、ペチコート、労働者階級の男性のシャツでは、長いあいだ赤い色に人気があった。昔からの赤い染料は、アカネの根やコチニールカイガラムシのような昆虫から作り、それで赤く染めたウールは防虫のためだったのかもしれないが、色落ちしないので肌にとっては安全だった。赤は「好んで肌着として着られることが多かった」し、「抗リウマチ性」があるとして市販されたり医者が勧めたりしていた。[28] 世間では、赤いフランネルには特別な衛生特性があるとさえ信じられていた。[29]

毒を含む靴下

だが、アニリン染料が素肌に触れる衣類にも広く使われ始めると、身に着けたことで、痛みを伴う深刻な症状が出る人も現れた。手袋をはめた人の手は、汗で染料が変化して徐々に皮膚が染まり、「染色作業者の手」になった。ところが、最も皮肉で人々を困惑させたのは、男女ともに使用した質素なニットの靴下だった。一八六〇年代に、男性用靴下と女性用靴下（タイツ）の流行は、昔ながらの染料から、写真に示すとおりの鮮やかな合成染料のフクシンとコラリンによるストライプのものに移り変わった（図3、図4）。これら四種は珍しく現存する男性用靴下で、マンチェスターのギャラリー・オブ・コスチュームのコレクションである。これらの靴下のうち二足には、上部に1862という文字が編み込まれていて、細かく見ると、蛍光色と言えそうなオレンジとマジェンタが、黒と互い違いになり、鮮やかな縞模様を作っている。一八六一年の『レディース・ニュースペーパー』誌によると、「突然現れた多色のさまざまなタイツは、華やかな色の鮮やかなコントラストをなす。一目見れば、それを履く人は仮装舞踏会に参加するに違いないと思うことだろう。……店のすべてのウィンドウのなかで赤と黒、赤と白、モーブとグレーが踊るのを見て人々は驚き」、ひだ飾りのスカートの下からのぞく「虹のかかった足首」は、見る人の注意を引きつけたという[30]。

　イギリスでは、これらの「輝かしく」「華やかな」新しいスタイルである縞柄と格子柄の靴下とタイツが一般の人々のあいだで大人気となり、年間に綿が二五万足、梳毛《そもう》織物が一二万五〇〇〇足、輸出された[31]［訳注：梳毛織物は、短い毛を梳《す》いて取り除き、長い毛だけを紡いで織った毛織物］。これらの色はショーウィンドウで「目を引くように計算されていた」が[32]、色の多くは個人的な楽しみか、わずかに見せるだけのものだった。ブルジョワ男性の鮮やかな靴下は、靴と黒いズボンのあいだにちらりと見えるだけ、そうでなければショートブーツの下に隠れていたのだ。実際に目に見える程度がどうであれ、まもなく一般のメディアや医学的議論で取り上げられるようになった。有名な話では、あるイギリスの下院議員は、足にできた痛みを伴う発疹のために何か月も家から出られず、長椅子に横になったきりだったという[33]。また、ルアーブル在住のフランス人が、ロンドンで購入した紫と赤のストライプの靴下を履いたところ、「二日間で」膿疱ができて足と足首が炎症を起こし、「赤い横縞模様」の鋭い痛みを伴う湿疹が生じた[34]。医師は靴下を化学分析して、問題が靴下にあり、赤色はフクシンであることを突き止めた。以前には含まれなかった商品に含有し、「肌に直接触れるようになった」ためだという。興味深いことに、イギリスの医学雑誌『ランセット』は、この重要な毒物に関するフランス人医師の報告書の掲載を（おそらくは歪んだ愛国心によって）拒否した。こうした出来事がいくつかあったあと、「都市部の有名な会社」が有毒の靴下の注文を六〇〇〇足以上、「莫大な金銭的犠牲を払って」キャンセルして昔ながらの染料に戻すこととし、その過程で一〇〇〇ポンドの損失を出した[35]。だが、すべての製造業者がそれほど実直だったわけではなく、さらに問題が多数発生した。そうした一つが一八七一年の事例である。ある紳士が紫と黄の靴下を履いたところ、足が「赤く縞模様にはれ上がって、見た目が『炎症を起こしたトラ』のよう」になったという[36]。このように問題が発生していたにもかかわらず、「だが、何が問題だというのだ？　目を喜ばせるし、今日製造されている布地としては十分に長持ちしている！」と皮肉な見方をする医師もいた[37]。フランスとイギリスでは、肌の炎症からパニックが起こった。「トーントンの裸足」というニックネームを名乗る皮肉っぽい特派員が『タイムズ』紙で、治療法は明らかであり、被害者の事例に倣って、履いているソックスやタイツをまとめて捨てることだと勧めている[38]。

　医師たちは、履いた人のうち化学熱傷（化学やけど）になるのがごく一部で、それ以外の人には問題ないらしいことに当惑した。なかには、有毒なソックスと判断された「色つきソックスを習慣的に履いていた」が、「悪い結果を生じなかった」という人の事例もあった[39]。たとえ一部の男性が軽率にも有毒の靴下を事前に洗わずに履いたとしても、特定の染料が綿や絹、ウールから浸み出すのは、夏、きつい靴で温められて皮膚が高温になった場合や、履いている人によって違いのある汗の化学成分に反応した場合ぐらいだろう。[40] 一八六八年に化学者のウィリアム・クルックスは、「社会にすでに放たれた何千組もの色彩魚雷」に含まれる物質の化学成分をきっちり特定しようと試みたが、うまくいかなかった。[41] 彼はその物質を、一年半前に導入されたばかりの新しいオレンジの染料と見なした。それをマジェンタと混ぜると、鮮やかな緋色も作り出せたからだ。この腐食性の染料を使用した作業者は腕全体が痛んで、半年で「退職」せざるを得なくなった。[42] ほかにも、それを身に着けている人のごく一部で、染料が汗に触れたときに問題が発生した。たいていの人間の汗はｐＨのバランスがわずかに酸性側に寄っているが、この特定の新しいオレンジの染料は、まれなアルカリ性の汗に溶けるようだった。よって、該当の靴下を履いている人のうち、少ないとはいえ無視できない割合の人々が中毒になったのだ。[43] クルックスは、原因となった靴下は捨てずに、石鹸と重曹で洗って「足と視神経のどちらに対する刺激作用も失わせる」ことを提案した。[44]

イギリスの赤とオレンジ、バイオレットの染料の問題は、労働者階級の男性や兵士、子どもにさえ影響が及んだ。そうした人々は、タイツを履いたブルジョアよりも、おおっぴらに色物を身に着けていた。一八六八年一二月に、あるフランス海軍の艦長（「Capitaine B」と記録されている）は、イギリスのヤーマスに船を入港させたとき、何か月もの航海で清潔な衣服がなくなっていた。そこで彼は安物衣料を売る店で、美しいアマランス色あるいはカーマイン色の地に、暗い紫色の縞が入ったシャツを一〇シリングで買い、あらかじめ洗うこともなく袖を通し、そのまま五日間着ていたという。[45] すると、シャツによって肌だけではなく髪や口の中まで赤く染まって、煮え立つ石鹸水やアルコールを使っても落ちなくなったため、フランスに向けて出航する前にシャツを脱いだ。ところが艦長は、肺炎にかかり、またそのシャツを着ると、発熱して大量の汗をかいて重体に陥った。肌に別の症状も現れて、「この恵まれた体格を持った体力みなぎる年齢の男性」はもう少しで死にそうになった。[46] 海軍兵たちが派手な赤いイギリス製の生地に誘惑されないことを医師は望んだが、四年後、ある論文にさらなる事例も現れる。その一つは、こんなに美しいシャツで病気になるわけがないからと言って、ズアーブ兵［訳注：フランス軍で植民地時代に活躍したアフリカ人の歩兵で、特徴的なファッションが世界じゅうの軍隊で模倣された］が赤いシャツを脱ぐのを拒否したというものだ。[47] こうした事例のすべてが示すとおり、鮮やかな色を欲する消費者の欲求が広がって、絶えず新たな染料が開発され販売されると、その潜在的な危険性についての医学的知見が増していき、一九世紀の後半をとおして世間の関心を集めていった。

一八八四年のロンドン万国衛生博覧会で、各種団体は、消費者の恐れを十分に利用して商品を売った。「有名な」手紡ぎ手織りのアイルランド・ゴールウェイ産フランネルは、アカネやインディゴなど植物染料で染めているのを売りにする、といった具合だ。[48] 一九世紀末までには色恐怖症がよく知られるようになった。一八九二年に、女性と子どもの健康に関する専門家エイダ・バリンは、「染色した衣服はけっして肌に直接触れるように着てはならない」とはっきり述べている。[49] 緑や紫、赤だけではなく、すべての色は、もともと危険をはらんでいると考えられた。たとえファッションから色が消えることはなかったにしても、エドワード時代に白い綿のドレスやモダニズムの「汚れのない」白塗りの壁が流行したのは、医学的知見の影響であり、「公衆衛生学者」や改良服主義者といった人々により数十年にわたって宣伝や一般向け展示が行われた結果である。[50] 細菌説と毒性学の新解釈もまた、病原菌を洗い落として漂白できる無染色の白い布地の人気を後押しした。緑とマジェンタがもたらした危険は一八九〇年代までに低減したにもかかわらず、新たな染色技術によって、アニリン製造の副産物の安価だが猛毒のニトロベンゼンなどが、靴墨や染色毛皮、化粧品に含まれて市場にあふれた。

黒い死

われわれはみな、葬式に出る人のように、黒服を着ている。

オノレ・ド・バルザック

ジョン・ハーヴェイ、『黒服』（太田良子訳、研究社出版より引用）

一九世紀の洗練された女性は、キラキラ輝くエメラルドの宝石か、モーブのドレスを着て「紫色の楽園にいる色とりどりの鳥」のようだったが、機械化時代の一般市民の男性は、上品で地味な黒を好んだ。染みや汚れのない白と同じぐらい黒を維持するのは難しかったので、本物の豊かな黒は裕福な人々の特権だった。スーツの場合、安物の黒い染料はあっという間に色褪せて、くすんだ暗い緑色か黄色になってしまうし、磨かれていない靴やブーツは艶がなくなり、はねた泥で汚れてしまう。白人女性は白を好み、手袋をして、パラソルを持ち歩き、顔に鉛ベースの「液体真珠」という液を塗って、柔らかな品の良い輝きをもたらした。[51] 白人男性はビロードの黒を同様に好み、洗練されたスタイルを保つように意識し、時間とエネルギーをたっぷり使って、できる限りあらゆる手段によって体面を保った。男性用アクセサリーはスチールの光沢で輝き、「工業の極致」とも呼ぶべき美学、すなわち光沢のあるエナメル革の黒靴は、艶やかで軽く柔らかい絹のシルクハットに似合うという美の基準を取り入れた。黒色染料の産業界全体が、男性用の履き物の黒い上塗りを欠かせないものにしようと力を注いでいた。靴磨きは貧しくて家のない子どもも多く、いつも街の道端で働き、磨き賃として小銭を稼いでいたが、富裕層は家に抱えた召使いに履き物の世話をさせた。『ロンドンの街頭生活』〔邦訳：ジョン・トムソン、アドルフィ・スミス著『写真と文によるヴィクトリア朝ロンドンの街頭生活』、梅宮創造訳、アティーナ・プレス〕には、トムソンが一八七七年に撮影した「流しの靴磨き」が収録されていて、それにまつわるスミスの文章に、許可証代の五シリングが払えない少年たちを警察が理不尽に扱い、ときには靴箱を車道へ蹴飛ばし、箱が壊れ靴墨がこぼれてしまうと書かれている。子どもや五体満足な男にはこの仕事の許可が下りなかった。この写真では、男が片足立ちでもう一方の足を差し出し、八、九歳の少年が男の履いたままの靴を丁寧に磨いている。「少年はわずかでも時間があればかならず、数ペンスを得たいがために通りに出てきた」。というのも、「紳士の靴をきれいにすることで」、病気の父親を世話している母親を助けるためだった。[52]

裕福であるという意味の「well-heeled」〔訳注：直訳すると「靴のかかとが十分にある」〕という英語表現が示すように、男性の靴のデザインや手入れ、状態は、履いている人の社会的地位を如実に表した。現代では安い靴や使い捨ての靴、洗濯さえできる靴を履いてコンクリートの清潔な歩道を歩いているので、かつて貧乏人にとって靴が大きな出費だったことや、一九世紀には豊かな人々でも外を歩くと危険だらけだったことが忘れられている。道は泥だらけで汚くて、舗装されていないことが多く、馬の排泄物やその他のゴミであふれていたので、何らかの助け（あるいは馬車）なしに靴の光沢を完璧に保つのはほとんど不可能だった。靴磨き少年と当時最新だった傘に加えて、いくつかの有用なテクノロジーと建築空間を利用できたのは、パリで清潔な履き物を追い求める豊かなブルジョワの歩行者たちだった。特許権が取られた革の漆塗り仕上げ、クイア・ヴェルニ（cuir verni）には保護機能があった――何層もワニスを塗って靴に防水加工を施すことで、泥汚れが落としやすくなっていた。だが、一九世紀初期のワニスを塗った皮革には、鉛白とひどい悪臭を放

図 12　ルイ＝レオポルド・ボワイー、『土砂降り、あるいはパッセ・ペイエ』、1803 年。Musée du Louvre, Paris, France（写真：Erich Lessing/Art Resource, New York）。

つ有毒な引火性溶剤が使用されていた。[53] また、往来の交通や悪天候を回避したいという買い物客に応えて、新たな空間が生まれた。革命後のパリに新しくできた屋根のある華やかなアーケードでは、タイルが敷かれガス灯が照らし、アーケード両端の出入口には、中へ入る人の履き物をきれいにするデクロトゥール（décrotteur）と呼ばれる泥落とし機[54]が設置された。それでもパリで雨が降ると、街の通りはほとんど通れなくなった。すると、抜け目のない商売人たちは、うまい解決策を提供した。木の板を通りへ運び込んで間に合わせの橋を作り、使用料を取ることにして、ルイ＝レオポルド・ボワイーの絵にあるように、裕福な家族が汚れずに通りを渡れるようにしたのだ（**図12**）［訳注：当時のこのしくみはフランス語で「パッセ・ペイエ（Passez payez）」と呼ばれた。直訳すると「お通りください、お支払いください」］。

このようにいろいろな工夫はあったものの、靴には定期的なメンテナンスが必要だった。靴やブーツの寿命を延ばすためには、靴底の張り替えや、ブラシがけ、そして、革に何かを塗ったり革を磨いたりする技術が用いられた。濃い色の履き物には、頻繁に液体やペーストの薬剤で「黒くする」、あるいはワックスを塗るという手入れがなされた。パリのセーヌ河岸で営まれていたこれらの商売を伝える一枚の絵がある。動物用と人間用の小規模だが重要な身繕いのサービスで、商売人たちが犬の毛を刈ったり、「フランス製」もしくは「イギリス製」の靴クリームで黒い靴に手入れをしたりしている（**図13**）。絵の場面は、労働者階級の女性が自分の履いて

図 13　パリのセーヌ河岸の露店商人——ペットの美容師、靴磨き、本屋、19 世紀初期。Wellcome Library, London.

いる靴にクリームを塗ってもらっているところで、女性の靴はデリケートだったので、ふつうに見られる光景だった。多種多様な靴墨は商品化され販売され、ロンドンはそれらの重要な製造元であり輸出元だった。「ごしごし磨きたてた《スピット・アンド・ポリッシュト》」靴を持つ重要性と、こうした靴関連産業がいかに儲かったかを示す好例が、靴墨会社デイ&マーティンの経営者チャールズ・デイ（一〇代のチャールズ・ディケンズを雇った人物）の資産で、一八三六年に亡くなった際には、当時としては信じられないような三五万ポンドに上ったという[55]。

初期の靴墨にも、ワックスや獣脂などの動物性油脂、ランプブラック（油煙）、石炭ベースの残留物といった嫌なにおいの物質が含まれていたが、一九世紀の化学的革新により、はるかに毒性の高い物質が取り入れられた。靴墨業界の有力者だったチャールズ・デイが亡くなった頃に、ドイツの化学者アイルハルト・ミッチェルリヒが初めてニトロベンゼン（ドイツ語でニトロベンゾール）と呼ばれる黄色がかった液体を単離した。イギリスの化学者チャールズ・マンスフィールドは一八四七年にイギリス国内において、「ミルバン油」という名前で香料としてニトロベンゼンの特許権を得て商用生産を行った[56]。ミルバン油は良い香り（アーモンドのほろ苦い香り）がしたので、安価に香りをつけるものとして、髪や顔に用いるクリームや石鹸などの美容商品や、キャンディやマジパン、リキュールにさえ使用された[57]。アニリン染料は一九世紀半ばに最盛期を迎え、入手できるベンゼンはすべて染色に利用されたが、新たな染色技術として、ベンゼンを発煙硝酸で処理してニトロベンゼンを生成する方法が開発されると、ニトロベンゼンが「安価な工業用および大量生産用の溶剤」として広く使用されるようになり、またドライクリーニングにも大規模に使われるようになった[58]。

ニトロベンゼンは極めて毒性が高く、血液中の鉄分を酸化し、体が鋼色あるいは灰白色になる一方、唇は特徴的なブラックベリーのような紫色になる[59]。二〇一二年にインドのラクナウで、一七歳の少女が液体（量は不明）を飲んで自殺を図り、現代的な医療処置が施されたにもかかわらず、今で言うメトヘモグロビン血症の状態に陥って四日後に死亡した[60]。医師らによって染料産業における一連のニトロベンゼン中毒が記録され始めたのは一九世紀終盤である。一八九九年に、ある医師は「ヘモグロビンの酸素運搬能力が……失われるようだ」と推測し、「昏睡の段階に達すると、死亡を免れる可能性はないに等しい」と結論づけた[61]。この溶液が衣服にこぼれると致命的な事故になった。ある男性は自分の服に付いたパラフィンの染みを落とそうとして、ニトロベンゼンを使い、それが飛び散って別の男性の服にも付着し、そのまま放置していたところ、四時間後に二人とも死亡した[62]。健康への影響が最も深刻だったのは、この化学物質を合成する作業者たちだった。芳香族化合物の染料利用に関する一八九二年の技術的な説明書には、ニトロベンゼンの製造が「以前は多くの事故と危険な爆発の原因」だったことが記録されており、作業者たちが病んで、「口の中のヒリヒリする炎症、舌のチクチクする痛み、吐き気、眩暈、鬱症状、昏睡、異常な眠気、不安」や、耳鳴り、激しい頭痛、強い腹痛、痙攣が生じ、肌が鉛色になったと訴えたことや、「彼らの吐く息は苦いアーモンドのにおいがした。産業中毒の四四事例のうち結果的に一四事例で死亡に至った」といったことが記載されている[63]。

節約は本来なら立派な動機だが、二〇世紀の最初の三〇年間には、節約によって極めて深刻なニトロベンゼン中毒が次々にひきおこされた。淡褐色や黄色の靴がひどく汚れて履けなくなったときに、アメリカではしばしば「フレンチドレッシング」と呼ばれた靴墨溶液を使ってブラシをかけ、黒や茶に染め直すことがあった（**図14**）。この黒い染料の溶剤には、有毒な液体のアニリンを使用する場合が多かったが、さらに悪くすると、アニリンを合成する過程で生じるもっと安くて豊富な化学物質

図14 婦人靴とかばん用のビクスビー・ロイヤルポリッシュと紳士ブーツ用のビクスビー・ベストブラッキングのトレードカード、1880年頃、クロモリトグラフ（石版多色刷り）。著者のコレクション。

のニトロベンゼンが使われた。これが塗られて湿った状態から、蒸発して致死的な気体が生じる。また、液体の状態で、靴の表面から布地や革を通り抜けて、汗をかいた足や足首の皮膚から吸収された。悲劇的だったのは、中毒がしばしば「祭典の」行事で発生したことだ。そうしたときには礼儀が重要で、靴が最も見栄えよくなるように磨かれていたからだ。社交的な催しや、毎週のお決まりの「子どもと乳母の日曜のお散歩」[64]、あるいは単にいつもの事務仕事にふさわしい格好をするために、修理店や自宅で靴墨を使ってあらかじめ靴の手入れがなされた。フランスの事例では皮肉にも、ある「健康な男性が黄色い靴を靴墨で黒くして葬式に出席し、……眩暈に襲われ、チアノーゼの状態に陥った」という。[65]チアノーゼ、つまり血中の酸素が不足した状態になると、四肢と唇が青く、あるいは黒くなるという、極めて特徴的な症状を呈する。二人のフランス人医師ランドゥジーとブロールデルは、一九〇〇年の事例を詳述している。一つの家族のなかで七人の子どものうち六人が、染めてまもない靴によって中毒になった。海岸で三歳女児の唇が青くなって倒れ、その直後に姉の四歳児も同様に様子がおかしくなり、「ママ、みんな回っているよ!」と叫んだ。三〇分後には、女児らの兄の五歳児が同じ症状になった。年上のきょうだい、九歳、一三歳、一四歳の子どもたちは、幼い三人よりは症状が軽かったが、それでも唇と手が青くなった。[66]この事例が一般の人々や医療専門家の関心を引き、多くの同様な事故が新聞で報道されることになった[67]。

フランスの有毒な靴用染料メーカーが訴えられた裁判の事例では、自分の靴で中毒になったらどうなるかがよくわかる表現豊かな興味深い直接的記録が残っている[68]。W氏とされる若い男性は朝起きると、最近黒く染めたばかりの黄色いボタンブーツを履いて家を出た。パリ中心部の職場まで徒歩で三キロメートルほどである。これで足に汗をかいたのは間違いないだろう。職場に着いて窓の外を通りかかった女性を見ると、黄色いブーツを履いていた。「みっともないね。僕は自分のを黒く染めたばかりだよ」。最近、黒く染めた靴を履いて死んだ子どもがいたろう、と友人が言った。これがのちに、自分に何が起こっているのか理解するのを助けることになった。午前中の半ばになるまでに、彼は顔と唇の色が「バイオレット」になり、眩暈を起こし気が遠くなった。会う人ごとにどんなふうに驚かれて何を言われたのかを、彼は詳しく述べている。たとえば、「いったいどうしたんだ？　全身が黒いぞ」、あるいは「おい！おかしいぞ。唇も耳も黒いじゃないか。まるで顔が腐っているみたいに見えるぞ」というように[69]。彼を見た薬剤師は、医者に行けと言い、そのあと偶然出会った警察官は、そのときまでにひどく悪化していた彼を助けて医者に連れていき、医者は彼をチアノーゼと心臓の不具合と診断した。新鮮な空気を吸い、「呪われた染色ブーツ」と彼が呼んだものを脱いでしまうと、体調はかなり改善した。裁判官により染料の瓶が押収され、染料が化学分析されると、アニリンが含まれていることが判明した。ランドゥジーとブロールデルは動物実験を実施し、この物質がいかに危険であるかを法廷で示した。ウサギの毛を一部剃って、そこへ問題の靴用染料で染められた革の切れ端を貼りつけたのだ。革の表側には染料をブラシでひと塗りし、その上から、暑い湯で湿らせた精製綿のバンドを取り付けた。するとウサギは一時間以内にチアノーゼを起こし、二時間以内に死亡した[70]。この実験の結果、法廷は製造業者に有罪を宣告し、国民の健康を危険にさらしたとして罰金を科したが、額はわずか五〇フランだった[71]。染色生産の都市リヨン出身の医学生ジュリアン・トリベは、「アニリン染料と靴墨は危険な製品であると国民に警告することが必要である」と、一九〇一年に論文で述べている。そして、注意深くラベル付けをして、フランス政府によって販売規制することを求めた[72]。

医療記録は見つかっていないが、ほとんど法的に守られていなかった労働者の健康は、これらの染料の影響を受けていたはずだ。たとえば、他人の靴やブーツを洗浄する作業者や、靴修理屋の従業員、靴磨き人、靴の売り子のことだ。上記の一九〇二年の事例では、W氏が新しい靴を買うときに接客した靴のセールスマンが、有毒ワニスの瓶のコルクを抜いたときに「においで、ものすごく息が詰まった」と警察に話している。規制は遅れて、ようやく一九二七年三月にシカゴの保健局が、有毒溶剤を含むすべての皮革染料を禁止した。商品には警告ラベルが必要になり、すべての染色された靴は「履く前に七二時間以上は屋外で放置しておかなければならない。……そしてそのような染料は、キャンバス生地やサテン、その他の布地製の靴には使ってはならない」という記載が義務づけられた。すべての靴販売店、靴修理店、靴磨き店向けにこの警告が書かれたプラカードが作られた[73]。だがこうした警告は、読み書きができない、外国からの移民の靴磨き屋には役に立たなかったかもしれない。ある医師が書いたように、彼らは「英語がほとんどわからなかった」のだ[74]。

一九二〇年代と三〇年代には頭髪に新たな問題が生じた。長いあいだ男性も女性も髪を流行の色にしたり白髪を隠したりするために染めていたが、毛髪染料の新しい化学物質は「身の毛がよだつ」事故をひきおこしていた。同時期に、高価な毛皮に似せるために染められた安価なウサギのコートや装飾品で、「毛皮皮膚炎」の痛ましい事例が生じていた[75]。危険でもなお合法だった製品による影響のいくつかは、アメリカ農務省

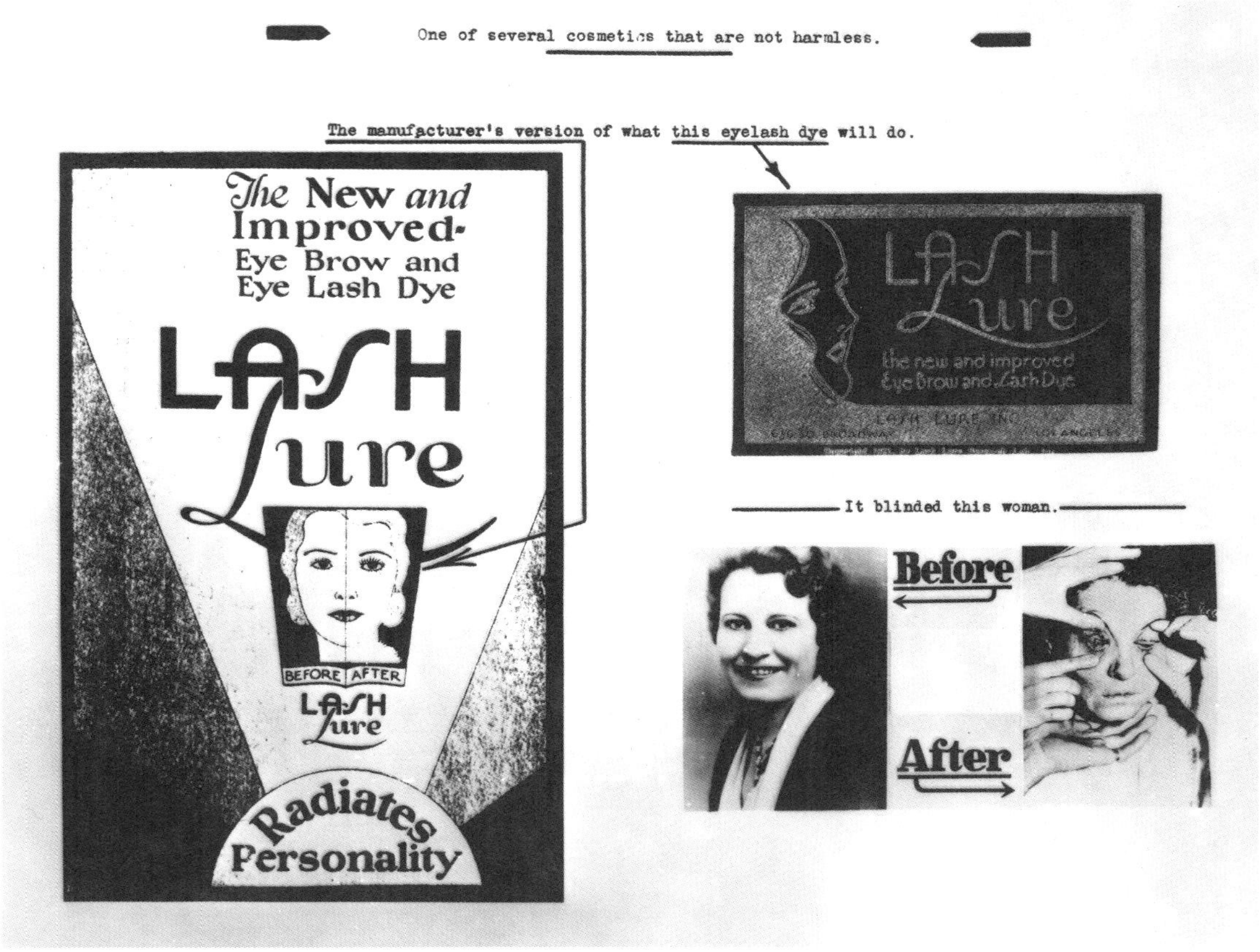

図15　ブラウン夫人の発症前後の写真。夫人は睫毛と眉を染めたアニリン染料により失明した。1933年。Food and Drug Administration Archivesの厚意による。

が主催の展覧会『アメリカン・チャンバー・オブ・ホラーズ（戦慄の間）』で、写真やイラスト、実物など視覚的に訴える形で展示された。この展覧会は、一九三三年のシカゴ万国博覧会と、そのあとにワシントンDCでも開催されている（**図15**）。そこで糾弾されていた商品の一つが、ラッシュ＝ルア（Lash-Lure）という睫毛と眉の染料のブランドだった。[76] マスカラは、一九世紀にはほとんど知られていなかった化粧品だが、二〇世紀初期に中産階級の女性のあいだで人気が出てきた。一九三三年にヘイゼル・フェイ・ブラウン（ブラウン夫人）は、地元のPTAで表彰されて、州のPTA雑誌に掲載する写真を撮った。その一時間後に、美容院に行って髪のスタイリングをして、店に「強く勧められて」睫毛と眉を染めた。すると、ほぼ直後に目が痛みだし、翌朝までには開かなくなった。入院してからも、潰瘍ができて角膜がはがれ、何か月も苦しんで、彼女の「楽しそうな青い目」は「永遠に見えなくなった」[77]。ラッシュ＝ルアブランドのマスカラに含まれるパラフェニレンジアミン（PPD）［訳注：PPDはアニリンから製造される化学物質でアニリン染料の一つ］が深刻なアレルギー反応をひきおこしたのだ。

『チャンバー・オブ・ホラーズ』では、この商品の危険性を強調するために、ブラウン夫人の発症前後の写真が展示され、動揺を誘うものになっている。『タイム』誌は、エレノア・ルーズベルト（当時のアメリカ大統領夫人）がブラウン夫人の写真を見つけたとき、「胸にそれをかき抱き『見るに忍びない』と言って泣いた」と報じている。[78] 別の五二歳の女性は、美容院で働く娘によってラッシュ＝ルアを施されて、その八日後に亡くなったという。『アメリカ医師会雑誌』は少なくとも一七件の類似事例を報告している。この「有罪含有物」は、ウーソル（Ursol）という商品名でも販売されて、毛皮やフェルトの染色に使われた。[79] PPDは、使用者一二〇人に一人の割合で中毒を発症し、今では強力なアレルゲン（アレルギー誘発物質）であることが知られている。だが、メーカーは病気を治すといった虚偽の主張をしたわけではなかったので、化粧品で広く使用される前の一九〇六年に成立したアメリカの法律では、髪や睫毛の染色への使用を禁止できなかった。規制がなかったために、「あなたの頭部からまさに眼球を焼いて取り出す可能性のある腐食性『美化製品』」のラッシュ＝ルアは、一九三六年になってもまだメーカーがせっせとアメリカじゅうの店に納品していた。[80] 二〇一一年、美容コラムニストのサリ・ヒューズは、「毛髪染料で死ぬことがあるのだろうか？」というタイトルでイギリスの『ガーディアン』紙に寄稿した。[81] 当時一七歳だったタバサ・マクコートという名のスコットランドの少女が、毛髪染料に含まれるPPDで深刻なアレルギー反応を起こして死亡した。[82] ヒューズ本人は艶のある黒髪だったが、いつもの美容院で髪を染めたときに、ブラウン夫人と同じようなアレルギー反応を起こして病院に搬送された。PPDは化粧では禁止されたが、今日でもなお毛髪染料の九九パーセント（ロレアル、クレイロール、エイボンなどの製品を含む）に使用されている。PPDを用いると白髪がよく染まるからだ。口紅の鉛から毛髪染料のPPDに至るまで、そのほかにも美容製品や服飾に含まれる非常に多くの毒物に関しては、過去のものとして捨て去るべきだったものが、私たちの生活や体の中に今でもしっかりと存在している。製造側の経済的要請と、礼儀作法や美容という社会的要請は、現在も変わらずに根づいている。ヴィクトリア時代の男性が靴を黒く染めて磨いていたように、現代のほとんどの女性は白髪を染めなければならないと感じている。それは、もっと美しい色とまではいかなくても、もっと社会的に許されやすい色にしなければ、というプレッシャーだ。

第5章

絡まる、窒息する

——機械に巻き込まれる事故

第5章 絡まる、窒息する——機械に巻き込まれる事故

虚飾は危険にもなるだろう。
ガートルード・スタイン、イサドラ・ダンカンの死の報を受けて。

その事故は、一九二七年九月一四日の晩、フランスのコート・ダジュールの都市ニースで起こった。有名なアメリカ人ダンサーのイサドラ・ダンカンは、アミルカー製のスポーツカーの助手席に乗り込んだ。車が走り出すと、彼女は自分のトレードマークだった赤いシルクの長いショールを首にふた巻きして、左の肩へふわりと掛け、彼女のいつものドラマチックな演出で「アデュー・メザミ。ジュ・ヴェザ・ラ・グロワール！（Adieu mes amis. Je vais à la gloire!）」、すなわち「さようなら、友よ。私は栄光へと旅立つ！」と叫んだという[1]。フランス語の「アデュー」は永遠の別れに使われる言葉だが、実際、そのあとすぐに彼女は亡くなった。ショールで首が絞まったのだ。彼女が乗った車は、車体の低いスポーツモデルのオープンカーで、ふつうと異なる形状のシートからはスポークホイール（タイヤ）が近すぎて危険だった。左側の助手席は運転席よりもやや後方にあり、ドライバーから見えにくい位置だった[2]。ドライバーが気づかぬ間に、このダンサーの身振りによって、ショールの長く伸びたフリンジが「左側後方の泥よけと車体のあいだから内側へ入り、ディスクブレーキとスポークのあいだに絡み込んでしまった[3]。するとショールが車軸に巻きついて、彼女は首から後輪のほうへ引っ張られ、車が加速を始めた瞬間に、首が砕かれたのだ。一説によると、彼女は車外に引っ張り出され、プロムナード・デ・ザングレ（イギリス人の遊歩道）に激しく打ちつけられたという。いずれにせよ、ほぼ即死であったとしても恐ろしい死に方である。ある目撃者によると、「あっという間に、ものすごい力で首が絞められた」ので、友人らが半狂乱になってむせび泣きながら、絡んだ厚いシルクを切って破き、引き裂かれた体をタイヤから解放した」が、彼女はすでに亡くなっており、首の裂け目から血が車のステップに滴り落ちていたという[4]。

ガートルード・スタインのかなり手厳しい警告によれば、文字どおりのファッションの犠牲者として最も有名な彼女は、「虚飾の」服装のせいで亡くなったということだ。「ダンカン氏は変わった衣装を好んで習慣的に着ており、そのときも首の回りには玉虫色に輝く巨大なシルクスカーフを巻いていた」[5]。このスタインのコメントは、事故を取材した『ニューヨーク・タイムズ』紙の特集記事の内容に沿ったものだろう。彼女の衣装の選択が生前も死亡時もどれほど変わっていてエキセントリックで物議を醸すようなものだったとしても、現実の事故は真に恐ろしいものだった。彼女のショールの切れ端が、フランス国立図書館のアート&エンターテインメントのコレクションで保管されており、ニースの新聞『エクレルール』の住所が印刷された封筒の中に入っている（**図1**）。これは、ダンカンの友人のジャーナリストで、封筒にも名が記されているジョルジュ・モールヴェールが、ダンカンの亡くなったとき

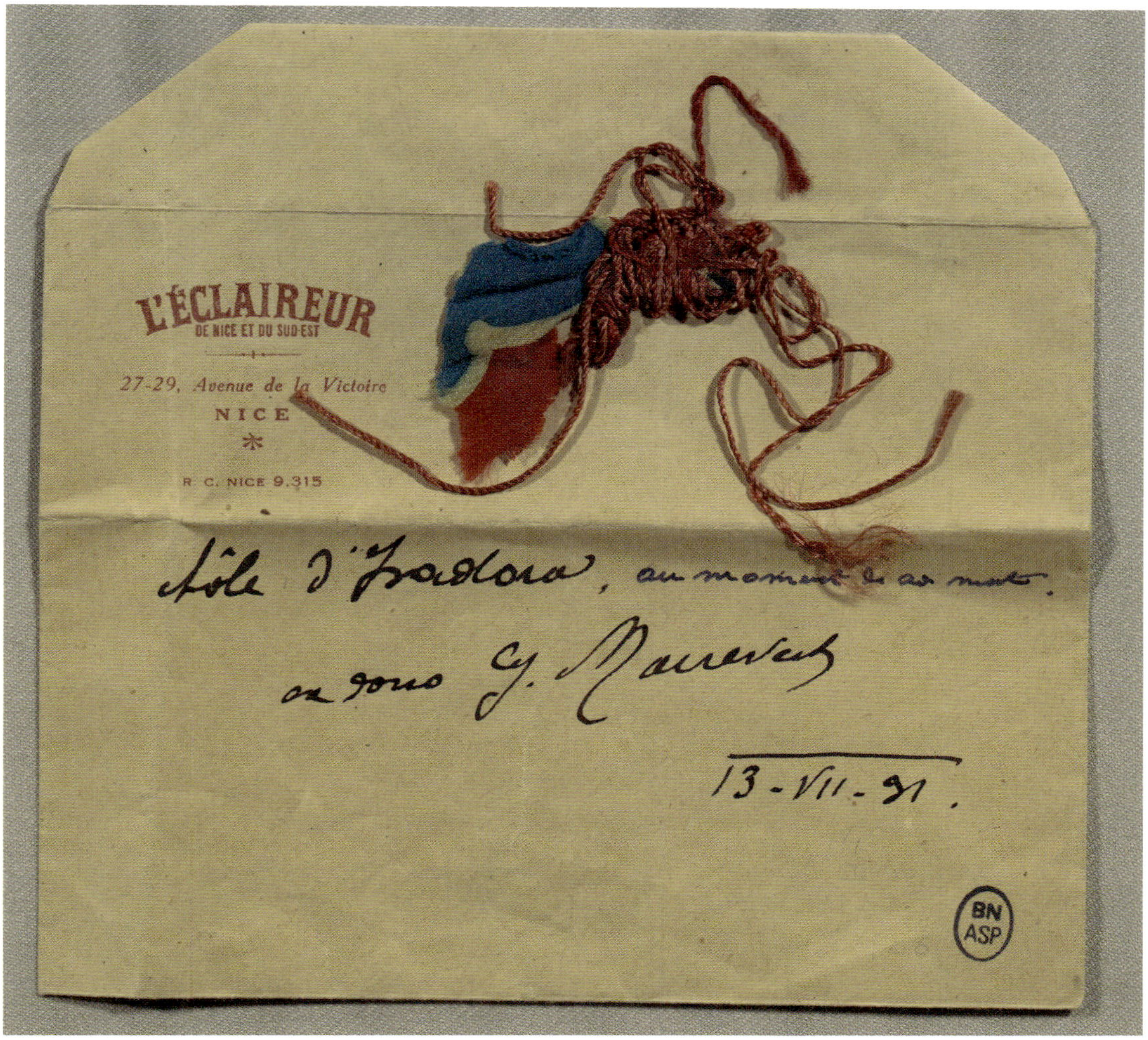

図１　ダンサーのイサドラ・ダンカンが「死の瞬間に」身に着けていた命取りのショールの断片、1927 年頃。Bibliothèque Nationale de France, Collection Arts et Spectacles.

に入手したものだ。封筒に「死の瞬間のイサドラのショール」と書かれている。その隣にも、等しく心をかき乱すような形見の品が、ビニールのホルダーに丁寧に保管されている――イサドラの息子パトリックのひと房の髪である。一九一三年に当時三歳だったパトリックは、六歳だった姉のディアドラとともに溺死した。二人の乗っていた自動車がセーヌ川に転落するという事故だった。

　ダンカンの衝撃的な死は、命を奪ったショールの切れ端によって想起させられ、彼女の首が暴力的に絞められたことをまざまざと実感させる。体が引き裂かれたように、ターコイズブルー（緑がかった青）と黄色、深紅のクレープ生地の断片は刃物で引き裂かれており、フリンジの長い紐できつく締めるように巻かれている。ファッションの殉教者の「遺品」で、残っているものはこれだけではない。友人やファンは、この著名なダンサーの着衣などの断片を手に入れようとした。養女のイルマもそうしたなかの一人だった。イルマは、ショールから切り取ったフリンジを所有し、黒い線の入った葬儀の知らせの封筒に、Dの文字の印をつけて保管した(6)。亡くなってひと月後、ダンカンの所有物のオークションが開かれ、「運命のショール」を二〇〇〇ドルで落札したのは匿名の若いアメリカ人女性で、ハワイのパイナップル栽培者の相続人だったという。[7] 当時、スチュードベーカーの高級車は一八九五ドル、シボレーの安い車は五二五ドルで売られていたことから、ショールにはかなり高い値がついたことがわかる。[8] ショール全体の所在を確認できてはいないが、フリンジの一部で、ダンカンの友人メアリー・デスティがかつて所有していたものは、カリフォルニア大学アーバイン校のスペシャルコレクションに所蔵されている。

ダンカンはプロのパフォーマーとして、たっぷりとした大きなショールを身に着けてアミルカーに乗ることにこだわっていた。当時、オープンカーに乗る人々が身に着けていたような、もっと実用性のある機能的な埃除けの上着や帽子、ゴーグルは使わなかった。運転していたベルナルド・ファルケットは、ハンサムなフランス系イタリア人のレースカードライバー兼メカニックで、ダンカンはイタリアの高級車ブランドにちなんで彼をブガッティというあだ名で呼んでいた。彼は車が少々汚れていることを詫びて、ダンカンに自分の革のコートを勧めたが、ダンカンは断った。[9] 五〇歳にもなる女性が若いドライバーの男性に魅了されて着飾りたかったのだと想像する人々もいる。ダンカンのショールは彼女のファッション哲学だった（ダンサーとして何十年ものあいだフリンジのついた装飾的なショールを身に着けていたので、トレードマークのスタイルだった）ばかりではなく、フリンジのショールは一九二七年に流行の絶頂期でもあった。ダンカンの亡くなるひと月前にフランスのファッション業界誌は、「妖精のような」手描き彩色の布地で店のウィンドウが飾られていることを伝えている。「揺らめいて光るたっぷりとしたシルクのショールにすてきなフリンジもついている」なら、「私のおしゃれな姉妹たちも、うっとりとして羨望のまなざしを向ける」だろう、と。[10]

ダンカンのショールは、『ニューヨーク・タイムズ』紙に書かれたような「玉虫色に輝く」ものではなかったが、感性的にはアジア風の品で、ロシア系移民の芸術家ロマン・シャトフと彼のアトリエによって手描きの彩色が施されていた。ダンカンのアメリカの友人メアリー・デスティがそれを作らせて、ダンカンの亡息パトリックの誕生日に合わせ一九二七年五月一日に、悲しみを慰めるための特別なプレゼントとしてダンカンに贈ったものだった。[11]「エキゾチックな」ショールは一世紀以上のあいだ、流行り廃りしてきた。ロシア的でアジア的な感性の実例として、一九一〇年代と二〇年代のシンプルなチューブラードレスの肩に、ショールをふわりと掛けると、シルエットが柔らかな印象になった。[12] 鮮やかなアニリン染料を用いた手描き彩色によるショールは、革命後に逃れてきたロシア人が得意とした技能で、彼らはパリに高級品のアトリエや店を開いた。[13] ダンカンのショールは、「幅が一五〇センチメートルで長さが一八〇センチメートル、重たいクレープ生地でできており、ほぼ全体に及ぶ巨大な黄色い鳥が描かれ、青いエゾギクと黒い漢字がデザインされていたという――驚くべきものだった」。[14] 私たちはパリで保管されているフリンジできつく巻かれた切れ端で、この図柄のほんの一端を垣間見るのみだ。

よく指摘されるとおり、デスティの記述は大げさになりがちで、ショールを「イサドラの人生の光」と書き表す。そして、イサドラはそのプレゼントを受け取ったとき「ほとんど狂ったように喜んで」、こう叫んだと言う。「ああ、メアリー、新しい人生みたい、希望と幸福のよう。こんなものは今まで見たことがないわ。おや、まるで生きているみたい。見てよ、フリンジが生き物のように揺れ動く。ねえ、メアリー、このショールは絶対手放さないわ！　これからはずっと、この赤い柔らかな織物で私の悲しい哀れな心を温める」と。それから、イサドラはショールを羽織って「何百とおりというさまざまなやりかたで、鏡の前

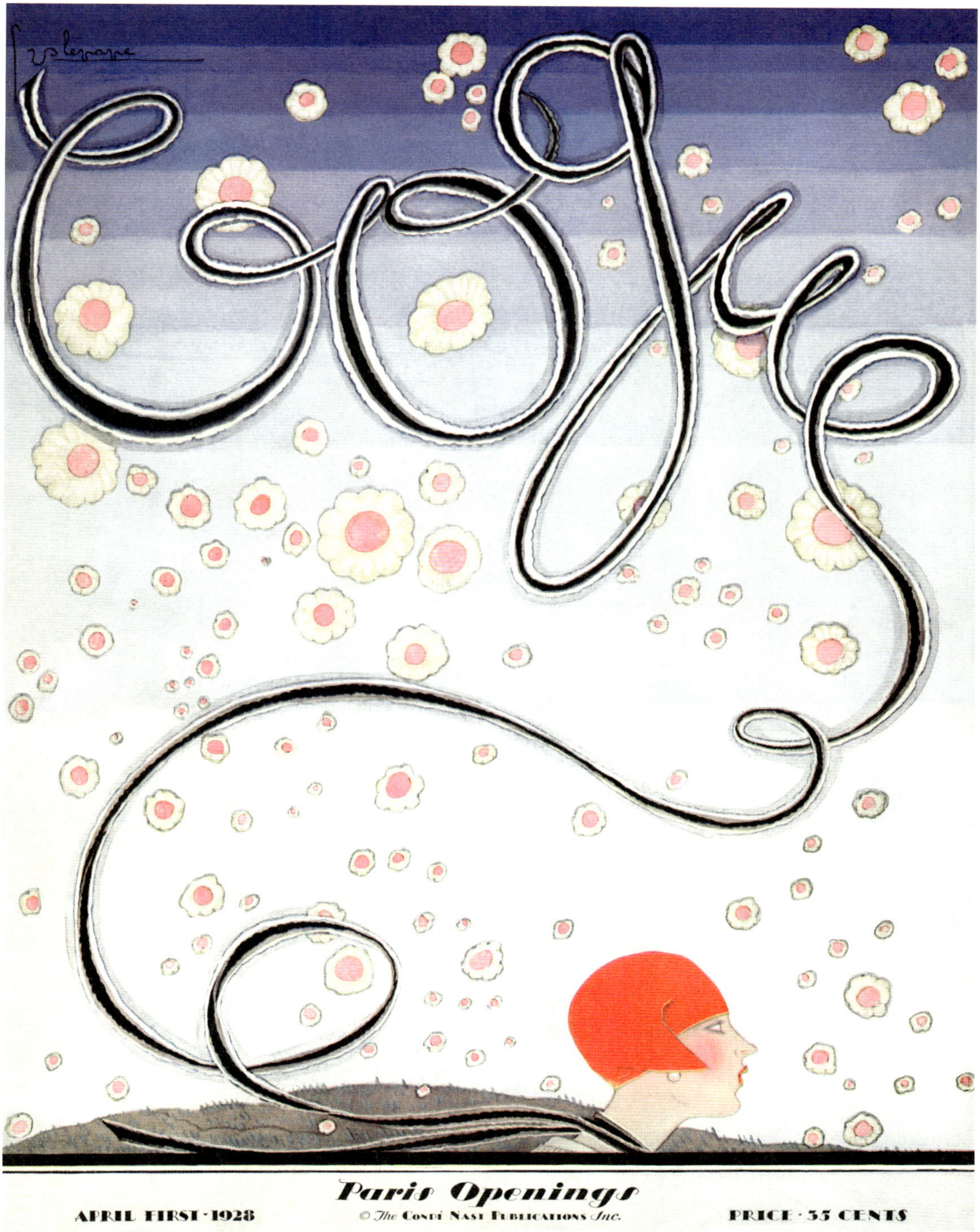

図２ ジョルジュ・ルパップ、イサドラ・ダンカンの死から６か月後に掲載された『ヴォーグ』誌の表紙、1928年４月。Lepape/Vogue © Condé Nast.

でひたすら踊ってみた」あと、「ねえ、このショールは魔法よ。ショールから電波を感じるの。……なんという赤——心臓の血の色かしら」とつぶやいたという。[15] だが、それから四か月と少しあとに、まさにそのショールが警察の証拠品となり、デスティは「呪われた」ショールに「ダンカンの」貴重な血液がたっぷりと浸み込んだ」ことを確認した。[16] 悲劇的なことに、ダンカンに非常に愛されて「それなしではどこかへ行くことがなかった」というこのショールは、切り刻まれて小さな断片となり、彼女の死後にオークションにかけられて売られ、消えてしまった。ところが、人を死に至らしめる可能性をはらんだ魅力的なスカーフは、非常に目立つ存在として残ることになった。ブログ『シアター・オブ・ファッション』の著者で服飾史家アンバー・ジェーン・バチャートが指摘するように、ダンカンが亡くなって数か月後にジョルジュ・ルパップの描いた『ヴォーグ』誌の表紙は事故を想起させるものだ[17]（**図2**）。ルパップのイマジネーションでは、命を脅かすショールがフラッパーの首から出て黒と白でゆるりと渦巻を形作ってから、雑誌のタイトルを空中でくるくると描いている［訳注：フラッパーとは一九二〇年代によく用いられた俗語で、欧米で先進的な価値観のファッションや生活スタイルで生きる若い女性を指した］。ルパップは『ヴォーグ』誌の表紙に車をよく描いたが、この絵に車は直接描かれていない。パリの春のコレクションを表しているだけの絵だとしても、風の中に舞っているような花と、赤いクローシュ［訳注：深い釣り鐘型で、つばがやや下向きの女性用帽子］の女性が口を開けている表現から、スピード感と女性のワクワクする感情が見て取れる。

ダンカンの死の前年である一九二六年に、ドイツ人とアメリカ人の心理学者たちは「事故を起こしやすい（accident prone）」という言葉を作り出した。[18] 二〇世紀の最初の二〇年間に自動車事故の死傷者が急激に増加し、運転中のドライバー個人の責任能力に懸念が沸き起こり、それに対する一部の反応として、特定の人々が特に事故を起こしやすいという考えが持ち上がった。当時、アメリカの自動車事故による死亡者数は、一九〇六年の三七四人から一九一九年には一万人に増加した。[19] ダンカンの死を報じた日の『ニューヨーク・タイムズ』紙には、このダンサーの車にまつわるトラブルとして「彼女の人生における多くの事故」と題された記事が掲載された。一九一三年に彼女の幼い子どもたちが亡くなったときと、一九二四年に彼女自身が怪我をしたときのそれぞれの自動車事故が取り上げられていた。[20] 技術者たちがこの新しいテクノロジーをますます安全にしていったにもかかわらず、交通事故は増え続けた。だが、車に乗っていて布地で怪我をする場合もあるが、今日では衝突事故でドライバーと同乗者を守るものとして、私たちが繊維製品に頼りきっていることを覚えておくべきだ。誰もが締めるシートベルトや、子どもたちのベビーシートやチャイルドシートを固定する五点式ベルトなど、命を救ってくれるものとして、繊維製品には感謝してもいいぐらいだ。

現代医学もまた奇跡を起こすことがある。二〇〇一年にエディンバラの中心地で、二一歳の女性がリクシャー（自転車で引く人力車）に乗っていて、スカーフが車輪に巻き込まれた。怪我の内容はイサドラ・ダンカンとほぼ同じく、咽頭破裂、舌骨骨折、および頸動脈損傷だった。彼女の怪我は救急と外科のチームによって、イサドラ・ダンカン症候群と名づけられた。彼らの知る限り、彼女は衣類によるそうした劇的な「結紮《けっさつ》」事故からの唯一の幸運な生存者だった。[21]

事故の簡単な歴史

たいていの事故は予期できず、一瞬のあいだに起こる暴力的なものである。事故はそういうものとして、メディアによってセンセーショナルに扱われ、あるいは美化さえされる。実際、当代のリスク回避社会では、事故を報道し分析し回避することに対して、ほとんど病的なほどの興味が寄せられる。デジタル・メディアは、事故に関するゾッとするような文章や画像、映像さえ、たちどころに世界中へ広める。私たちの現代のリスク回避社会は、統計データと保険を生み出し、私たちを事故から「守る」。そして労働条件は世界各地で大きく異なるにもかかわらず、リスクと病気を「最小限にする」ように環境を設計することは、しばしば目標というだけでなく法律にもなっている。他の文化や時代では、こうしたできごとに対する姿勢が大きく異なる。たとえば部族社会や農村社会、産業革命以前の社会では、事故が神の手中にある。単に不運により、あるいは運命により、死ぬ場合があるということだ。ところが、産業革命と契約に基づく雇用形態の発生により、現代の事故の法的概念、そしてそれに付随する責任の概念が生まれた。これから見ていくように、「事故」のこうした進化において衣類の負う役割はけっして小さくない。

一八九七年の労働者災害補償法のような法律がイギリス議会を通過するまで、労働者は労働契約の一部として仕事の危険を受け入れることが期待されていた。これを明確に示すものとして、ある契約に関する文章には「使用人は、雇い主に仕えて仕事に従事しているときは、自身と雇い主のあいだにおける平素の仕事のリスクをすべて負うことを約束する」と記載されている[22]。言い換えれば、お金のための労働は、たとえ危険な仕事や命がけの仕事であってさえ、労働者が自発的に行うものとみなされたということだ。このように利益優先で事故や怪我の補償がないシステムであることがよくわかっていた労働者階級の男性たちは、苦痛や障害に直面した際にも平然とした態度をとり、自分の労働の主導権を握っている「フリーエージェント」としての地位を守ろうとしていた[23]。こうした労働者の態度は、現場の事故を防ごうとする動きを妨げた。彼らは、雇用者から恩恵を受ける無力な者、女性や子どものような者として見られることを嫌ったからだ。それでも一九世紀後半までに、労働者を中毒にさせてきた化学物質と同様に、事故をひきおこした機械は、たとえつねに規制されたわけではなかったにせよ、危険なものとして認識されるようになってきた。

本章と続く二つの章で私が注目するのは、一七五〇年頃から現在に至るまで、流行の生地や衣類が原因で発生した個人的な事故や労働災害である。これらに関する法的、医学的、統計的な事実情報は大量に存在する。また、印刷文化が急速に発達して、不慮の死については盛んに報道されたために証拠書類も豊富である。年代物の新聞は、ほぼすべての面に現代の人々でも吐き気を催しそうな話を身の毛もよだつほど詳しく記載しているが、この刺激的な「死のポルノ」によって新聞は売れたのだ[24]。だが個別の事例を調べる前に、問題を一般的に検討したほうがいいだろう。布地やアクセサリーがひきおこしてきたのはどんな種類の事故で、そうした事故は時間とともにどのように変化してきたのか？　毒のマントの神話と同様の話は歴史上の各時代や多くの文化で見られるが、実際はそれらとは違って、衣類による不慮の死はたいてい、言ってみれば最近のテクノロジーに「関する何か」である。確かに産業革命以前にも衣類に関する事故はあった。たとえば、一五五九年八月にジョージ・ライダヨクは突風によって風車の軸にシャツが絡まってしまった[25]。そして衣類、回転するホイール、風の吹く天気という三つが組み合わさって致命的となった。ライダヨクは回転する風車で「ひどい傷を負い」、腕と二本の肋骨が砕け、そして亡くなった。だが、私がここで取り上げる一八世紀の事故の原因は、直接的または間接的に新たな産業テクノロジーと、大衆化された贅沢品、つまり大衆の手に入った元「高級」ファッションである。

ダンカンのショールの場合に見られたように、布地の絡みに起因する事故は、人体構造の脆弱な部分や可動部分を巻いている布地が多すぎることでよく起こった。特に首や両脚の回りを巻くのが危険だ。過剰な布地が何かに引っかかると、体が締めつけられたり傷つけられたりする。一六世紀の貧しい風車労働者の仕事は、のちの世にも形を変えて引き継がれ、多くの労働者が昔と同様に回転する機械類を使って働くことになった。フランスの保存記録で私が見つけた当事者の話には、多くの類似事故の一つが示されている。スイスに近いフランス東部の都市ポンタリエの国家憲兵（警察軍）の公的な報告書には、四〇歳の日雇い労働者ジュール・トゥルニエ氏が、回転するドライブシャフトに巻き込まれて切り刻まれたことが記載されている。トゥルニエを巻き込んで死亡させたタイプのシャフトとベルトは、産業革命以来、いくつもの機械装置に動力を送るために使用されていた。それらがつねに高速で回転しているために、頻繁に事故が発生した。トゥルニエの一九歳の同僚テオフィル・ポールスの話によると、一八八二年六月一〇日の朝六時に、自分とトゥルニエは何枚かの板をしまうために格納庫の上まで登ったという。板をしまい終えたとき、下りる梯子に到達するには、回転するシャフトの下側を通り抜けなければならなかったが、トゥルニエは体をかがめるのが不十分で、「衣服がシャフトにとられて、回転するシャフトに巻き込まれた。私はそれを見てすぐ叫んだが、間に合わなかった。ほんの二分か三分で彼の体はズタズタになってしまったから」[26]。ヴェンデル・フレール商会の工場の現場監督は「その不運な人の遺体は、バラバラになって床に落ちていた」と言い、警察が現場に到着したときには彼の服だけがシャフトの周りをまだ回っていて、遺体の「残骸」は病院に運ばれたあとだった。警察は調査によって、シャフトは足場からたった一メートルしかないので、事故回避には「しっかりとした予防策」を取ることが必要という結論を出した。巻き込まれずに通り抜けるには、手と膝をついて、はって行かざるを得ない状況だったのだ。

労働災害は男性に結びつけられがちだが、女性も工場で働いた。実際は、男性は仕事場でのさまざまな事故で命を落としているが、女性労働者の死亡事故は、ほぼすべてが機械類を原因としていた[27]。ドライブシャフトの近くでは、おしゃれな女性の長い髪は絡まりやすくて危険だったのだ。初期の女性公務員として活躍したヒルダ・マーティンデールは、一九〇六年の報告書で、イギリスの「監督官は、シャフトによって頭皮が剥がされた損傷をいくつか見つけて調べた。ある事例では、応急処置の知識が乏しかったために、事故後一時間ものあいだ［ドライブ］シャフトの中に頭皮が放置された[28]。同様に恐ろしい別の事例は、ボーンチャイナ［訳注：骨灰磁器。一八世紀ロンドンで中国磁器用の白い粘土が入手困難だったため、代用に牛の骨を入れることでこの白い磁器の製作が始まった］の工場で起こった女性の衣類の事故である。「骨を粉にする機械に材料の骨を投入する作業をしていた女性が、不運にも機械のそばに寄りすぎて、服がホイールに巻き込まれた。その結果、女性は機械の中に引き込まれ……無慈悲な機械によって、肉体は大腿部の太い部分から文字どおり挟まれてばらばらに砕け、いくつもの大きな断片になった。さらに悲しく憂鬱になる事情として、当時彼女は妊娠していたという事実がある」[29]。工場内で女性の衣服、アクセサリー、髪の毛は、それらに不釣り合いに思われるほど大きな事故をひきおこしたが、歴史的には男性が、ネクタイで首が絞められたり、シャツの袖口が引っ掛かったりして、弱い手足や首をあっという間に危険な機械に引き込まれてきた。

労働者階級の人々は、テクノロジーの「進歩」と新たな工業プロセスによる新たな危険に過度に晒された。その好例としては意外にも、伝統的と思われているスコットランド人男性用のナイフプリーツのキルトがある。これは勇敢なハイランドの戦士に関係があって、ナショナル・アイデンティティと民族的自尊心を称賛するために着用される。一六、一七世紀には、スコットランドの氏族（clan）に属する比較的地位の低い男性は、ブリーカン（breacan）と呼ばれる安価な格子縞の長い生地を体に巻いて着用し、ヘザー［訳注：スコットランドの原野に群生し、赤紫の花を咲かせるツジ科の植物。農耕や牧畜に適さない荒れ地に見られ、古来より編まれて丈夫なロープなどにもされた」から体を守った。腰にベルトで巻きつけて、ときには緩く折り畳まれて垂れ下がっていて、違う文化圏の人々からはスカートのように見られる。[30] これに対し、支族長（chieftain）と呼ばれる高い社会的地位の男性は、「紳士的な」トルーズ（trews）と呼ばれるズボンと靴下を身に着けた。一七二七年、ランカシャー出身のイギリス人クエーカー教徒の鉄工場主トマス・ローリンソンは、鉄鉱石を精錬するためにインバネスのマクドネルから森を賃借した。ローリンソンはハイランド人を雇って樹木を切り倒し、溶鉱炉に配置したが、危険をはらむ重労働には長い格子柄の織物が「不格好で厄介な習慣」だと考え、軍服の仕立て屋を雇って、プリーツがあらかじめ内側に縫いつけられているもっと短いスカートを作らせた。ローリンソンとマクドネルは自分たちもそれを身に着け、続いて氏族の男性たちも着用するようになった。これが、当時の言葉で「フェリーベッグ（felie beg）」であり、現在の形の膝丈のキルト「フィリベグ（philibeg）」の始まりである。[31] このように、キルトは実際に産業革命初期の製品であり、イギリス人の実業家によって従業員の作業服としてデザインされて、ハイランド人を「ヘザーから工場へ」連れてくることになった。[32]

作業服のデザインは機能的だ。作業で体が自由に動くようにできていると同時に、着用者をその職業に特有の危険から守るものでもある。たとえば鍛冶屋と蹄鉄工は、厚い革製エプロンを着て、底に鋲を打った重いブーツを履いた。熱い金属や気難しい動物を相手に働いていたからだ。職業は進化し、新しい職業が生まれると、材料科学や生理学、人間工学の寄与により、いっそう洗練された快適な保護具がデザインされた。エプロンに加え、埃を防ぐ手袋やゴーグル、マスク、呼吸器具。こぼしたものや電気ショックから足を守る履き物。防弾チョッキ。空気供給機能つきで、化学物質や火炎、生物剤、放射線から体を守るハズマットスーツ（防護服）。軍服は、科学技術の進化に重要な役割を果たした。そしてハイテクなスポーツ用品も同様の進化を示し、よく論争を呼ぶように水泳選手は「サメのスーツ」を着ると、泳ぐスピードがアップする。[33] 宇宙服は科学技術の革新の頂点で、人間が過酷な環境で生き延びることを可能にした。脆い生身の人体が超低温の無重力環境をうまく切り抜けることができるのは、奇跡的と言っていいだろう。

衣服の科学的革新で人間の生来の能力を向上させ、人体が見事な物理的偉業を達成できるのなら、ファッションの「革新」は破壊的な悪魔の双子だと思われるかもしれない。実際これまでにそう思われたこともよくあった。ファッションはわざと身体機能を妨げたり、非実用性を強調したりすることも多い。実際、歴史上の多くの時代において、ファッショナブルであることは、見た目のために故意に快適さや動きやすさを犠牲にすることを意味した。富裕層だけが手足を動かさずにすんだので、動きが制限される服や袖が垂れ下がっている服を着て、ヒールのある靴でよろよろと歩き、髪粉をつけたかつらをかぶり、糊のきいた襞襟《ひだえり》を身に着けた。そして、自分の身の回りの物理的な作業や、品物の持ち運び、食事作り、家の掃除、自分の服を着ることや髪を整えることまで、召使いや奴隷にやらせた。また、汚い通りを馬車や馬、輿《こし》で運ばれて、高価な衣服が汚れないようにした。テクノロジーは高級ファッションでも重要な役割を果たしてきたが、テクノロジーを利用することで、もっと多くの生地を作り出し、もっとお金を掛けずに表現して、弱い部分を守るというよりも、むしろ「ありのままの」体の各部位の形を（頭や首、ヒップ、ウエスト、お尻、あるいは、コッドピースを使って性器までも、大きさや輪郭を誇張したり縮小したりして）変えてきたのだ。

極端に大きくて扱いにくそうな衣服やショール、扇、優雅なパラソルといったものを操る能力は、歴史的に見て女性の重要な才能だった。衣服の仕立てが優雅で身体的な抑制が効いていることで、女性の社会的地位や嗜好、財産が示された。だが、スーザン・ハイナーが著書『近代のアクセサリー』で書いたように、産業が「日用品の複製と獲得を安価にし」、それによって下層階級の人々は、以前は上流階級のものだった流行品を手に入れることができた[34]。キルトのような仕事重視の衣服が、一八世紀の労働者たちのために作られたとすれば、これから見ていくように、女性は一般に仕事場の服装規定よりも流行の影響をそのまま受けがちだった。

束縛状態——ホブルスカート

そう、わたしはコルセットをはずし、胸部を解放したが、逆に足元のほうは束縛した。

ポール・ポワレ、『ポール・ポワレの革命——20世紀パリ・モードの原点』、一九三〇年（能沢慧子訳、文化出版局より引用）

ダンカンの「危険な」虚飾に関するガートルード・スタインのコメントが示すように、見ている者は、ファッショナブルな衣服が原因の事故に、道徳的な批判をする資格があると感じている。誰かが苦しむことにひどく心を痛めているような書き物も見られたが、女性の「殉教者」が不合理にもしばしば大げさな、あるいは性的に挑発するファッションにこだわれば、痛い目に遭ってもおかしくないと嘲って書く人もいた。これらよりはるかに遡った時代には、道徳的な話は宗教を帯びたものだった。それでも、医師や改良服主義者、衛生学者、シャーロット・パーキンズ・ギルマンのようなフェミニストが、女性の健康を害すると思われるファッションや女性の動きを妨げるファッションに反対し、繰り返し声を上げてはいたが。ファッションを道徳的に断罪することは、衣類を歴史的文脈と文化的文脈から切り離すことであり、「極端な」ファッションの着用者にとっての視覚的および感触的な魅力はもちろんのこと、着ることの社会的、経済的、および感情的な側面を無視することになる。スカートはその典型例だった。私たちは束縛するコルセットや靴などの医学文献になじみはあるが、おそらく脚そのものについてはそれほど考えたことがないだろう。中世に男性用のホーズと呼ばれるタイツのようなものが登場して以来、男性は脚の形が現れる二股に分かれたものを履いたが、女性は女らしさの指標として長いスカートを身に着けることが期待された。ほかの文化や、工場の仕事でキルトという形で、男性は「スカート」を履いた。だが女性については、二〇世紀初期までに、フェミニストの改良服主義者がブルーマー服のようなズボンの服装を取り入れようと五〇年以上試みてきたが、まだ成功していなかった[35]。そうした動きは嘲られ妨害されたことから、スポーツやオートクチュールの場面を除いて、二〇世紀初頭にはまだ女性が「ズボンを履く」ものではなかったことがわかる。

一八八〇年代には、改良服主義者が耽美主義運動のゆったりと垂れ下がる緩いドレスを正装にしようとしていたが、当時の主流のファッションは女性の動きを制限する窮屈なスカートで、スカートの内側で膝の裏側のひもを結んで膝の高さで絞った形になっていた。一八八〇年にある改良服主義者は、「私がこのように話しかけてきた人々はたいてい、歩く喜びをすっかり失ったと言う。体の強くない人々が、この重くてぴったりとした窮屈なスカートで何歩か歩くのにも非常に苦労している。これについては非常に真剣に考えるべきだ」と書いている[36]。拘束するスカートは流行したり廃れたりして、一九〇八年には女優のようなアヴァンギャルドな女性が、体を無理やり押し込むようにして、シース型スカートあるいはディレクトワールスカートと呼ばれる、とりわけ体にぴったりとした（ボディコンシャスな）スカートを着ていた。この「セクシーな」スカートは、ふくらはぎから腿までスリットが入っており、色鮮やかなストッキングを見せつけ、着用者の女性的な特徴と脚の動き

図3　スカートをひもで縛って、初めての女性客として飛行機に乗った、ウィルバー・ライトとともに飛行するエディス・O・ベルク（ベルク夫人）、1908年9月。Smithsonian, National Air and Space Museum (NASM 2002-11883).

を際立たせるものだった[37]。そしてタイトなスカートではあったが、歩くことはできた。それに取って代わって流行したのが、故意に女性の動きを制限したホブルスカートである。

　ホブルスカート（フランス語でjupe entravée）は、非常に小さな歩幅で気取った歩き方を強いる服だ。これは、自由に飛行機で空を飛んだ最初期の女性の一人から、インスピレーションを受けて作られたのかもしれない。ヨーロッパにおけるライト兄弟の代理人を務めたのがアメリカ人のハート・O・ベルクで、一九〇八年に夫人のエディス（ベルク夫人）はウィルバー・ライトのテスト飛行にいたく感動して、同乗させてほしいと願い出た。フランスのル・マンで行われたこのテスト飛行は、長時間の「有人」飛行が可能であることを証明するものだった。大々的に宣伝されていたので、フランスの見物人やメディアが飛行の実演に押し寄せた。ベルク夫人は一九〇八年一〇月七日にウィルバー・ライトの隣席で二分七秒の飛行を体験し、乗客として最初に空を飛んだ女性になった。写真の彼女は、実用的だが流行のオーダーメイド服を着ており、おしゃれな帽子を薄い生地のスカーフで頭に固定している（**図3**）。膝下の部分をスカートの上からしっかりとしたひもで縛って、スカートがまくれ上がったり飛行機の機械部品に引っ掛かったりするのを防いでいる。伝説によれば、飛行機が着陸して、ベルク夫人が座席から地面に降り立って歩いていくときに、脚はまだスカートの上から縛ったままだったためによろめいて歩く姿から、フランス人デザイナー（ポール・ポワレ本人だったかもしれない）が刺激を受けてホブルスカートが生まれたのだという。初期のホブルスカートは、夫人と同じように脚の回りにひもかベルトをつけていたことから、私はこのホブルスカート誕生の伝説が事実かもしれないと考えている。一九一〇年の『ニューヨーク・タイムズ』紙の記事は、このスカートが当初は飛行機スカートと呼ばれていたとし、このスカートに含まれる社会的な（そしておそらくは文字どお

IL A ÉTÉ PRIMÉ

Robe du soir

りの）憧れに対して、小ばかにしたような論評を加えている。「飛行スカートを履くすべての女性が、空飛ぶマシンを所有しているわけではない。ゆえに飛行用の衣服を身に着けることにこだわれば、どんな結果になるのか？　歩くのをやめるのか、それとも飛べるようになるのか？」[38]。ポワレが発明し、エディス・ベルクの飛行が流行を刺激したのか、そうでないのか、いずれにせよ、ホブルスカートの事故が起こって否定的に報道されるようになると、フランス人は申し合わせたようにこのスタイルを見放して、「『アメリカ人の』おぞましい発明」だと言うようになった。スカートの特徴的なシルエットは、アメリカの象徴的なコカ・コーラの瓶に刺激的イメージを与える役割を果たした。下方にくびれのある「ホブルスカート型の」コカ・コーラ瓶は、一九一五年に特許が取られたものだ。流行ファッションに身を包む女性の体を思わせる容器は、女性の「脚」をつかんで「頭」の開口部から甘い内容物を飲めるというイメージを喚起した。

　脚を拘束するホブルスカートは、だいたい一九一〇年から一四年まで流行した。ホブル（hobble）という名前の由来は、馬やロバの前脚をたばねてひもでくくるか鎖でつなぐかして拘束するのに使用された足かせである。歴史的には、動物と同じように脚や腕を拘束される人間は、奴隷や犯罪者、気が狂った人々に限られた。そうした人々には拘束衣（「strong clothing（強い衣類）」と呼ばれた）の着用が強制されたのだ。ホブルスカートをはくと実際に足が不自由になったようなものだった。脚は膝から下のくるぶしまで自由に開けず（裾回りはおよそ九六・五センチメートル）、ふつうに歩くことが困難なデザインだったのだ。フランスの高級モード誌『ガゼット・デュ・ボン・トン』の一九一四年のファッションプレートは、（ハーレムの）「流行の奴隷」の美学というエロチシズムとオリエンタリズムをとらえている（**図4**）。濃い青緑色の髪をした女性が、上下そろいのツーピースのイブニングドレスを着ていて、スカートを脚にしっかりと巻き、大ぶりのサファイアのブローチで留めている。これが、靴のバックルとネックレス、それから、腕に絡ませている飾りひもを留める同じようなブローチにもよく合っている。そして「イラ・エテ・プリメ（Il a été primé）」、つまり「この子は賞を勝ち取ったのよ」と声を上げながら、純血種の上品なグレーの犬の頭を軽くたたいている。ちょっとした視覚的なジョークで、女性の身繕いと犬の手入れの両方を意味する「グルーミング（grooming）」と、ドレスの裾の先と犬の尾の両方を意味する「テール（tail）」という言葉遊びが含まれている。二〇世紀初期に、富裕層に人気だったドッグショーが、パリの大きな公園、ブローニュの森で開催された。そこで「エレガンスのコンテスト」として、裕福な「育ちの良い（well-bred）」女性たちが、自分の「純血種の（pure-bred）」犬を歩かせた。何組かが最高のペアとして賞を獲得し、当時のファッション誌などのメディアが入賞者の写真を撮った。『ガゼット・デュ・ボン・トン』誌がその日のうちに掲載したイラストには、ちやほやされた「ペット」たち――一組の女性と犬――が描かれているが、女性が着ているイブニングドレスでは、犬と一緒にブローニュの森をまともに歩くのは無理だっただろう。画家はこの服装を美しく魅力的に見えるように描いているが、すべての女性がホブルスカートの象徴性や動きにくさを高く評価したというわけではなく、また大衆紙ではこのスカートをからかうこともしばしばだった。初期の風刺的な絵はがきには、ホブルスカートを履いた「淫らな女《ビッチ》」が描かれている。フランスの動物虐待防止協会が開催した仮面舞踏会では、多くの男性が「極めてばかげた結果をもたらす」ホブルスカートの仮装をした[39]。これとは別に、一九一〇年にフランスの

図４　フランシスコ・ハビエル・ゴセ、『この子は賞を勝ち取ったのよ！』、ホブルスカートのイブニングドレス、*Gazette du Bon Ton*、1914 年 3 月。Royal Ontario Museum Library の厚意による。

図5　『ホブルスカート着用者の袋跳び競争』、*Illustrated London News*、1910年8月13日。著者のコレクション。

郊外では、ホブルスカートを着用した女性のための「袋跳び競争」が冗談で開催された。参加者には走ろうとした女性もいれば、「カンガルー式にピョンピョンと跳んだ」女性もいた（**図5**）。

ホブルスカートが女性参政権運動の重要な時期に現れたのは偶然ではない。ある記事は、なぜ女性が「日本人形」のように歩きたがるのかと明確に疑問を投げかけ、「女性が知事に立候補したければ、走って車を捕まえられるようになるべきだ。大統領の椅子に座りたければ、車に足をしっかり踏み入れて乗り込めるようになるべきだ。法的に自由になりたければ、拘束される衣服を着るべきではない」と呼びかけた[40]。有力なフェミニスト作家で、運動選手でもあったシャーロット・パーキンズ・ギルマンは、一九一〇年から一五年まで女性の服装をさまざまな方向から批判し、スカート一般、特にホブル（足かせ）スカートをやり玉に上げて激しく非難する文章を書いた。

スカートを履いた女性は、当然けだるそうにただ座っているか、しばらくじっとその場で立っているだろう……しかし、スカートの女性は両脚を存分に動かすことが必要なときはいつも、機械的な制限を受け、それは男性でもスカートを履けば全く変わりないだろう。気取った小刻みの足取りは「女性らしい（feminine）」とされるが、「スカートらしい（skirtine）」だけだ――性別とは何の関係もない。

近年、この機械的な制限による怪我で最も際立つ愚かなできごとが起こった。着用されていたのは、今や有難くも流行が廃れつつあるホブルスカートだ。おとなの女性が、スカートというよりズボンの片脚のような服で両脚を巻いて喜んで拘束されている。その極端な結果が事故による死亡だった。原因の多くは、必要なときに大きく一歩踏み出したり飛び越えたりできなかったことだった[41]。

ギルマンの主張は大げさだと思われるかもしれないが、ホブルスカートはいくつかの死亡事故の直接の原因になった。メディアが気づかなかった皮肉を交えて言えば、一九一〇年九月に起こった事故では、パリ近くのシャンティイ競馬場で「足かせをしていなかった（unhobbled）」馬が逃げ出して大勢の観客のあいだを走り抜けていった。「ホブルスカートの（hobbled）」女性は「スカートがきつすぎたために」転んで馬の下に入ってしまう。そして髪の毛が馬の蹄鉄に引っ掛かったために引きずられ、頭蓋骨を骨折し、女性はのちに死亡した。[42] その一年後、ニューヨーク州北部で一八歳の女性アイダ・ゴエッティは、エリー運河にかかる橋を渡っていた。「ロックゲートをまたいで越そうとしたときに、スカートのせいでつまずいて、低い手すりを越えて落ちてしまった」。女性はおぼれて亡くなった。[43] 幸い、すべての事故で死者が出たわけではなかったが、手足が折れたり、プライドが傷ついたりした。

近代的な輸送機関は、とりわけ女性の車両の乗り降りで新たな課題を提示した。『パンチ』誌は「新たなスカートと動きの詩」という風刺画を掲載した。絵の女性は、速く動こうとしてピョンピョンと滑稽で見苦しく飛び跳ねていき、よろめき歩く友人のメイベルを急ぐようにとせき立てる。そして「走ろうと努力し続ける」が列車にはけっして間に合わないのを嘲笑している絵なのだ。ある漫画の絵葉書のシリーズでは、このスカートを「速度制限スカート」と呼んでいて、男性たちがホブルスカートの女性を柵の上に持ち上げている絵が描かれている。ある牧師は、自分の教会でのホブルスカート着用を禁じて、ホブルスカートの女性を「歩く風船」「狂人」「罪深い者」などと呼んだ。それとは反対に別の牧師は、「ホブルスカートを着ている女性は『良き妻』になる」、なぜなら「ファッションに強く興味を持つ少女たちが、コミュニティで最も良い子たちだからだ」と言っている。[44] 新聞は、ホブルスカートがひきおこした道徳的議論とともに、多くの転倒や落下の事故を報道した。また一九一三年の写真が示すように、路面電車の昇降がとりわけ難しかったのは、昇降口のステップが五〇センチメートル弱という眩暈がしそうな高さで、簡単に上れなかったからだ（**図6**）。一九一〇年にこの新しいファッションをまだ知らなかったニューヨークの警官トンプソン警部補は、女性が路面電車に乗ろうとして「昇降口で派手に」転倒して困っていたので、二度助けなければならなかった。そして女性にポケットナイフを差し出し、スカートに切れ目を入れるように言ったが、激怒した当の女性に「人でなし」呼ばわりされた。同僚は説明に困って、女性誌に掲載されているホブルスカートに赤インクで丸をつけて、それを流行ファッションの参考としてトンプソンにプレゼントしたという。[45] だが二年後には、ホブルスカートの女性が最終的に笑うことになった。ニューヨークの路面電車が新たにホブルスカート車両を導入したのだ。この車両の中央にはステップの上り下りがない便利な昇降口がついていた[46]（**図7**）。都市交通のデザインは、新奇な流行ファッションを身に着ける女性のニーズを考慮するしかなかった。それは偶然にも、誰にとっても利用しやすいものを作り出すことになった。

しかし、それでも事故は比較的高い頻度で発生した。女優のエヴァ・スチュアートはタクシーから降りるときに転んで歩道に頭を打ちつけた。E・ヴァン・クーツェン夫人も、「エレクトリック・ランアバウト」という一九〇三年に発明された初期の電気自動車から降りるときに、同じような事故に遭った。[47] 同様にパリの二人の女性がタクシーから降りる際に脚を骨折してからは、パリの一流「婦人服仕立て屋の男性たち」と「グラン・クチュリエ（高級ファッションの男性デザイナー）たち」が、このスカートは「グロテスク」で「危険な悪」であり、「もともと大西洋の向こうのものだ」と宣言するに至った。[48] だが、『ガゼット・デュ・ボン・トン』誌のようなフランスの高級モード誌には、こうした宣言に反してホブルスカートが現れている。どこの国が起源だろうと、ぴった

図 6　高さが 50 センチメートル近くあるステップを上って、ニューヨークのブロードウェイ通りの路面電車に乗る女性、1913 年 7 月 11 日。George Grantham Bain Collection, Library of Congress.

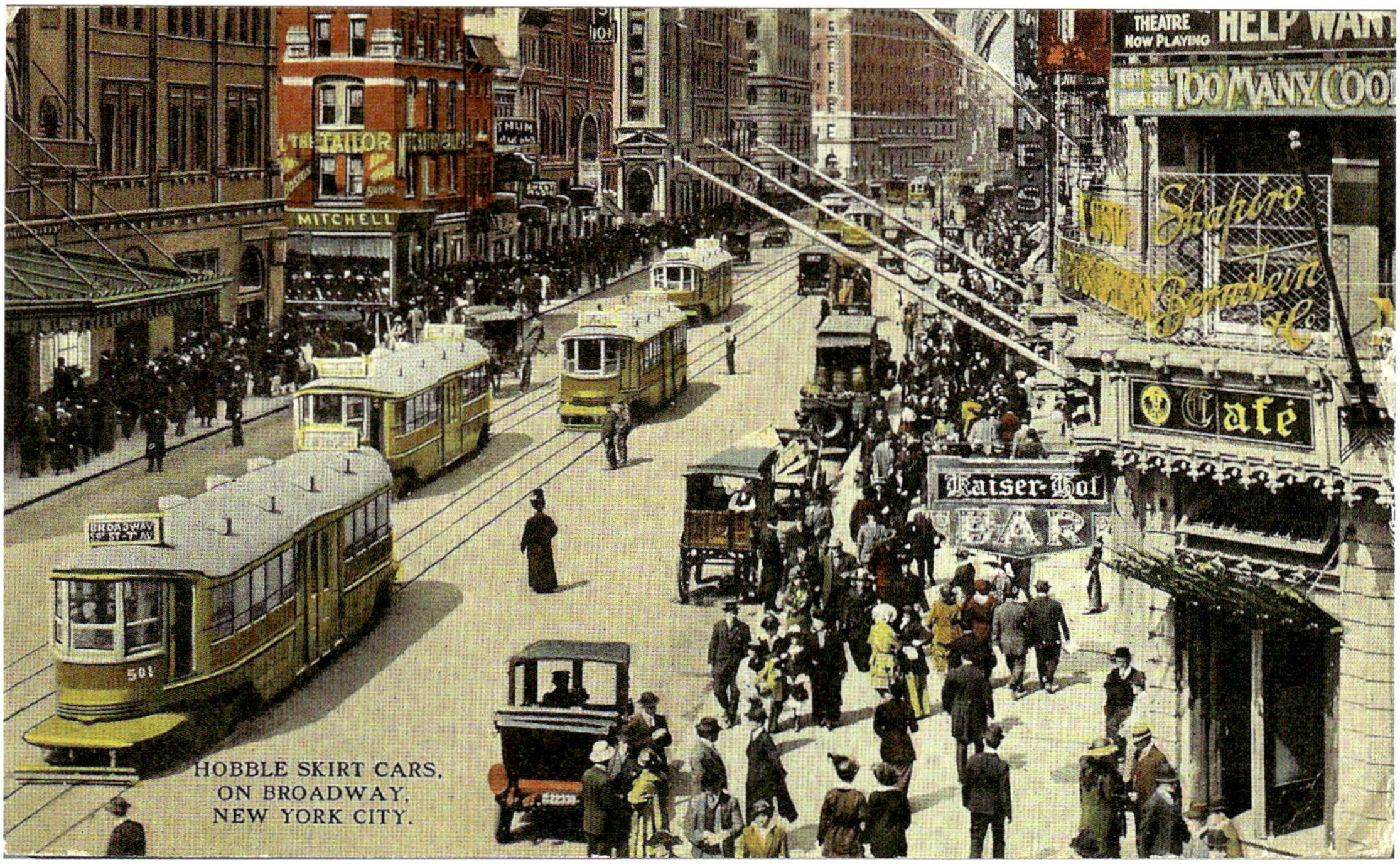

図７　1912 年４月に導入された新たな「ホブルスカート車両」、1914 年に撮影されたポストカード写真。著者のコレクション。

りとして窮屈なこのスカートは女性を危険な状況から逃げ出せなくした。「ファイア・レディ」として知られるサラ・H・クリストファーは、働いている少女たちに「織機やミシンを飛び越えて、ひるまずに、目がくらむ非常階段にしがみついて降りなさい」と教えた[49]。一九一一年に起こった恐ろしい悲劇、トライアングル・シャツウェスト工場火災では、ニューヨークの衣料工場の労働者一四六人が死亡した。これ以降、適切な火災訓練が必要なものとして認められるようになった。一九一三年までに工場で働く労働者階級の若い女性は、ホブルスカートのファッションに、フレンチヒール（細くて高いヒール）や安価なボールガウンドレスも着るようになっていた[50]。クリストファー夫人はホブルスカートを「極端」で「異常」なスカートと呼んで、衣料工場で働く女性に警告した。「いつの日か、煙が窓から入ってきて、自分の後ろのほうから女の子たちが押し寄せてくるとき、あなたは窮屈なスカートに膝を取られて転んでしまう。言葉にならないほど恐ろしいことになる。あなたの命だけではない。みんながあなたの上に倒れてきて、道をふさいでしまうので、後ろの女の子たち全員の命に関わる」。そして、慎みがないと心配している場合ではない、とも言った。「命の危険が迫るときにあなたの脚に興味を持つ人はいない。安置所の死体になるよりも、脚を使って火事から逃げられたほうがいい」。衣類による窒息死、巻き込まれ、転倒といった事故が実証するように、大胆なファッションで自己主張したいという欲望と、機械の時代に動いて働くのに必要なものとは、相反するのだろう。そして、ファッションの力はあまりにも強くて、実用性はしばしばスタイルに打ち負かされた。それが今も続いている。

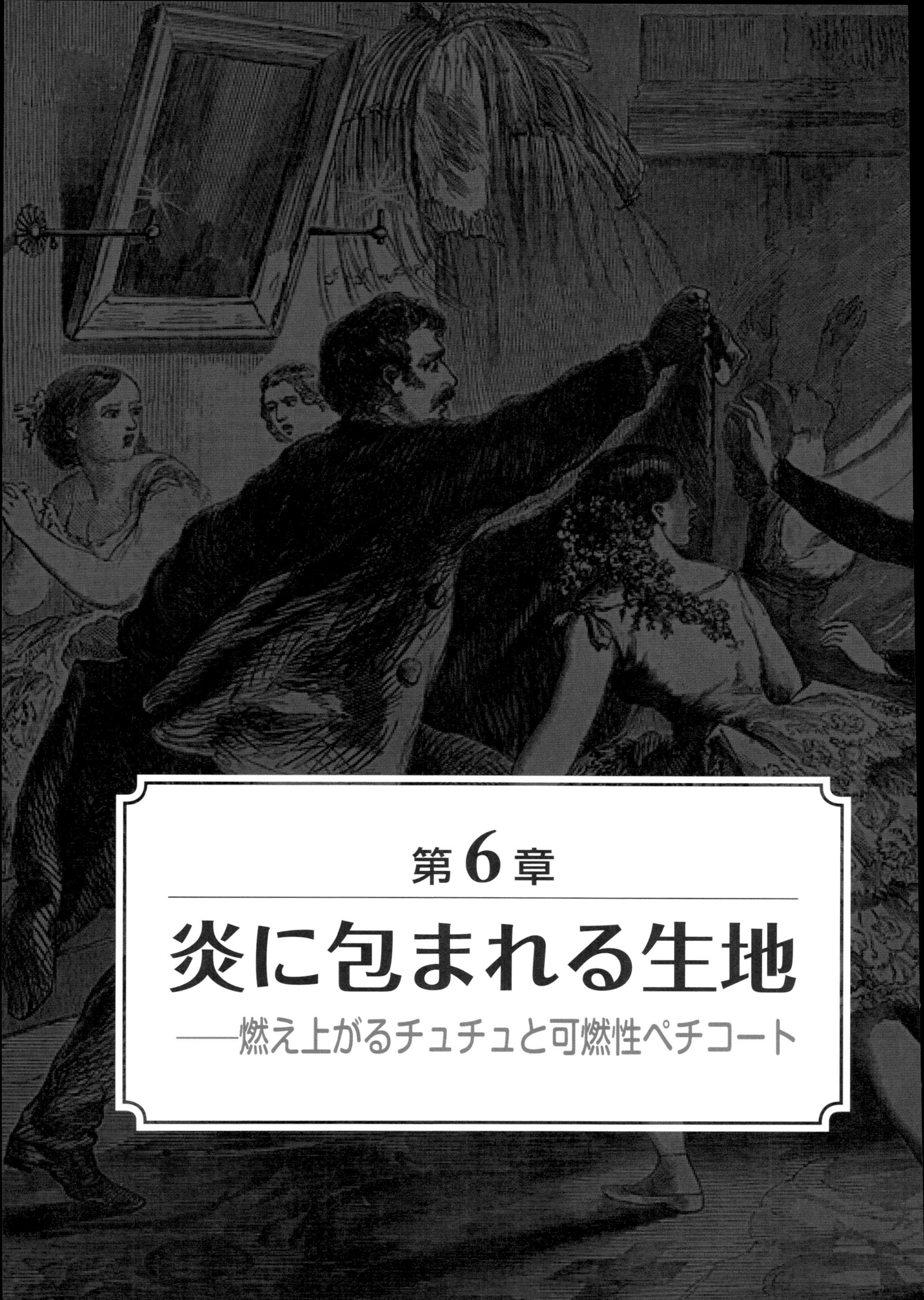

第6章

炎に包まれる生地

——燃え上がるチュチュと可燃性ペチコート

第6章 炎に包まれる生地——燃え上がるチュチュと可燃性ペチコート

舞台には理想の世界と現実を隔てる火が並び、それをバレリーナがかすめていった。軽いシルフィードの衣装が、今まさに逃げようとしている鳩の翼のようにはためいた。すると、ガスの噴き出し口から青と白の舌のような炎が吹き出してきて、薄っぺらい布地に触れた。少女はたちどころに炎に包まれ、赤い光のなかで数秒間ホタルのように踊ったかと思うと、舞台袖のほうへ走り出して、恐怖のあまり狂ったように取り乱しながら、燃え上がる衣装によって生きたまま焼かれてしまった。

テオフィル・ゴティエ、『イェッタトゥーラ』、一八五六年[1]

ゴティエの小説でダンサーが焼け死ぬシーンは、美しさと恐怖を感じさせる。これは架空の死だが、同じような事故は一九世紀をとおして多くの舞台で発生した。イギリスのバレリーナ、クララ・ウェブスターの死をきっかけにして、ゴティエのこの一節は描かれた。ウェブスターの衣装に火がついたのは、一八四四年にロンドンのドルリーレーン劇場で、ウェブスターがゼリカという女奴隷の役に扮していたときのことだ。皮肉なことに、ダンサーたちがハーレムの浴場で「水を互いに掛け合ってふざけている」シーンだった[2]。水の入った浴槽を模したものに、隠れたガス灯がむき出しだったために、ウェブスターのスカートに火がついた。ほかのダンサーたちは自分に燃え移ることを恐れて、彼女を助けるすべがなかった。パリの新聞に彼女の死が報じられると、ゴティエは「彼女は回復すると言われていたが、赤い頬にかかる美しい髪は燃えてしまい、汚れのない横顔は醜く変わってしまっていた。だから、亡くなったことは不幸中の幸いだろう」と書いた[3]。このいささか冷酷な追悼文は、舞台上のエロチックな幻想的ファンタジーと、ダンサーという女性労働者が耐えていた危険な見世物の搾取的な状況との著しい対照性をよく表している。ヴィクトリア時代の新聞には典型的なおぞましい状況が詳しく書かれており、検視に立ち会った人々が驚いたことに、愛らしかったダンサーの遺体は「非常に短時間でひどく損傷したのだろう。焼け方が激しく、遺体を持ち上げて棺に入れた人々の手には、崩れ落ちた部位の肉が残り、そんな状態だったので服も着せられなかった」のだという。検視の判断により、ウェブスターは事故死とされ、劇場の関係者は一切責任を問われなかった。ほぼ一分で火だるまになったダンサーを誰一人として助けなかったし、舞台袖のバケツは空だったというのに。しかもトルコの浴場のシーンだったとは、「ああ！　見せ掛けだけのひどいまがい物だ——本物の水は近くに一滴もなかったのだ！」[4]

クララ・ウェブスターの事故は、それ自体よりもはるかに大きな状況の一部だった。一八世紀から一九世紀初期にかけて、産業や政治、社会、科学技術の変化により、男性と女性のどちらの服装も大きな転換期を迎えた。男性は暗い「民主的な」黒スーツを取り入れたが、上流階級の女性の服は明るい色合いになった。女性の新しい服である白い「エンパイア」ドレスは、男性のスーツにとっては視覚的、イデオロギー的、物質的な引き立て役になり、男性と女性の性差を強化した。[5] 一八世紀の最後の二〇年間に、フォーマルでない着こなし方ほど、燃えにくいが重いシルクは敬遠されて、当初インドから輸入された目の細かい白の綿モスリンが流行して、よく着られるようになった。その人気は照明技術の革新の時代に関係していた。一八世紀のスパンコールが施されてぴかぴか光るファッションは、チラチラと揺らめく蝋燭の光に照らされて輝いたが、一九世紀初期にはもっと明るく安定した光のガス灯が現れたために、これまでとは違う効果が求められた。工場や街路、ショッピングアーケードはガス灯で明るくなり、とくにロンドンのドルリーレーン劇場とコヴェントガーデンで一八一七年に始まった舞台では、空気のように軽くはかない女性が、透けた素材に身を包んで、ガス灯の光で白く輝いた。

　産業革命がもたらした汚い世界においては、きめ細かな白い布には純潔や霊性《スピリチュアリティ》、古典的な理想が含意されていた。とはいえ、そうしたおしゃれな女神たちが体にまとわせている半透明な布地は、もっと現実的な性的魅力を示唆するものでもあったが。ところが、こうした大衆受けしそうな印象を作り出すのに使われた原材料が、相当ひどい経済的損失と人的損失をもたらした。まず一八世紀後期と一九世紀初期には、アメリカ南部のプランテーションにおける奴隷労働が、綿の需要の増加に応えていた。[6] さらに原材料はイギリスに輸入され、綿埃《わたぼこり》が大量に舞う危険な工場で女性と子どもが、過酷な長時間労働によって糸を紡ぎ、機《はた》を織って布を作り出した。最後は、多くの洗濯婦がこの汚い綿布を洗って、ドレスやダンディのシャツや襟をおしゃれに白くパリッとさせるために必要な糊づけをした。糊はこの状況においてまだましにも見えるが、食用のトウモロコシと小麦から作られていたのが問題だった。というのは、近世初期の綿布製造の規模はまさに、貧困層の食べ物を取り上げて、富裕層の装飾物に回していたことを意味するからだ。イギリスでは小麦の洗濯糊の製造が一八〇〇年と一二年に二度、禁止された。一八〇〇年には「イングランドの暗い邪悪な工場群の中心地」で活動していたプレストンの教区司祭が、洗濯糊を非難して「この国では、綿とモスリンの製造において織機から市場までのプロセスで使われる小麦のほうが、住人の食糧になる小麦よりも多い」と訴えた。[7] 綿は原材料から最終製品まで、人々に害を及ぼしたのだ。

　これらのほとんど「物質とは思われないような」生地の輝かしい白は、奴隷や工場労働者、洗濯婦に苦痛を強いて成り立っているという汚点を隠し、身に着けた女性を神々しい存在へと変えた。しかも数多くの織物技術者が、優雅な見かけの製品を設計し、「チラチラと銀色に輝く布地、女王のために作られたような見事な布地、薄くて軽く柔らかい繊細な布地、空気の精が織ったかのような華奢《きゃしゃ》な糸でできた生地」を製造した。[8] こうした驚くべき製品の一つが、機械編みのレース「ボビネット」だ。機械編みは、手編みで恐ろしく高価なものだったレースを変えた。一八〇九年にジョン・ヒースコートは、それまでに発明された編み機で最も複雑なボビネット機の特許を取得した。[9] 手編みだった「ピローレース」は、ヒースコートのボビネット機によって初めて絹と綿の機械織りで作れるようになり、「ボビネット」は機械編みによるレース生地の代名詞となった。こうした生地は今では「チュール」としてよく知られている。一八一〇年頃のこのイギリスのボビネットドレスは、フランス皇后ジョゼフィーヌが身に着けたもので、このように当時はドレスにたくさんの手刺繍が施され、絹のシェニール糸やさらに豪華な金銀の糸が用いられた（**図1**）。

　ボビネットは美しい織物だが、蜂の巣のように六角形に織られていて目が粗く、一瞬のうちに燃え上がる恐れのある布地だった。火に関する文化を研究する歴史家のスティーブン・J・パインは、産業革命以降の

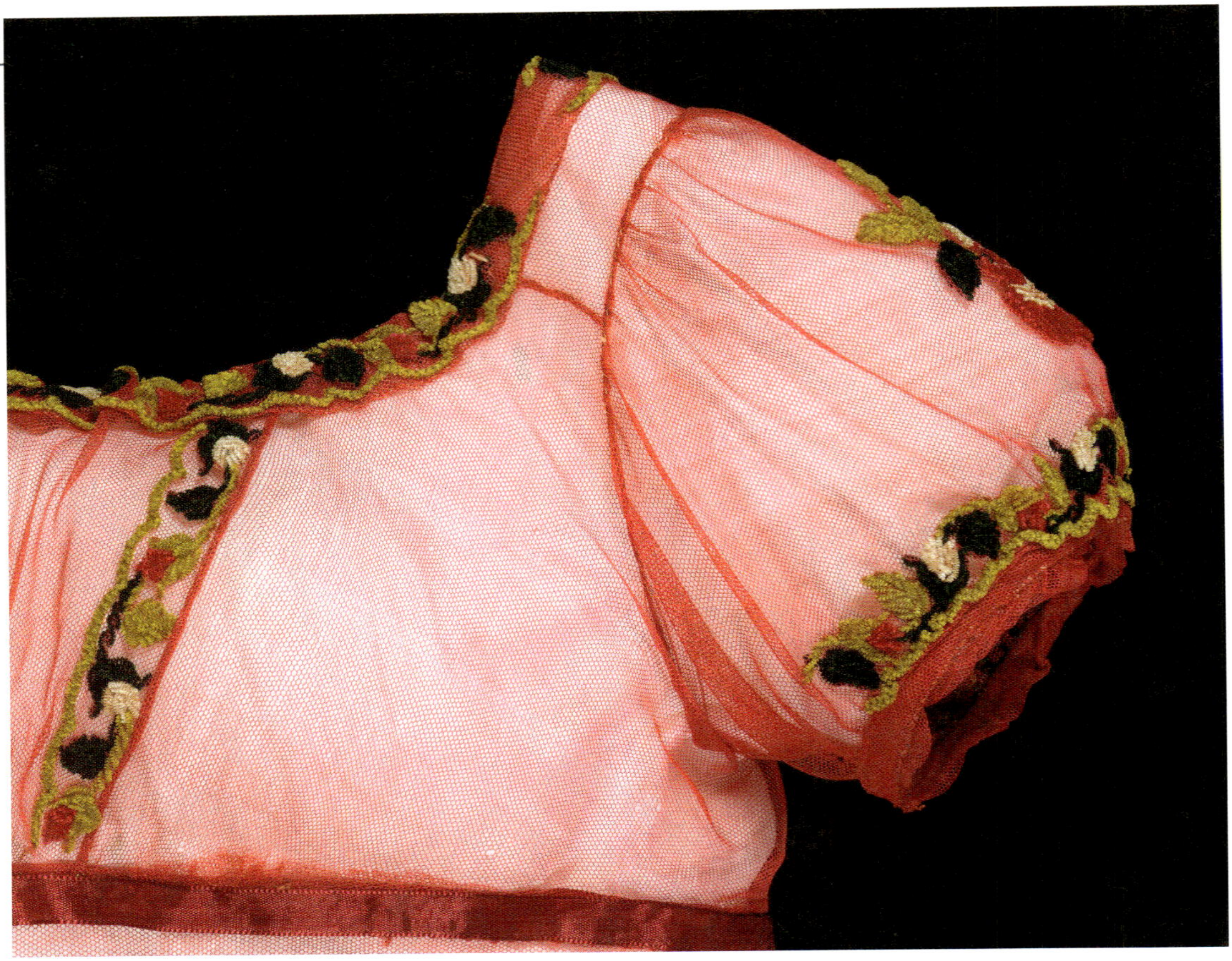

図 1　機械織りの絹のネット（ボビネット）ドレス、シェニール糸による刺繍、絹のリボンつき、手縫い。1810 年頃。© Victoria and Albert Museum, London.

この二〇〇年ほどを「火の第三の時代」と呼んで、内燃機関の形で火の力を利用した時代としている[10]。この新しい方法によって、火を制御できるようになったのと同時に、「無制御の」燃焼は容認できなくなった。火災とやけどの防止への要求は過度と言えるほど高まり、そのことが医療や科学、産業の文献によく表れている。医師らは一九世紀初期にドレスの危険性を警告した。「若い女性は流行の衣類によって、こうした事故にいっそう遭いやすくなる。自分の周りの危険について考えずに、不用意に暖炉に近づくと、一瞬のうちに火だるまになる」[11]。一七九九年という早い時期にロンドンの針金細工師J・ケイトーは、「火による事故を防ぐための」暖炉用の金網やフェンダー（炉格子）の広告を出して、自分の製品は「火花が（暖炉から）部屋へ飛び込むのを完全に防ぐ」と主張した[12]。のちの記録によると、「どんな形でも綿は燃えやすいものだが、ファスチアン織り（ウールと綿のブレンド）のドレスよりも、モスリン織りのドレスのほうが引火しやすい。なぜなら、繊細な糸を使った軽い仕上がりのモスリン織りは、蜘蛛の糸でできた羽のような、あるいはほとんど物質とは思われないほど極めて薄い生地だからだ。女性の衣服における現在の流行は、着用者が焼け死ぬ確率を増やしている」[13]。

男性では、火がついたままか、けぶっているままのパイプをポケットに入れてしまい、あるいはひげに火がついて、自分の体に燃え移ったという事例が記録されているが[14]、男性の服装には、女性の衣服に見られるような構造や素材による危険性は存在しなかった。

ボビネットはこのように危険性がよく知られていたにもかかわらず、紗（薄い絹織物）や綿ガーゼといった似たような生地や、ターラタンとして知られている粗くてもっと堅い綿とともに、イブニングドレスに広く採用された。ボリュームを出すためと、あまり透けないようにするために、初期のボビネットドレスにはターラタンの

図２ フランツ・クサーヴァー・ヴィンターハルター、『紗とチュールのイブニングドレスを身に着けたパウリーネ・フォン・メッテルニヒ王女』、1860 年。写真は Art Renewal Center（www.artrenewal.org）の厚意による。

生地がきちんと重ねられて糊で固められた[15]。糊はすなわち炭水化物なので、速やかに炭化し、生地を一段と燃えやすくした。ターラタンは水で「崩れる」ので、洗濯をするごとに糊付けが必要だった。一八六〇年の『レディーストレジャリー』誌には、「若い人向けのボールドレスには、たっぷりとひだ飾りを施した白いターラタンよりエレガントなものはなく、本物のエレガントな効果を出すには、幻想的なチュールのフリルで袖口を飾ること[16]」とある。フランツ・クサーヴァー・ヴィンターハルターは、衣装のセンスで有名だったパウリーネ・フォン・メッテルニヒ王女の肖像画を描いた。この一八六〇年の作品がチュールの見事なお手本を示している（**図2**）。肩越しにこちらを見る姿は艶めかしく、デコルテから背中の滑らかな肌があらわで、真珠と淡いピンク色のバラで飾り立てられている。だがこの絵で最も重要なのは、天使にふさわしいオーラだ——パウリーネはチュールの作る光の輪に神々しく抱かれている。

　本章の冒頭では、どのようにしてチュチュがロマンチックバレエのダンサーの仕事着、あるいは作業用の「制服」として慣行的になっていったのかを論じた。流行の衣装を着た女性は舞踏会で危険にさらされたが、プリマバレリーナには日常的に火の燃え移る危険があった。本章では続いて、一八五〇年代から六〇年代に、スカートの形状を保つために使われた巨大なスチールワイヤー製ペチコート「クリノリン」の大量生産について検討する。幅広いスカートは長いあいだ道徳的な怒りを呼んでいたが、都市環境でこの「鳥籠《ケージ》クリノリン」を用いると事故になりやすかった。なかには誇張して書き立てられた事故もあったが、それは公

図3　フォーキン振り付けのバレエ『レ・シルフィード』の妖精のロマンチックチュチュ［訳注：ロマンチックバレエの衣装として着られた、ベル型でひざ下丈のスカート］、ディアギレフバレエ団、1909年。体にぴったり合うように仕立てられ、表面をネットで覆った白いボディス（胴着）で、緩いネットのキャップスリーブ、白いネットの長いマルチレイヤードスカート、背には小さな羽がついている。© Victoria and Albert Museum, London.

共の場に女性が増えるのを面白く思わない女性嫌いのメディアによるものだった。[17] こんな外見的に過剰なスタイルが、一〇年以上にわたってすべての社会階級にこれほど広く取り入れられて、これを着ない女性は自由奔放か極貧かのいずれかに限られたというのはどういうことなのか、理解が難しい。とはいえ、歴史上のできごとを批判する前に、次のように自問するべきだろう。今日、女性でブラジャー（おそらくはスチールワイヤー入り）によってシルエットを作り、防護し、サポートすることなく出かける人がどれほどいるだろうか。小さな女の子たちは今でも、バレリーナやプリンセスのチュールのコスチュームで着飾るように促されたり、ほかの点では「現代的な」花嫁でも、白くてたっぷりした「メレンゲのような」ドレス、つまりクリノリンのボールガウンドレスを正統に受け継いでいるドレスを着て結婚したりする。今は衣類に男女の区別があまりない時代なので、こうした衣装は普段着ではないが、現代の女性の理想のなかでも強固な部分を占めている。こうしたファンタジーの起源は、ロマンチックバレエでチュールを着ていたダンサーなのだ。

　衣装も実際に危険だったが、一九世紀には劇場火災が多くの人命を奪った。ある記録によれば、一七九七年から一八九七年までの世界中の劇場火災による死者は一万人を超え、別の報告によれば一八七七年以前に五一六の劇場が焼け落ちたという。[18] 大部分のケースで観客は、舞台で発生した火災による圧倒的な煙と有毒ガスに襲われたため、メディアはそうした興行を「墓へのチケット」と呼ぶようになった。[19] このように観客と舞台の裏方もつねに危険だったとはいえ、燃えやすい服を着ていたダンサーたちが最も大きい危険にさらされていた。ダンサーが焼死する悲劇は、彼女らが下層階級だったために危険な労働環境に不満を申し立てられなかったことにも起因する。こうした「貧民窟の妖精」には、危険手当の割り増し賃金欲しさに、床から何メートルもの高さに張ったワイヤーから飛び降りさせてくれと頼みこむ者も現実に多かった。[20] 一九世紀のダンサーは肉体労働者で、厳しい訓練に耐え、ほとんど超人的能力で痛みをこらえることで有名だった。えり抜きのわずかな女性スターが国際的な有名人になったが、コール・ド・バレエ［訳注：ソリスト以外の群舞などで踊るダンサーたちを一まとめにして指す］の平均的なダンサーは、最も貧しいレベルの労働者階級出身だった。パリのオペラ座のような立派なバレエ団に所属していても、若いダンサーは十分な食事がとれず、売春婦としても酷使され、家族の収入を増やすために自分の母親に売られることさえ少なくなかったというのは、バレエにおける重大な公然の秘密だった。パリの有名なシャルル・ガルニエのオペラハウスに、フォワイエ・ドゥ・ラ・ダンスと呼ばれた特別室があった。その部屋で、裕福な男性常連客である「定期会員（abonnés）」は、一〇代のダンサーたちをじっくり見て、料金を払って性的接待をさせることができた。[21]

　ロマンチックバレエのダンサーは生まれが卑しいことが多く、性的な慰み者の立場であったにもかかわらず、身に着けるドレスや特にチュチュはダンサーを高みに引き上げて、この世のものと思えないスピリチュアルな存在に変えた。一九世紀初期にダンサーたちは高度な技術の新境地を開拓し、高いジャン

図4　アルフレッド・エドワード・シャロン、『ラ・シルフィードのマリー・タリオーニ』、手彩色のリトグラフ、1840年頃。© Victoria and Albert Museum, London.

図 5　コンチネンタル劇場の火事でのバレリーナたち、1861 年 9 月 14 日。『バレエでの火災』、*Frank Leslie's Illustrated Newspaper*, 1861 年 9 月 28 日、312-13。House Divided Project at Dickinson College, USA の厚意による。

プをして、「ポワントで（つま先立ちで）」踊るようになったので、物理的に軽い衣装が必要だった（**図3**）。チュチュのおかげでダンサーの筋肉質の脚が自由に動かせるようになった。白い布地を何層か重ねて巻いた人間の女性は、羽を持つ精霊、妖精、あるいは蝶になり、トウシューズの先で床をかすめるようにして舞った。一八三二年に『ラ・シルフィード』を踊ったマリー・タリオーニによって、いわゆる「バレエ・ブラン」の美学が確立されて、「白い紗、チュール、タータランの甚だしい乱用」を招くことになった[22]（**図4**）。不幸にして、仕事の実用上の必要性をしのいで、演出や衣装の視覚的効果が必須のものとして求められたときに、ダンサーの脚は観客の目だけでなく、足元のガス灯からの（ゴティエの言う）「舐めてくる舌」にも、さらされることになった。劇場の舞台照明は「とりわけ脚を照らし出す」ように設計されていた[23]。男性の視線を惹きつけることに気づいた劇場の経営者や衣装係は、ますますダンサーにそうした危険な衣装を着せるようになり、裕福な男性観客の定期会員を集め、またダンサーたちもそうした男性からの支援を安い給料の足しにした。

結果として、多数の犠牲者が出た。ある死亡事故では、少なくとも六人のダンサーが亡くなった。そのうちの四人はゲール家の「才能のある立派な」姉妹だった[24]（**図5**）。一八六一年九月一四日、フィラデルフィアのコンチネンタル劇場は、シェイクスピアの『テンペスト』を見にきた観客一五〇〇人で満員だった。ゼリア（セシリア）・ゲールは、舞台裏の楽屋で衣装を取り出すために長いすの上に立ったとき、明かりの火が着ていた衣装に燃え移った。仲良しだった姉妹たちが、何人かのダンサーたちといっしょに急いで駆けつけると、火は彼女たちにも燃え移った。みなパニックになり、何人かは二階の窓から飛び出して、丸い小石でできた石畳に落ちた。ひどい怪我を負った。一八六八年にイギリスの医学雑誌『ランセット』には、

「踊り子たちのホロコースト（The Holocaust of Ballet-Girls）」と題された論文が掲載された。ホロコーストは今ではユダヤ人虐殺の意味と結びついた言葉だが、すべてが燃えてしまったことを意味するギリシア語の holo-caustos に由来しており、当時は火災が原因で死者が出たことを表現する際にしばしば使われた。「すべての職業には、特別な病気とまではいかなくても、坑夫の肺や、召使の膝、塗装工の疝痛、印刷工の［鉛中毒による］垂れ手など、それぞれに特有のリスクがある。これに踊り子に特有の「薄っぺらい」衣装という災い《ネメシス》の元を加えるべきだ」と『ランセット』誌は主張した。そして、舞台の特殊効果には法外な費用をつぎ込むのに、ダンサーを守る出費を渋る劇場経営者たちは強欲であるとして嘆いた。(25)

　一九世紀の舞台で最も有名な「ホロコースト」の原因は、まったく無害な物体に見える——そのボロボロになった衣装は現存し、パリのオペラ座図書館・博物館で小型の棺に納められている（**図6**）。「遺品として大切に保管されている」この「焦げたズタズタの布地」は、かつてプリマバレリーナのエマ・リヴリーが身に着けていた衣装だ。一八六二年一一月一五日にこれに火が燃え移って、リヴリーは大やけどを負った。(26) リヴリーは本名をエマ・リヴァローといい、フランスの男爵の庶子だが、労働者階級のバレリーナとしてパリのオペラ座で踊っていた（**図7**）。父親は、エマを生んだ愛人を見捨てたのだ。母親のパトロンになったヴィコムト・フェルディナン・ドゥ・モンギヨンの支援で、才能に恵まれていたリヴリーは有名人となり、マリー・タリオーニにより具現化されたロマンチックバレエの理想の継承者と考えられるようになった。リヴリーはフランス皇帝夫妻に気に入られ、詩に読まれ彫刻のモデルになることで不朽の名声を得て、フェリックス・ナダール［訳注：数多くの著名人を撮影した名高い肖像写真家］によって肖像写真を撮られ、一八五八年には一六歳の若さで『ラ・シルフィード』の主役としてパリのオペラ座

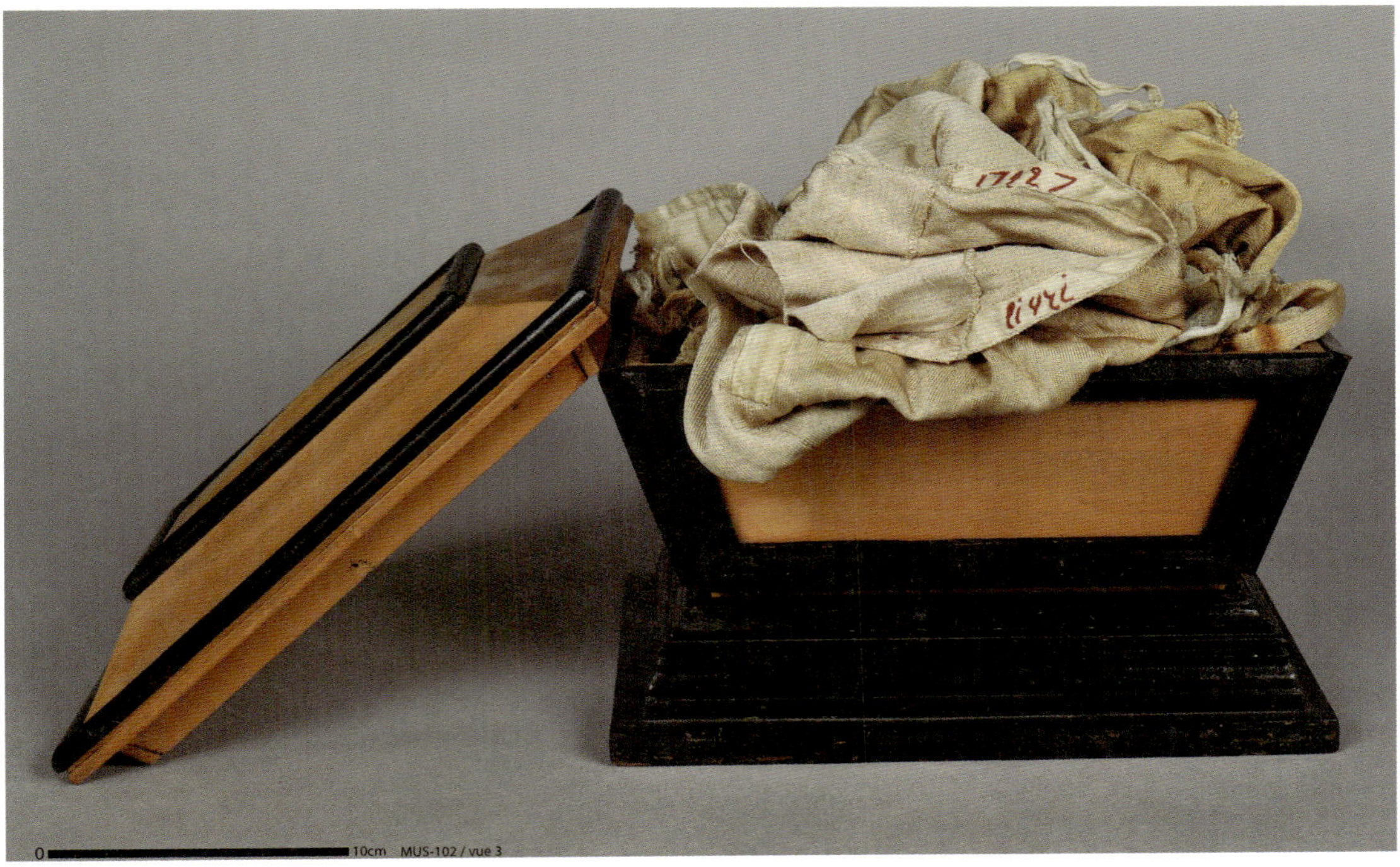

図6　木製の棺に納められたエマ・リヴリーの衣装の燃え残り。Musée-bibliothèque de l'Opéra, Paris. Bibliothèque Nationale de France.

図 7　マリー・アレクサンドル・アロフ、歌劇『ヘルクラネウム』におけるエマ・リヴリーの手彩色リトグラフ、オーギュスト・ブライの印刷、1860 年頃、パリ。デイム・マリー・ランバートにより寄贈。© Victoria and Albert Museum, London.

でのデビューを果たした。のちの彼女の死のいきさつは『パピヨン』というバレエ作品に暗示された。この作品はエマのためにジャック・オッフェンバックが作曲し、名バレリーナのマリー・タリオーニ本人が振り付けをした。エマは、主役のファルファラという蝶に変えられた少女を演じた。松明の炎に魅せられて、ファルファラが火のなかに「蝶のように」身を投じると、か弱い羽根が焦げてしまう。[27] すると蝶は王子の腕のなかに落ちてきて、王子のキスで人間の女性の姿に戻るという筋だった。

危険は百も承知で、ダンサーたちは燃えやすいスカートをはき続けるために戦った。一八五九年一一月二七日の勅令で、すべての劇場の装置や衣装は、ジャン＝アドルフ・カートロンが開発した技術を用いて難燃性にすることが法的に義務づけられたが、そのあともダンサーたちの主張は変わらなかった。[28] カートロンの技術は、布地を難燃性にする多くの化学的技術の一つで、カリウムミョウバン溶液か、ホウ砂とホウ酸の混合水溶液で処理する方法だ。この「キャルトルナージュ（carteronnage）」という処理には防御性はあったが、大きなデメリットがあった。布地が黄色く染まり、ゴワゴワして薄汚くなったのだ。[29] リヴリーは、このように醜く「キャルトルナージュされた」衣装を着るのを拒否した。男性労働者のように自分の専門的職業のリスクを当然のものとし、一八六〇年にオペラ座の総裁に宛てて手紙を書いた。そこに「私はバレエのすべての初演で、どうしても自分のいつものバレエスカートを身に着けて踊りたく存じます。そして何が起ころうとも自分の責任といたします」と記している。[30] 彼女は自分で死亡証明書にサインをしていたのだ。[31] そしてリヴリーが亡くなったあとでさえ、ダンサーはキャルトルナージュを拒絶した。あるダンサーは、「冗談じゃないわ！　焼け死ぬのは一回きりだけど、醜いスカートには毎晩苦しまなきゃならないじゃない」と叫んだといわれている。アメリア・フェラリという別のプリマバレリーナも、キャルトルナージュされた衣装を拒み、「エマ・リヴリーみたいに焼け死んだほうがましよ！」と言い放ったという。

リヴリーは実際に焼け死んだ。『ポルティチの唖娘《おしむすめ》』というオペラ作品でナポリの田舎娘フェネッラを演じていたときに、チュチュに火が燃え移ったのだ〔訳注：オペラの原題はLa Muette de Portici。邦題の「唖」は現在では使われない用語だが、歴史的にこのように訳されているので、ここでもそのまま使用している。主人公は口がきけない設定のため、通常は主人公をバレリーナが踊って演じた〕。ベンチに腰掛ける際に、リヴリーは糊のきいたスカートが型崩れするのを嫌って、たっぷりとしたスカートを頭の上までふわりと持ち上げると、それによって起こった風で舞台袖のガス灯が煽られた。チュチュの軽い紗の生地はあっという間に燃え上がり、炎は彼女の背丈の三倍の高さまで立ち上った。リヴリーが恐怖で叫びながら舞台の上へ駆け上がったので、火柱のような状態をさらに煽ることになったのだ。『ル・モンド・イリュストレ』紙に掲載された絵が、この事故の性質を見事にとらえている（**図8**）。彼女はパニックで、おそらく節度を失い（生理中だったといわれている）、舞台の裏方がつかもうとするのを振り払って逃げた。[32] 控えていた消防士の一人が駆けつけて毛布で消火したが、リヴリーはすでに体の四〇パーセント以上にやけどを負っていた。それからひどい痛みに苦しみながら八か月間生き続けたが、医学はほとんど役に立たず、一八六三年に二一歳の若さで亡くなった。[33]

リヴリーの衣装の燃え残りは、身に着けていた人間の脆い体よりも永らえて、彼女が苦痛の末に亡くなったことを証言している（図6）。この焦げた布地の断片は、棺を思わせる黒い塗料が施された小さな木箱に大切に収められている。この悲しい燃え残りは、リヴリーを一一歳の頃から教えていたキャロリン・ドミニク・ヴェネトザ夫人がメメント・モリとして集めたものだ。一八八五年にヴェネトザ夫人が亡くなると、夫人の夫がオペラ座の博物館に寄贈し、遅くとも一八八七年には展示が始

図 8 エマ・リヴリーの事故、鋼板彫刻、『ル・モンド・イリュストレ』紙（1862 年 11 月 29 日）より。テオドア・リクスとＥ・ローヴェンス、パリ。© Musée Carnavalet / Roger-Viollet.

まり、二〇世紀初期まで続いていた。[34] 服のウエストバンドに赤く「livri」（リヴリーのスペルはlivryだがスペルミスでyがiになっている）と、17927と読める五桁の数字とがチェーンステッチで刺されている。私はこの数字とオペラ座図書館・博物館の履歴を相互参照して、この衣装箱の中身がエマ・リヴリーのもので、「絹の肌色の編みタイツあるいは編みズボン（pantalon tricot soie chair）」として説明されていることを確かめた。

衣装の写真の二枚目は、箱の中身の一部を広げたもので、布地がぼろぼろなのがわかる（**図9**）。[35] ぼろきれのそれぞれが何かは判別しがたいが、肌着のように見える。黄ばんだ綿紗は「バスク」という胴着で、スカートの生地の何枚もの重なりを支えて、ボリュームを出して形を整える。リヴリーは一回のバレエ公演だけで一〇枚の綿モスリンのアンダースカート（jupon）を支給され、それらがこれと同じようなバスクに縫い付けられていた。衣装の記録によれば、リヴリーは口のきけないナポリの少女フェネッラとして主役を務めたとき、実際には赤いビロードの胴着に、金と青と黄色のタフタ地のスカートをつけて、絹のリボンで飾りつけていたという。だが、そうした色鮮やかで意匠を凝らした外側部分は、何も残っていない。この写真では見えないが、タイツには膝部分に焦げた穴があり、絹のチュチュによる黒い煤が残っている。[36] タイツの足首から下部分があるのは、衣装を脱がせるために切り離したのだろう。コルセットの何本もの張り骨がリヴリーの体に食い込んだので、医師が一つ一つ苦労して取り除いた。治療に当たった医師の一人、ラボリー医師は、リヴリーを「（劇場の）ボックス席に担ぎ込んで、そこで体に残っていた服を脱がそうとしたが、非常に困難だった」ことを書き記している。身に着けていた衣装すべてのうち、残っていたのは「ベルトの断片と、一〇本の指で持てる程度のぼろきれが一まとまり」だけだったという。[37] 彼女の受けた傷の名残は、ずたずたになった衣装の「残骸」に刻み込まれている。タイツの肌色と、粗く引き裂かれたような布の縁は、バレリーナの焼けて脆くなった肌を思わせ、そうした壊死した肌は、医師たちが何度もレモン汁で殺菌し、「ひきつれ」ができるのを抑えるために繰り返し肉を切り取った。「再生しつつある弱い組織を壊す恐れがあるので」、泣き叫ぶことも許されなかった。[38] 皮膚の細胞組織は紗と同じぐらい繊細で、リヴリーは八か月のあいだ生死のはざまをさまよったが、それから小康を得て、療養のために皇帝の別荘へ移された。この移動によって皮膚が裂け、感染症が引き起こされ、リヴリーは敗血症により死亡した。

このバレリーナの死がきっかけとなり、いくつかの革新的な防火対策が導入された。炎の向きを逆さにしたガス灯が発明され、オペラ座は大型貯水槽を設置し、舞台上で火災が起こったときのために舞台袖に湿った毛布を備えた。[39] 色彩研究で有名な化学者のウジェーヌ・シュヴルールは、一八六三年に自分の出版していた染色業界誌『タンチュリエ・ユニヴェルセール』にリヴリーの事故を引き合いに出して、紗の生地の材料見本を示し、布地印刷機を使えば軽い布地を「色の美しさを損なう」ことなく、カートロンの処理と同様の燃えにくいものにできることを示した[40]（**図10**）。

エマ・リヴリーの死は特別な注目を浴びたが、火災事故は、女性用の透けた生地のスカートに関する、もっと大きい一連の道徳的および物理的な危険の一部だった。リヴリーは悪徳経営者と危険な職業による不本意な犠牲者として悼《いた》まれた。しかし、流行のクリノリンスカートを着用した女性は、率先して愚かな流行に乗り、ほかの女性も誘い入れて危険に晒しているとみなされがちだった。だが、クリノリンの着用を本人が選択したのだという想定が、事実とは異なっていた――バレリーナは特定の仕事着を身に着けなければならなかったが、同様に女性一般には、ふさわしい服装に関する社会的命令を守るように圧力がかかっていたの

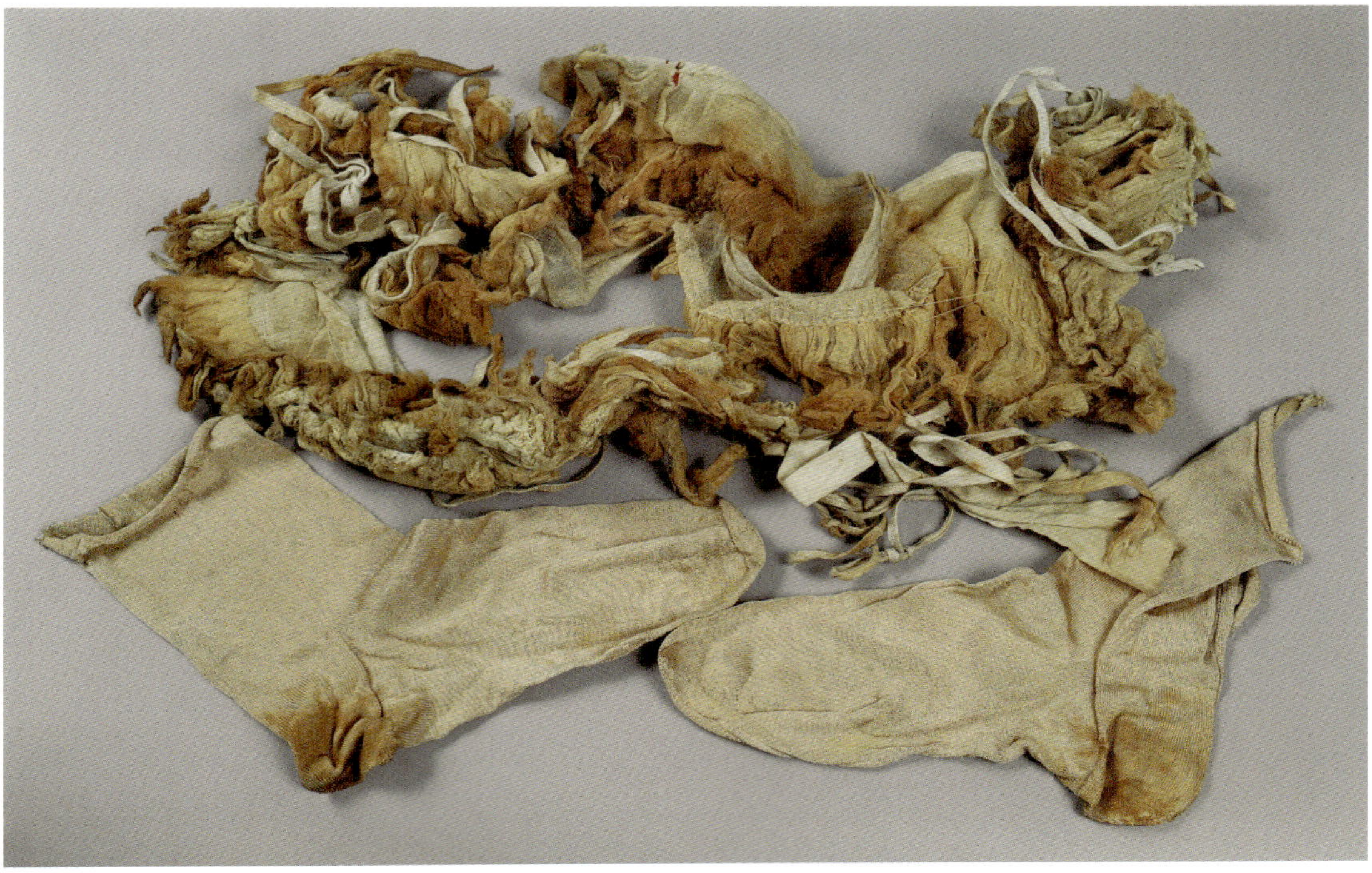

図9 焦げがあり黄色く変色したリヴリーの遺品の衣装。Musée-bibliothèque de l’Opéra, Paris. Bibliothèque Nationale de France.

1er FÉVRIER 1863. — 3e ANNEE. — No 21.

ON S'ABONNE A PARIS
PLACE DE L'ESTRAPADE, 1
Près du Panthéon, au coin de la rue des Postes.

Envoyer un mandat sur la poste à l'ordre du Directeur.
(*Affranchir.*)

PRIX DE L'ABONNEMENT:
PARIS ET DÉPARTEMENTS
Un an.............. 15 fr.
Étranger, le port en sus.
Angleterre.......... 18 fr.
Belgique .... 18 fr.

ON S'ABONNE A PARIS
PLACE DE L'ESTRAPADE, 1
Près du Panthéon, au coin de la rue des Postes.

On peut s'abonner par l'intermédiaire des libraires.
(*Affranchir.*)

Tous les échantillons sont teints dans notre laboratoire.

Les abonnements partent, comme nous l'avons dit, du 1er avril.

TEINTURE IMPRESSION

LE TEINTURIER UNIVERSEL

OU L'ÉCHO DES APPLICATIONS DES MATIÈRES COLORANTES AUX ARTS ET A L'INDUSTRIE

JOURNAL SPECIAL

DE LA TEINTURE ET DE L'APPRÊT DES ÉTOFFES, DE LA PRODUCTION ET DE LA PRÉPARATION DES MATIÈRES TINCTORIALES, DE L'IMPRESSION ET DE LA FABRICATION DES PAPIERS PEINTS. — TANNAGE ET COLORATION DES CUIRS.

Publié le 1er et le 15 de chaque mois, sous la direction de M. JACOB

SOMMAIRE

Deux échantillons: l'un de gaze incombustible, l'autre de coton imperméable. — COURS DE TEINTURE DES GOBELINS PAR M. CHEVREUL. Bois jaune. — Son emploi en teinture. — Mordant. — Nécessité. — Vert. — Effet du bois jaune. — Quercitron. — Jaune vif. — Nuance olive. — GAZE INCOMBUSTIBLE. Nécessité. — Préparation. — TISSUS IMPERMÉABLES. Préparation pour bâches et autres matières textiles. — Communes. — FABRICATION DE NOUVEAUX TAPIS. 2e article. — Tapis faits avec les fibres du coco. — Tapis en jonc d'Espagne. — En natte de Chine. — De latanier. — De djute. — Comment reconnaître la quantité de laine contenue dans un tapis. — Tapis moquette. — Tapis feutre. — CONSERVATOIRE DES ARTS ET MÉTIERS. COURS DE MÉCANIQUE DE M. TRESCA. — Incrustations des chaudières. — Comment se forment ces incrustations. — Remèdes chimiques en usage. — COURS DE TEINTURE DE M. PERSOZ. — Action des corps sur les tissus. — Fibres animales. — Soie. — Distinction. — CONCLUSION DU RAPPORT SUR LES IMPRESSIONS A L'EXPOSITION DE LONDRES. — Etat comparatif des teinturiers et imprimeurs. — Causes du malaise. — LABORATOIRE DU CHIMISTE MANUFACTURIER. no 2. Réactifs. — Alcool. — Éther. — Chloroforme. — Iode. — Leurs propriétés. — Acide sulfurique. — Comment se débarrasser de l'acide chlorhydrique. — De l'arsenic. — Comment les teinturiers peuvent-ils enlever les vapeurs nitreuses qui détruisent l'indigo? — CHRONIQUE INDUSTRIELLE. Vert Mathieu Plessy. — Utilisation du vieux fer blanc. — Teinture verte au lokoo. — Apprêt imperméable. — Perfectionnement à l'impression en relief. — Usage du rouleau en relief en Angleterre. — Impression à la main. — Perfectionnement apporté à la table. — BULLETIN COMMERCIAL. — *Prix-courants à Paris et au Havre.* — CORRESPONDANCE.

ÉCHANTILLON DE GAZE
INCOMBUSTIBLE

ÉCHANTILLON DE COTON
IMPERMÉABLE

COURS DE TEINTURE DES GOBELINS
PAR M. CHEVREUL.

BOIS JAUNE. — On teint avec le bois jaune comme avec la gaude, seulement il faut remarquer que le bois jaune est beaucoup plus altérable que la gaude. On s'en est servi surtout pour remplacer la gaude dans la production des verts.

Avec ce bois, on peut teindre la laine, la soie et le coton, toutefois il faut le dire, on l'emploie rarement pour teindre la soie et le coton, c'est surtout dans la teinture de la laine qu'on en fait usage.

図 10　『タンチュリエ・ユニヴェルセール』誌（1863 年 2 月 1 日）より。パリのゴブラン織のタペストリー工場においてウジェーヌ・シュヴルールの監督下で作られた「不燃性の紗」の見本付き。

だ。選択した、というのは錯覚だ。クリノリンはみんなが着るものだった。医学雑誌『ランセット』が強く訴えたように、「嘲りや非難、焼け死ぬ恐怖のいずれも、この危険なファッションを追放するには至っていない」ということだった。[41]

燃えやすいクリノリン

> 今では皇后陛下から食器洗いの女中まで、すべての女性はクリノリンを身に着ける。三歳児までもが着るのだ。……クリノリンは膨大な商業的利益となっている。もはやロンドンの店で働く少数の少女だけに及ぶ問題ではない。鍛冶場、工場、採鉱場にも広がっている。この瞬間も……男性や少年は地の底で鉄鉱石を得るためのつらく苦しい労働をしている。やがて火とかまどと蒸気が、多くの複雑な工程によって、その鉄鉱石をペチコート用のスチールに変えるのだ。
>
> ヘンリー・メイヒュー、『ロンドンの店と企業、およびイギリスの産業と製造（*The Shops and Companies of London and the Trades and Manufactories of Great Britain*）』、一八六五年。[42]

スチール製の鳥籠《ケージ》クリノリンは、北米では「フープスカート」として知られており、一八五六年から六〇年代後半にかけて産業規模で大量生産された。クリノリンは、ナポレオン三世（一八五二〜七〇年、フランス皇帝として在位）と皇后ウジェニーの宮廷で採用され、革命前の幅広なパニエからインスピレーションを得たドレスだったが、かつてのように貴族だけの衣装ではなく、あらゆる社会階級の人々に着用された。[43] これらのスカートの形を支えるペチコートは、科学技術の進歩の象徴であり、鉄と鋼の時代の産物だった。「われわれは胸の高鳴るイギリスの鉄の時代を目の当たりにし、イギリスの最も美しい娘たちの装いのなかにさえ鉄が存在することに気づく」というものだったのだ。[44] のちに自動車製造で有名になったプジョー社の工場は、工場全体でスチール製「鳥籠」の製造を専門とした操業を早々に開始した。プジョーとイギリスのトンプソンの二社の工場あわせて一八五八年から六四年まで、クリノリンを毎年二四〇〇トンずつ生産した。これは一年あたりで合計四八〇万セットに上る。[45] クリノリンは、スチールワイヤーを布で覆い、テープで貼り付けられて、真鍮製のリベットで閉じられていた（序論の図10を参照）。鮮やかな赤いクリノリンは、ウジェニーをほのめかして「皇后のお気に入り」として売られていた。外周が二・四メートルほどもある。

一八世紀のフープペチコートのように、クリノリンは痛烈な批判を浴びることになった。ところが、クリノリンを身に着けた実際の女性たちの日記の記述からは、それ以前に着ていた馬巣《ばす》織りと麻の（crino-lino）ペチコートが、かさばって重たい布の重ね合わせだったのに比べると、クリノリンは進歩だったことがうかがわれる。有名な著書で、グウェン・ラヴェラ［訳注：進化論で著名なダーウィンの孫娘で、学者一族であるダーウィン家の人々やヴィクトリア時代の上流階級の人間模様をユーモアいっぱいに描いた回想記『ダーウィン家の人々』を著した］が伯母のエティにクリノリンの着心地を聞いたくだりがある。エティ伯母の答えは、「ああ、とてもよかったよ！　あれが使われなくなってから、どうもくつろげないの。ペチコートが足にからまないから、足さばきが軽くて、歩きやすかったのにね」[46]［『ダーウィン家の人々』、山内玲子訳、岩波書店より一部改変して引用］。クリノリンのおかげで、妊娠も隠せるようになった。さらに重要だったのは、あるいは一九世紀の男性の自尊心を脅かしたのは、女性がクリノリンによって男性を遠ざけておき、公での存在感を増して、つかもうとしてくる男性の手から守られたことだ。クリノリンを身に着けた女性は、台座に載っている像のように物理的距離を作れたのだ。

クリノリンを中傷する人々は、女性の安全を懸念するといった体で議

London. W. H. J. Carter, Printseller, Bookseller &c. 12, Regent Street, Pall Mall.

"FIRE."

THE HORRORS OF CRINOLINE & THE DESTRUCTION OF HUMAN LIFE

論を展開した。イギリスの雑誌『パンチ』も、中産階級の男性の保守的視点を取り入れて、そうした姿勢を打ち出した。典型的な家父長的で植民地主義的な言葉を使って、次のように書いている。「ご婦人はつねに暖炉前の敷物で火あぶりの刑《オート・ダ・フェ》になるのを恐れている。われわれはサッティの慣行［訳注：ヒンドゥー教徒のあいだで見られた慣行で、夫が死亡したあと、未亡人が夫の火葬とともに、または火葬後に、生きたまま焼かれるもの］をインドに捨ててきたのに、イギリスの家庭の妻や娘は未亡人のように焼け死んでいる。……燃え移る事例があまりにも多いので、クリノリン保険会社が設立されたとしても、引きも切らず請求されて会社は長持ちしそうにない」。記事は、初期のクリノリンに空気注入式のゴムチューブ製のものがあるので、女性がそれを使って火が燃え移っても消えるような技術を用いるべきだと、ユーモラスに警告している。

火災避難設備はすべての応接間に備えるべきだ。そうすれば、火がついてしまったご婦人たちがやけどをせずに救われる可能性がある。さらなる予防措置として、ペチコートの空気チューブを水で満たしておき、入用なときに水を噴き出させるとよい。要するに、すべてのご婦人は自分自身のための消防車になり、自分の服に着火した瞬間に自分で水をかけられるということだ。(47)

『パンチ』誌の表現は馬鹿にしたようではあるが、実際に死亡事故はよく起こっていたので、真剣な警告が多く発せられていた。のちにあるライターはクリノリンを「時限爆弾」と呼び、「ダイナマイト爆弾を避ける注意をもって回避するべきもの」とした(48)。統計データや新聞記事、医学雑誌は、クリノリンが命を奪いかねない危険なものであることを裏づけた。可燃性の布地を何メートルも使った釣り鐘型のスカートは、火がついたときには送気管のように働いたのだ。当時の雑誌はクリノリンが『送風機』と『通気弁』を備えたまさしく煙突のやり方で」働いたと書き、また現代の医師らはジプシースカートの事故がこの見解を裏づけるとし、もっと専門用語を使って「ひとたび発火すれば、ゆったりした服を取り囲んでいる大量の空気が火災伝播を促し、その速度を増加させる」と説明している(49)。

メディアは、火のついたクリノリンの報道だらけになった。一八六〇年という早い時期に、『ランセット』誌には「『また火による死亡』という見出しが日常的になって、現代の読者は、ほぼ毎日発生する女性と子どもの火災による惨劇《ホロコースト》に慣れてしまっている。彼女らは衣服の可燃性とクリノリンの流行による犠牲なのだ」とあり、さらに「すべての階級から犠牲者が出ている。皇女、伯爵夫人、宮廷女性、バレエダンサーの少女、老女［ママ（the decrepid）］と若者、貧しい者と裕福な者で、リストは膨れ上がっている」と書かれている(50)。その著者が確認したところ、戸籍本署長官の記録では火災による死者が毎年三〇〇〇人以上で、その多くは衣服への着火が原因とされていたという。クリノリンによる死者数の正確な統計は存在しないが、むごたらしい詳細を知りたい大衆の欲求に応えて、新聞や風刺画家はこうした事故の記事を書き、絵を描いた。『火災』というタイトルの安価な彩色リトグラフは『クリノリンの恐怖と人命の破壊』という副題を持ち、事故が劇的に描かれている（**図11**）。若い女性は絵の左端に見える暖炉に近づきすぎてしまったようだ。女性のスカートは裾から燃え上がり、炎は布を飲み込んで、女性の足首とレースのパンタレット（下着）が欲望をかき立てるようにちらりと見えている。女性は恐怖でブーケを床に落とし、どちらの手も上げて懇願するようなしぐさをしている。運よくすぐに助けがあり、姉妹か友人らしい女性が赤いマントで彼女を包み、消防士が到着して火災に

図11　『火災——クリノリンの恐怖と人命の破壊』、手彩色リトグラフ。Wellcome Library, London.

バケツの水をかけるところだ。このマントは、分厚い毛織物製の「火災用マント」あるいは「鎮火用布」だろう。『レディースマガジン』によれば、このマントは「（イギリス）王国のすべての店や応接室に備える」べきもので、具体的には空気を遮断して鎮火するのが目的だった。[51] これは布地の二面性の説明になる――薄い布地は火災事故をひきおこす可能性があるし、厚い布地は火を消し止めることができる。

フランス第二帝政時のある教科書では、まるごと一章を「衣類への着火」に費やしている。[52] そこには、フィッツ・ジェイムズ公爵夫人、ヴェーヌ伯爵夫人、オショア嬢、サン＝マルソー伯爵夫人といった有名なクリノリンの犠牲者たちの名が連なる。彼女たちは舞踏会場で別の婦人のドレスの火を消そうとして、やけどを負って死亡した。[53] アメリカの詩人ヘンリー・ワーズワース・ロングフェローが愛する妻ファニーを失ったのは、妻の着ていた非常に薄い生地のドレスに火がついたためだった。[54] 詩人は打ちのめされて、終生妻の死を悲しみ続け、その苦痛を紛らわすためにアヘンチンキとエーテルを常用した。悲劇的なできごととしては、一八歳だったオーストリア大公女マティルデの事故もある。マティルデは軽い夏用のドレスを着ていたときに、一〇代の典型的な反抗的行動でタバコを吸っていた。厳格な父親が部屋に入ってきたときに、淑女にふさわしくないタバコを後ろに隠したところ、火が燃え移って家族の目の前で彼女は焼死した。[55] オスカー・ワイルドのいくつか歳上の異母姉で、当時二二歳だったメアリー・ワイルドと二四歳のエミリー（エマ）・ワイルドは、アイルランドのモナハン州にあるドラマッコナー・ハウスで開かれたハロウィンの舞踏会のあと、二人とも一八七一年一一月に亡くなった。[56] 二人はオスカーの父ウィリアム・ワイルドの非嫡出の娘たちだったが（母親は知られていない）、有名な作家オスカー・ワイルドとは直接面識はなかっただろう。姉妹は婚外子だったため当時は隠されていて、地元の検死官は、おそらく故意に「ワイリー」姉妹として記録を残したのだろう。口述歴史によれば、主催者が妹のメアリーを最後のワルツに誘い出したときに、彼女のドレスがむき出しの暖炉をかすめたらしい。そして助けようとした姉のエミリーにも火は燃え移ってしまった。メアリーは事故の九日後に亡くなり、エミリーもそれから二週間足らずであとを追ったという。別の死亡事故は、エレン・ライトという七歳の少女が母親のクリノリンを遊びで着ていたときに起こった。エレンは暖炉で炭のかけらを割っているときに、スカートに火がついてしまった。エレンは「たいへん！　ねえ消して、消してちょうだい！」と叫びながら階段を駆け上がったが、すでに全身にひどいやけどを負っており、病院で亡くなった。検視により「クリノリン着用に起因する事故死」と断定された。[57]

一八六〇年代後半までにクリノリンが小さくなってきたのは、火災の危険が広く知られてきたおかげだと思われる。一八六五年に『パンチ』誌は、上流階級の女性のあいだでクリノリンが「消滅」したことを祝う詩を発表したが、使用人階級の女性はまだ身に着けていることを指摘している。

覆いのない暖炉から火が移り、
ご婦人方が炎に包まれ、
スチールの骨組みの中で亡くなることはもうないだろう。
ただし料理をする女中には、着飾って注意を払わない者がいて、
いまだにクリノリンを身に着けているから、
燃え上がることもあるだろう。[58]

一八六五年以降に、料理をする女中や使用人が犠牲者の多くを占めたのは確かだ。彼らの仕事では火を使うことが多いからだ。チャールズ・ディケンズの雑誌は、家庭内事故や産業事故が発生しているので防

護措置が必要だと指摘し、「工場の機械類は危険だから囲いをする。なぜ同様に危険な暖炉の火には囲いをしないのか？」と防火用具の改善を求めた。[59] 犠牲者の一人、一八歳のハリエット・ウィリスは、応接室の暖炉を掃除中に玄関に牛乳屋が現れたため、それに応えて振り返った際にドレスの後ろに着火した。[60] また、一八六六年に若い女中の「衝撃的な死」が起こったのは、ロンドンのスローン通りに住む女主人のバード夫人のために、その女中が暖炉を掃除していたときのことだった。[61] ある検察官は「使用人にはクリノリンを着用させないようにすべきと表明した」が、風刺画家の非難の矛先は、エロチックなアピールで男を惹きつけ欲望をかき立てた「お盛ん《ホット》な」女性だった。

フランスの『パリ・グロテスク』と題された風刺画シリーズの一枚は、舞踏会のドレスを着た女性を描いたものだ（**図12**）。女性のスカートが火を吹いており、クリノリンのスチールの骨組みがあらわになっている。女性は、怒っているライバルの女性に自分の火を移して燃え上がらせており、ヘルメットをかぶった五人の消防士が女性二人にホースを向けて水をかけているが、炎は消すことができない。この絵には「クリノリスカ夫人の最期。夫人はいくつもの胸を燃え上がらせたあと、炎の犠牲になって死んだ」というキャプションがついていて、クリノリスカ夫人の性的に挑発的なドレスが事故の原因だとほのめかしている。彼女が男性たちの胸を「燃え上がらせた」ために、自分の作り出した炎で身を滅ぼすというわけだ。この絵が示すように、クリノリンを痛烈に批判する女性憎悪の風刺画や記事は、リヴリーの事故に対するメディアの反応とはまったく

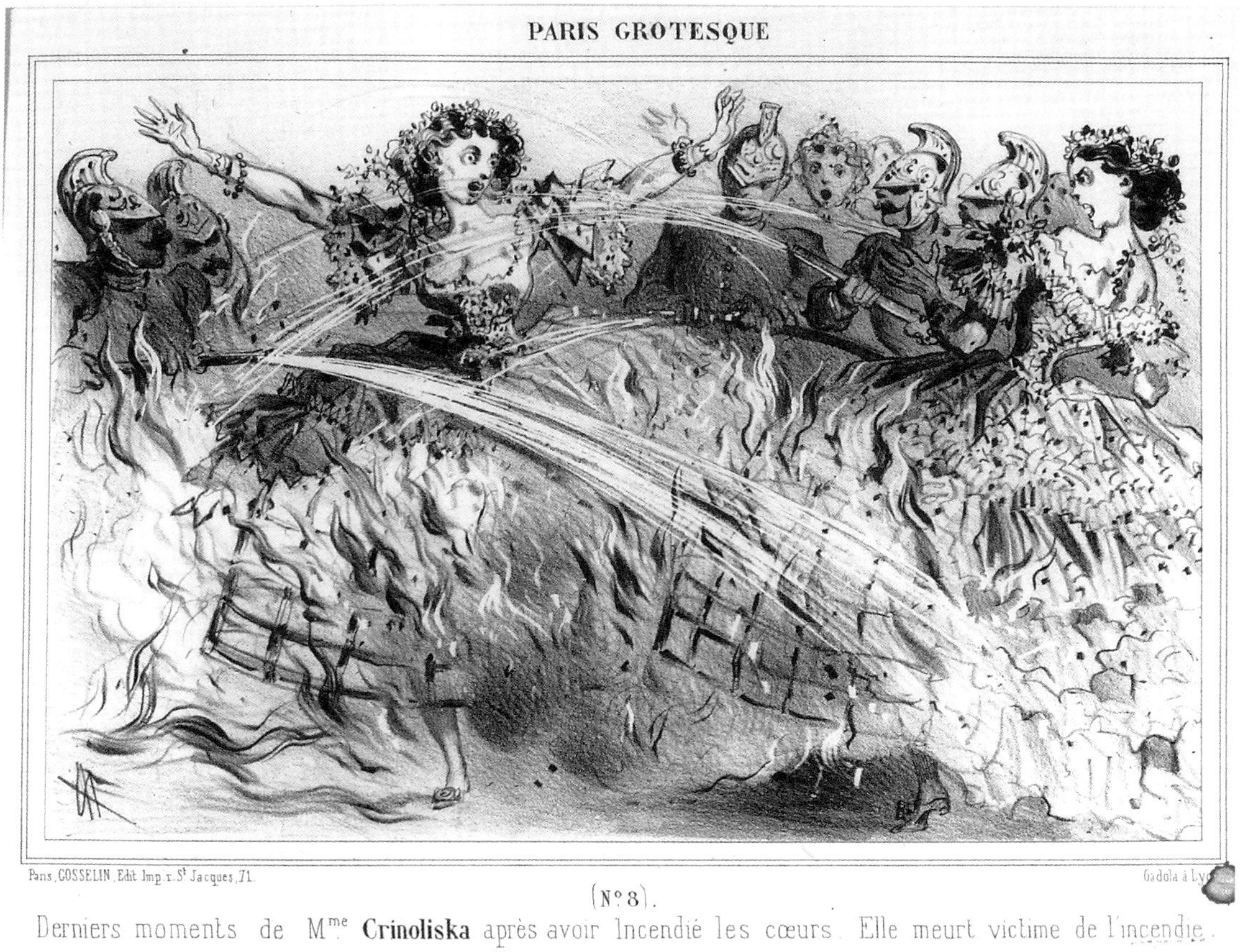
PARIS GROTESQUE
Paris, GOSSELIN, Edit Imp. r. St Jacques, 71.
(N° 3).
Derniers moments de Mme Crinoliska après avoir Incendié les cœurs. Elle meurt victime de l'incendie.

図12 『クリノリスカ夫人の最期』、1860～65年頃。© Musée Carnavalet / Roger-Viollet.

対照的である。クリノリンによって死亡すると、自分を異様に大きな見世物にした着用者本人の見境のない虚栄心のせいにされたが、チュチュは仕事着として位置づけられ、バレリーナはパフォーマーとしての役割を認知されていたことから、死亡した責任は本人にはないものとされた。男性メディアは、クリノリンを身に着けた女性を愚かなファッション信奉者か、人を殺しかねない扇動者というレッテルを貼って糾弾したが、流行の衣装を身に着けたバレリーナは殉教者として英雄的に扱ったのだ。文学研究者のジュリア・トーマスは、「クリノリンを着用していた女性は、決してファッションの奴隷やファッションの犠牲者ではなかった」と言い、「それどころか、そのようなレッテルを貼ることが、まさに違う可能性を示すことになる。鳥籠クリノリンの着用は、抵抗《レジスタンス》の行動だ」と主張した。[62] センセーショナルなメディアと医療関係者は問題を誇張したのだろう。そして多くの女性はクリノリンに喜びを見いだし、クリノリンで身を守り、男性の命令や望まない口説きに対する一種の抵抗としてクリノリンを用いたのも確かだった。それでも、一九世紀に布地やクリノリンを設計して特許権を取り、女性の身体に危険をもたらしたのは、男性たちだったということを忘れてはならない。近代産業は健康を害するものを生み出していたが、国の繁栄に確かにつながる危険な製品や布地の販売を、政府は禁止しようとはしなかった。そして化学を使って、科学の力でそれらのものを存続させようとしたのだ。

「不死鳥のように」——耐火性の衣類

鮮やかな衣服の表面を覆うという現代化学の提供する手段により、着衣を一瞬のうちにデイアネイラのマント［訳注：序論に既出の「ネッソスのマント」と同じ］よりも致命的な衣服に変えうる炎を防ぐことができる。この化学の水に浸された布地は、最も激しい炎の中でぼろぼろになっても、決して燃えない。そして、不死鳥の羽根に引けを取らない美しい羽根飾りの装いを、火のつく恐れなく存分に楽しめるだろう。

「衣類への引火による死（Deaths from the Inflammability of Clothing）」、『ランセット』誌、一八六〇年九月八日、二四五ページ。

フランス皇帝が推し進めた法律が、フランスの劇場に耐火性技術を強制的に採用させたように、イギリスの貴族政治も同様の研究を推進した。ヴィクトリア女王自身が造幣局長に命じて、F・ヴァースマン氏とアルフォンス・オッペンハイム博士に化学実験の実施を依頼した。彼らは燃えにくい布を求めて、「考えうるすべての化合物を試した。なかには、使うことなどほとんど誰も想像もしたことがない物質もあった」。[63] 女王は王室の洗濯物を彼らの自由に使わせ、彼らはタングステン酸ナトリウム溶液と硫酸アンモニア溶液によって、燃えやすい衣類が安全に着られるようになることを発見した。『ランセット』誌によれば、「衣服はもう燃えることはなく、ぼろぼろになるだけだろう。そして最悪の場合でも、正しい着用者は、灰になった外殻の中から不死鳥のように無傷で立ち上がるだろう」ということだった。[64] 炎に飛び込んで焼け死んだ鳥がその灰から蘇るという不死鳥神話のイメージが特に合っている。だがこの神話は、洗濯日という汚い現実を前にすると、人々が悪戦苦闘する物語となった。燃えにくくする方法すべてにとって現実的な大問題は、難燃化剤が水に溶けてしまうので、熟練の洗濯婦が衣類を洗うたびに苦労して再び付着させなければならなかったことだ。一八四四年にクララ・ウェブスターが事故に遭ったあと、『タイムズ』紙が「チャールズ・ウェッターステット男爵が発明した洗濯糊の効果をテストし」、また一八六〇年代には一般の人々が洗濯場用に「婦人用救命用具」を買えるようになった。一八七〇年代にはドナルド・ニコル氏が、サウスケンジントンが会場となったロンドン万国博覧会で「ニコル氏の耐火性洗濯糊」を展示した。[65] この洗濯糊は無毒だったと思われるが、長期的にはすべての不燃加工技術が同様に安全とはいかなかった。

極めて奇妙な製品のなかには、アスベスト（石綿）、すなわち「紡いで織ることができる唯一の天然鉱物」でできているものもあった。[66] 消防服だったらしいジョン・ベル社製のアスベスト服は、イェーガーの「健康に良い」無染色靴下と同様に、一八八四年のロンドン万国衛生博覧会で驚異的な健康保護服として展示された。ジョン・ベル社はアスベスト糸を紡ぐ技術を持った製造業者で、ロンドンのサザーク通りの店舗を初めとして国外にいくつかの店舗があった。アスベストは細目金網とともに、一八三〇年代以降イタリアの消防士用に経験から生まれた防護服として用いられていたが、[67] ベル社の製品が使われたのはおもに船や機関室の中だった。ベル社はその一方で、家庭用や劇場用として「衛生的な」アスベスト塗料を売っていた。ベル社が作り出したのは、ツイル（綾織）に似ている最初の純粋なアスベスト服で、「この織物は火や水に強く、酸の腐食作用に耐え、数千年もつだろう」といって雑誌は褒めちぎった。[68] アスベストは繊維状の変成岩の仲間の総称で、完全に天然で耐火性に優れていたが、肺の組織が瘢痕化するアスベスト症をひきおこした。この肺疾患が最初に発見されたのは一九〇〇年だが、一九六〇年代になるまで一般には知られていなかった。[69]「世界で最もすばらしい鉱物」を称賛する一九一九年の書籍には、アスベストが第一次世界大戦後の数年で家庭内に非常に多用されていることに驚嘆が示され、「カーテン、間仕切り、アイロンホルダー、編み糸、エプロン、ミトン、松明、焚きつけ、ストーブ磨き、そしてベーキングパウダーにさえ！」含まれると書かれている。[70] アスベストの糸やベーキングパウダーという考えに現代の読者は身震いするだろう。しかし、アスベストが加えられた商品はたいへんな人気を博した。アスベストは、塗料や布地、建築材料にも含まれて、劇場のような商用ビルや、市役所や学校のような自治体の建物を保護するために使用され、明らかに人々の命を救っていた。

アスベストはあらゆるものに入るようになったが、一九世紀には実際に耐火性のある衣服はほとんどなかった。必要な水溶性の洗濯糊と溶液が、消費者にとっては余分な費用であり、洗濯婦の仕事を増やし、生地のシミや変色の原因になったからだ。一八八四年のロンドン万国衛生博覧会で展示された「化学処理で非可燃性にした」舞踏会用のイブニングドレスについて、ある評論家が「生地の見栄えはやや精彩を欠くと認めざるを得ない」と書いている。[71] キラキラしたサテンやピカピカのブーツが大好きな、光沢にこだわる一九世紀の消費者にとって、「精彩を欠く」布地にはほとんど魅力がなかった。チュールや透明な布地の代わりに、一八八〇年代までに燃えにくく重いシルクやビロードが着られるようになったが、労働者階級では危険な新製品が人気を獲得しつつあった。成人女性の服に引火する事故は相変わらずときどき発生したが、新たに製品化された布地の犠牲者は罪のない子どもたちだった。

「貧しい子どもの埋葬布」——邪悪なフランネレット

「邪悪なフランネレット」という言い回しは奇妙に見えるが、一九一一年のニュージーランドの新聞記事の大見出しに実際にあったものだ。[72] 現代の読者は「フランネレット（綿ネル）」にノスタルジーを感じるかもしれない——底冷えする冬の夜、柔らかなパジャマに包まれて眠ったことなどが思い出されて。だが、二〇世紀初めの頃、毛織物のフランネルに似せて綿で開発されたばかりのフランネレットは、恐怖と道徳的怒りをひきおこし、イギリスでは新たな保護的法律が成立するに至った。天然羊毛の主要な製造輸出国のニュージーランドにとって、この綿の生地は二つの点で邪悪だった——人々にも輸出にも損害を与えたのだ。イギリスでは新聞が、もっと直接的なリスクを警告した。クリスマス直前に『スペクテイター』誌は「燃え上がるフランネレット」と題する寄稿を掲載した[73]。上流や中流の階級ではクリスマスに施しとして衣類を提供するのが習わしになっていたが、論文は読者に対して、善意のプレゼントが死を招く贈り物にならないように、化学的加工で燃えにくくした「パーキン博士のノンフラム」という特定のブランドの服を買ってほしいと要請した。そして「どこにでもある肌触りがやさしく着心地の良さそうな、安価なフランネレットが、子どもに恐ろしい危険をひきおこした事例」を引き合いに出し、フランネレットのほとんどは「紙のように燃え上がる」のだと説く。ノンフラムは未加工の生地よりもいくらか高かったが、「わずか数ペンスのために、冬が深まるにつれ、この『罪のない子どもたちの火災による惨劇《ホロコースト》』が週ごとにますます増えていき、着心地の良いはずの小さな服はそれどころか、残念ながら貧しい子どもたちの埋葬布になっていくことがあまりにも多かった」のだ。一年後、リヴァプール市の検死官が、フランネレットは「皮膚に付着して、通常の布地のように簡単に除去できないので、ショックがひどくなり、熱傷(やけど)は広範囲に及ぶ」と警告を発した[74]。こうした事例研究によって、寒さから身を守る布地がどのようにして着用者を火の危険に晒して、衣類に着火し、法律論争をひきおこしたのかが分析されている。そしてそれに刺激されて、すみやかに科学的革新が進められ、イギリスで最も弱い人々の保護を目的に試験方法が標準化された。

　そもそもは、毛織物のフランネルが高価な布地だったので、半分以下の値段でできる安い模造品が現れて、それに、心地よく響く縮小語尾がつけられて「フランネレット」と呼ばれるようになったのだ。上質のフランネルは厚くて丈夫で、着ると暖かかったが、労働者階級の人々には手が届かない価格だった。フランネルの生地は両面が起毛しているおかげで、ほとんどフェルトのような性質を示し、体の熱を逃しにくかった。セントラルヒーティングなどない時代に、フランネルの服は体を寒さから守り、さまざまな病気を治すものと考えられていた。フランネルの「健康ベスト」とペチコートは下着として人気があり、特に子どもや高齢者、病人や体の弱い人々に好まれた。一八七一年には『ブリティッシュ・メディカル・ジャーナル』が「デュランド博士の健康フランネル」を宣伝した。これを推薦したのは、あるベルギーの医師だといわれている。「リウマチ、神経痛(頭痛)、坐骨神経痛、胸膜痛、腰痛などの事例で、有効性を検証した」ので、「これらの病気に対する予防と治療のどちらのためにも自信をもって推薦する」ということだ[75]。このように健康には良いが古めかしそうな特徴が、イギリスのアイザック・クラックシャンクによる一八〇七年頃の風刺画に描かれている(**図13**)。この『ご婦人がたへのヒント――あるいはフランネル医師の訪問!』では、ピンク色のきれいなドレスを着て凝った頭飾りをつけた女性に、肥満した赤鼻の博士が黄色いアンダースカートを差し出している。どうやらこの女性のジェニーというメイドが、「奥様が腰下あたりの冷えについて愚痴をこぼしていた」のを医師に伝えていたらしい。女性はフランネル医師(社会的地位が彼女より明らかに低い)に対して、「私に腰下の仲間などおりません!」と抗議している。彼女は、腰下について警告する医師の性的なほのめかしも、彼女の言う「みっともなくなる」下着も拒絶している。イギリス摂政時代［訳注：イギリスにおいて、のちのジョージ四世が摂政王太子として統治した一八一一年から二〇年頃の時期］の繊細なエンパイアガウンドレスは、毛織物のかさばるペチコートを下に履くと、健康に良いとはいっても、いかにも不格好な見栄えになっただろう。

　この当時、肌寒さはつねに医学的な関心事であり、冷たい空気には病気の可能性が伴うと考えられていた。クレスピ医師は、「病気を防ぎ、多くの人を死なせないために毎年行っている方法は、念入りに暖かい服を着せることによって体の弱い人々を……寒さから守ることだ」とア

図13　アイザック・クラックシャンク、原画はウッドワード［訳注：ウッドワードの原画をアイザック・クラックシャンクが版画作品にしたもので、原画作家が目を通してサインをしている準オリジナル版画作品］、『ご婦人がたへのヒント——あるいはフランネル博士の訪問！』、彩色銅版画、1807年。Wellcome Library, London.

ドバイスした。また、「病気になりやすい人はフランネルの服を身に着けると赤痢やイギリスコレラの感染を防げるだろう」とも言っている。[76]健康的で癒しの布地であるというフランネルの評判によって、安価な代用品であるフランネレットの人気は確かなものになった。この新しい布地に言及した記述で私が見つけた最も古いものは、一八七七年の『マイラの服飾ジャーナル』の記事だ。[77]「大都市の新たな消費者」を対象として一八七五年に創刊されたこの雑誌[78]の女性読者は、C・ウィリアムソン社が「白鳥の羽毛のように柔らかくて着心地が良い」と宣伝したフランネレットのような新しい生地を進んで購入したことだろう。

　フランネレットは快適で安価だったうえ、ウールのフランネルのように洗うと縮むため頻繁に洗えなくて悪臭を放つ、ということもなかった。[79]一八九七年の記事は、フランネレットが急速に受け入れられたことに触れ、「現代的な産業の歴史で、フランネレットほど短期間に広く使用された織物製品はなかったと言っていいだろう。フランネレットという名前は今ではよく知られているが、一五年前にはほとんど知られていなかった」と伝えている。[80]一九一〇年代までにはウールのフランネルの大部分がフランネレットに置き換わり、『ランセット』誌によれば、「快適で癒しとなる」模造品は、すべての階層の人々によって身に着けられ、その良さが認められたことがわかる。[81]とはいえ、ウールのフランネルは目の詰まった動物性タンパク質繊維なので、実質的に耐火性があるのに対し、植物由来の綿の生地は火がつきやすく、なかでもフランネレットは特段に燃えやすかった。フランネレットはキャラコ（平織りの綿）の布地で、表面を傷つけて「梳く」

あるいは「起こす」ことで起毛させる。すると「薄くした脱脂綿にどこか似ているふわふわした細かい繊維で覆われるようになる」のだ[82]（**図14**）。起毛した生地は、羽毛や動物の毛皮に比べて柔らかく、着ると暖かい。だが、火花が付くと表面でぱっと燃え広がり、「炎はとてつもないスピードで綿の表面全体を覆いつくす」[83]。フランネレット工場についての記述からは、着用者よりも労働者のほうがよく守られているまれな製品だったことがわかる。生地を起毛させる部屋は「耐火性で、さらなる予防策として、各装置のわきにホースが備えつけられている」とのことだった[84]。『ランセット』誌に掲載された熱傷（やけど）についての論文は、この問題を性差に基づくものとしてとらえ、統計的分析に基づいて少女の衣類を非難した。三歳までは男の子の死亡率が急激に上昇しているが、ヴィクトリア時代およびエドワード時代に乳幼児は男女でまったく区別のない服を着ていた。男の子は四歳ぐらいで男性の服装になったとき、つまりズボンを履くようになったときに死亡率が急に下がって、まもなくほぼゼロになった[85]。それとは対照的に、ゆったりした服を着るようになる女の子は、死亡率が四歳から五歳までのあいだでは男の子の二倍、一五歳から二〇歳までのあいだでは八倍になっていた。

図14　左：キングコット社サンプルブック、起毛されたフランネレットの三角形の材料見本付き、39サンプルと小さいサンプル1点、1915～20年頃、ナンバーF270, 920.95.23。上：キングコット社サンプルブック（920.95.23）のフランネレットサンプルの拡大写真。Royal Ontario Museum © ROMより許可を得て掲載。

差は歴然だ。たとえば、一九〇六年から一一年までの期間に熱傷が原因で五歳から一〇歳までの男児三八九人が死亡したのに対し、同じ年齢の女児で亡くなったのは一四二七人だった。ブレンド医師は、労働者階級の女児が薄い布地を何枚も重ねて着こんでいることを指摘した。

> 女児は最悪の状況だ。まず、厚いベストと膨らんだフランネレットのシュミーズを着ている。次に、フランネレットドロワーズは、コルセットのようなもの——しばしば骨で張りをつけていた——の上か下にはく。それからギャザーかプリーツのついたペチコートを二、三枚、重ね着する。……この上に、膨らんだドレス（キルト製のことが多い）とエプロンを身に着けている。……薄い素材が空気を挟みながら重ね合わせられており、おそらくこれ以上燃えやすい着方はないだろう。エプロンの角に火がついただけで、たちどころに小さな犠牲者は火だる

まだ。それに比べると、男の子の布製半ズボンと、ジャージーセーターやコートといった服装の引火性ははるかに低い(86)。

フランネレットの害悪をめぐる医学的議論は、労働者階級の家庭での危険という、もっと大きな議論の一部だった。労働者階級では母親が忙しくしているあいだに、放任された子どもが焼け死ぬという事故の問題が非常に深刻だったため、保護的な法律が作られた。当時の政府は、徴兵のために国民全体の健康を懸念し、ボーア戦争による消耗に悩んでいた。労働者階級の母親は子どもたちの健康な育成に関わるとみなされ、家庭環境が公共機関に規制されたり慈善団体の調査を受けたりするようになった(87)。こうした母親への関心は、一八六〇年代に起こった社会的変化の一部だった。かつては単なる悲劇的な事故とみなされていた事故死が、直接的に「母親の不注意のせい」になり始めて、統計データが集められた(88)。中産階級の子どもたちは、住み込みの女性家庭教師や乳母に世話をされていたので、こうした事故に遭うのはまれだったが、労働者階級の母親は、子どもたちだけを残して、あるいは年長の子どもに託して家を空けることが多かったのだ。

別の要因は、火に対して無防備だったことだ。小さく狭苦しい労働者階級の住宅では、直火や石炭で調理しており、子どもが近寄るのを防ぐ火よけ用衝立は、貧困ラインに近い家庭にとっては高価だった。一九〇一年の政府のチラシでは次のように警告されている。「一八九九年から一九〇一年までのあいだに、やけどにより死亡した一六八四人の幼い子どもの検視が行われ、そのうちの一四二五件では、やけどの原因となった火から子どもを守る衝立は設けられていなかった(89)」。一九〇八年までに子ども法案の第一五条は成立し、家庭で火よけ用衝立を使用せずに子どもが焼死した場合には、家族に罰金が科せられることになった(90)。とはいえ、悲しみに暮れる母親には、陪審員や、ときには裁判官も同情を寄せたため、罰金が科せられることはまれだった。その後も、引火性の衣類とむき出しの火の組み合わせによる死亡事故が起こっていたため、特別委員会と検死官委員会は相次いで「衣類品へのフランネレットの使用から生じる危険」に関する報告書を発表した。それらでは検死官や製造者、医療関係者に対して質問がなされていた。一九一〇年の報告書では、「女性や子どもはスカートやドレッシングガウン［訳注：パジャマの上に着る、長くてゆったりとした部屋着］が火に接触すると……やけどで死亡することもある」と記載されて

いるにもかかわらず、委員会は、「問題はいずれ、おのずと解決することが期待される」から「法律制定を推奨しない」ということだった。[91]メディアが問題を大げさに伝えていると言いたてる懐疑的な人々もいたが、一九一一年までには戸籍本署長官の年次報告書のコラムで、特にフランネレット起因の死亡事故を扱うようになった。ロンドンの『タイムズ』紙の記事「想定される発火の危険」は、この危険を軽視して、フランネレットによるやけどで死亡した子どもは一九一二年と一三年で「それぞれ七三人と六七人」だけだとしているが、現代の読者にはそれでもゾッとするような数字だろう。[92]政府関係者や、ほとんどの商用生地メーカー、小売店の無責任な姿勢は、残念ながら、それより五〇年近く前の帽子産業における水銀やマチルダ・シューラーのヒ素中毒死など、そのほかの危険に対する当時の姿勢を思い出させるものだ。

「検死官も強く推奨しています」

ウィリアム・ヘンリー・パーキン・ジュニア（一八六〇〜一九二九年）は、一八五六年にアニリン染色によるモーブを発明した有名な化学者の長男である。父親同様に有機化学者で、一九〇〇年頃、ホイップ・ブラザーズ＆トッド商会というマンチェスターの大手綿布製造会社に雇われた。会社で最も儲かっている商品が販売禁止になる恐れがあり、その対策のためだった。一般市民がフランネレットを激しく非難する声は、少なくとも一八九八年という早い時点から上がっていた。当時マンチェスターの検死官シドニー・スメルトが、親は自分の子どもたちに厳しく目を光らせ、フランネレットを着せないようにすべきだと主張した。それは「火に触れると火薬とほとんど同じぐらい危険」だからだという。パーキンを待っていたのはヘラクレス的な大仕事だった。綿布を錬金術さながら、毛織物と同じ品質と安全性を持つ布地に変えなければならなかったのだ。彼の化学的処理によって、生地の手触りや耐久性、色、デザインを損なったり、ヒ素やアンチモン、鉛のような毒を含んだりすることは許されなかった。そして、生地は処理された状態をいつまでも保ち、苛性石鹸や市販の新型洗濯機を使って五〇回かそこら洗濯しても落ちないようにして、さらに、最終的には労働者階級の消費者が買えるほど安くしなければならなかった。[93]

パーキンの研究助手の記述によると、解決に至るまでに彼らは一万回を超える燃焼試験を実施したという。フェロシアン化物、亜ヒ酸化合物、アンチモン酸化物、鉛酸化物を含め、毒性があろうがお構いなく、ほぼあらゆる種類の化合物でテストしていき、スズ化合物により布地を難燃化しつつ水には溶けないことを実現した。最終プロセスでは、生地をスズ酸ナトリウムの水溶液にくぐらせてから熱して、次に硫酸アンモニウムに通した。奇跡的にも、このプロセスで布地はいっそう柔らかい触り心地になり、同時に丈夫にもなった。これは、しばしば住宅火災の原因になっていた薄い綿モスリンやレースのカーテンなど、ほかの織物にも使えた。大きな問題は、スズそのものが非常に高価だったことだが、ホイップ・ブラザーズ＆トッド商会はそれから数年のうちに、新製品を「パーキン博士のノンフラム」という商品名で市場に送り出した。パーキンは化学者として、この発明を携えて第八回国際応用化学会議に出席した。ニューヨーク市立大学で行われた彼の講演では、ペチコートの花火の話がハイライトだった。

彼は、色褪せた古いぼろきれを手提げかばんから取り出した……黄色いペチコートのみすぼらしい断片である。それはマンチェスターのある洗濯婦の娘が四年間ずっと身に着けていたものだ。手洗いで二五回、洗濯機で三五回の洗濯を経て、アルカリ性石鹸と酸性石鹸に翻弄されて、計り知れないほど厳しい扱いを受けてきたが、……

パーキンの非可燃性を当初のまま維持しているという保証つきだった。明かりの火が近づけられて、そのペチコートに触れた。聴衆は固唾をのんだ。しかし、警告が必要なことは生じなかった。ペチコートはそのまま、別の講演でも使えるだろう……糸一本も燃えなかったのだから。[94]

出席者たちには実際の布地の入った生地見本の冊子が配られており、「マッチを擦るのに風が強すぎないように大学構内のあちこちの片隅」で、出席者おのおのが見本の布地を自分でテストしたが、「知られる限りでは、講演者の評判が落ちることはなかった」。

パーキンが舞台上で示したペチコートのテストと同様に、イギリスの防火委員会が出版した一九一〇年の小冊子『繊維製品の燃焼試験』には、ノンフラムの難燃性の記録が収録されている（**図15**）。三種類の繊維製品の着火と燃焼の速度が写真とともに示されている。委員会は、ノンフラムのフランネレット、通常のフランネレット、ユニオン社製のウールのフランネルを比較して、「燃焼速度」、つまり繊維製品に着火してからそれが燃え尽きるまでの速さを測る目的で、本格的な標準検査を初めて開発したらしい。この方法によって、「多大な労力や負担なく、平均的な知能を持つ男女の」公的検査官なら誰でも実施できるように設計された検査を行って、若干の繊維製品を「非燃焼性」として分類することができた。[95] ストップモーションの写真を考案したジュール・マレーやエドワード・マイブリッジと同じように、検査官たちは指定の時間に作動するカメラを使って、繊維製品が炎を上げて燃えていく（あるいは火が消える）様子を記録した。試験サンプルと服を石鹸と水で洗ってアイロンがけすることを一〇回繰り返したあと、立っている女性の体を再現したマネキンをワイヤーに吊り下げ、ナイトドレスを着せて、その裾に火をつけた。差は驚くべきものだった。着火から二分でノンフラムのフランネレットのドレスには右下部分の裾に小さく穴があいたが、それに対して通常のフランネレットは半分の時間で燃え尽きそうになっている。写真のマネキンは「頭」にあたる部分が、燃え上がる炎で不気味な様相を呈している。

ホイップ・ブラザーズ＆トッド商会の商品宣伝用絵葉書は、さらに甘ったるいアプローチだ。そこにはバラ色の頬をした女の子が、階段の上で人形と、目を大きく見開いた縞模様の子猫を抱えている絵が描かれている（**図16**）。手に持っている燭台から、蝋燭がフランネレットのナイトドレスの上に落ち、それを拾おうとして女の子は腰をかがめている。キャプションには、「なぜ彼女は火が燃え移るのを恐れないのでしょう？ それはノンフラムを着ているからです。この生地は耐火性を持ち、無菌で着心地が良く、検死官もこれを強く推奨しています」とある。現在のリスク回避の時代に、検死官の推奨が宣伝になる子ども用製品など想像し難いが、この宣伝文から再認識されるのは、検死官があまりにも多くの黒焦げになった子どもの遺体を見たということだ。

パーキンは検証可能な形で難燃性の布地を開発したが、すべてのメーカーがホイップ・ブラザーズ＆トッド商会のように几帳面だったわけではない。パーキンの製品が販売され始めると、まもなく安物の模造品が市場にあふれたのだ。[96] 難燃性と言われた安物も、買ったときには耐火性があったかもしれないが、その多くはたった一度の洗濯でふつうのフランネレットとまったく同じぐらいの燃えやすさになった。ランセット研究所で

図15 左ページはパーキンのノンフラムのフランネレットで、120秒後には裾に小さく燃えた部分が確認されるだけだが、通常のフランネレットは半分の時間（60秒）でほぼ全部が燃え尽きようとしている。『繊維製品の燃焼試験——委員会報告書』の折り込みページ、イギリス防火委員会、1910年。Wellcome Library, London.

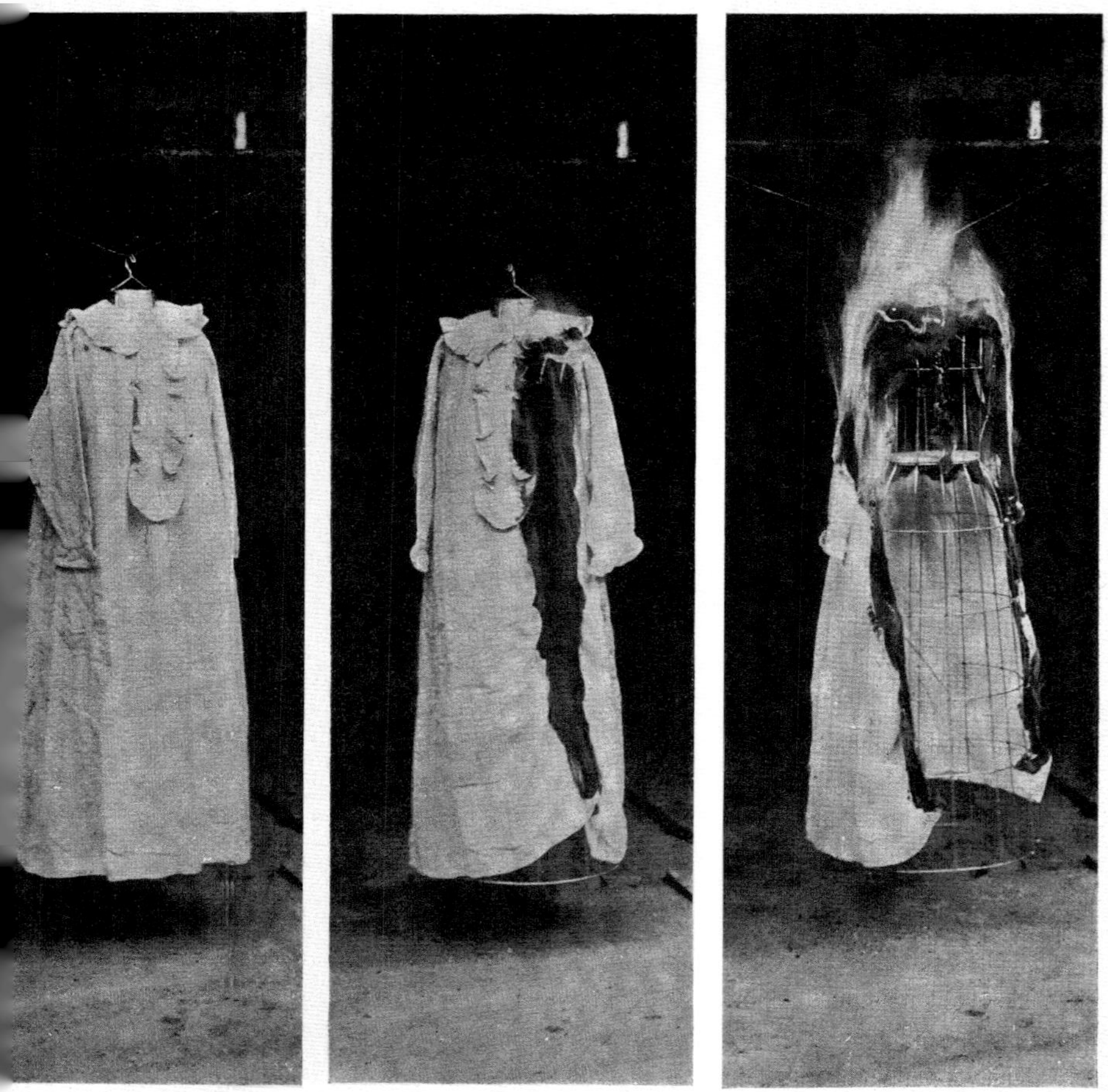

Before Test. At 30 seconds. At 60 seconds.

FLANNELETTE (ORDINARY)

TESTS.

(*Folder opposite p.* 45.)

DEMONSTRATIO

Before Test. At 30 seconds. At **120** seconds.

FLANNELETTE (NON-FLAM COMMERCIAL).

VIEWS TA

If you cannot get NONFLAM, the only flame proof Flannelette (Dr. Perkin's NONFLAM) do not
accept a substitute, but write Patentees, WHIPP BROS., & TOD, Ltd., 10, Aytoun St., Manchester.
Why is she not afraid ot being burnt?
Because she wears NONFLAM, the fire-resisting cosy, aseptic material, so strong'y recommended by Coroners.

は、一九一一年に燃焼試験を詳細にわたって実施した。一般の人々を守る法的措置がそれまでなかったことを懸念して、「非可燃性」として販売された一二着をサンプルとして検査した。その結果、一二着中の七着は安全で、四着は危険と判断され、残りの一着は数回の洗濯後に燃え上がったので、危険の疑いがあるということだった[97]。疑うことを知らない一般の人々に、燃えやすい繊維製品が不当に売られており、直ちに法制化が必要だと研究所は結論づけた。それからさらに二年後の一九一三年にようやく、繊維製品の虚偽記載に関する法案が可決された[98]。この法案には「繊維製品販売者が、非可燃性製品という表示を、そうでない製品へ記載するのを阻止すること」が唯一の目的だと言明されていた。自分たちの商品が法案のなかに特記されるのをフランネレットメーカーが嫌がったため、法案は「等しくすべての繊維製品に」適用された。そして、ホイップ・ブラザーズ＆トッド商会がノンフラムの研究開発に何千ポンドもつぎ込んでいたのだが、無償で特許権を国に譲ったことが法案に「非常に大きな幸い」として記載された。『エデュケーショナルタイムズ』誌に掲載されたある広告から、翌年にはそれが法律として施行されたことがわかる。ある織物製品の小売店で、販売員が客に通常のフランネレットを売ったときの販売明細書に「ノンフラム」の虚偽記載があり、店には三ポンドの罰金や代償が課され、その広告にはそれに対する謝罪が記されているのだ[99]。ジェイン・オースティンの時代のモスリンにせよ〔訳注：オースティン（一七七五〜一八一七年）は、一八〜一九世紀のイングランドの中流階級の家庭生活や結婚を題材に、人々の心理を描く写実的な長編小説を書いた〕、バレリーナのチュチュや、料理女中のクリノリン、子どもの着心地良いパジャマのいずれにせよ、燃えやすい生地が流行してから一世紀以上たってようやく、化学や企業、政府規制が、一般の人々にとってもっと安全な生地にすることを目指して動き始めた。

図16 パーキンのノンフラムフランネレットの宣伝用絵葉書、「検死官も強く推奨しています」、1910年頃。著者のコレクション。

第7章

爆発するまがい物

――セルロイドの櫛と人工シルク

第7章 爆発するまがい物——セルロイドの櫛と人工シルク

赤レンガの建物の焼けた正面《ファサード》には、そこで起こったばかりの死のドラマについて、手掛かりらしい手掛かりは見当たらない。ルイス・ハインが撮った写真では、建物が煤でひどく汚れていて、二階の窓の上にある文字がロバート（Robert）の「ROBE」だと気づくのも難しくなっている（**図1**）。一九〇九年一一月八日に、ニューヨークのブルックリンにあったロバート・モリソンのフィブロイド・コーム（櫛《くし》）工場を訪れたある工員が、むき出しのエレベーターシャフトに火のついたタバコをうっかり落とした。それが爆発をひきおこし、爆風とともに炎の柱が立ち上る。それから一五分後には九人が死亡していた。その一人がメアリー・ケップルという一五歳の少女で、「爆発の衝撃で吹き飛ばされたらしく」、通りに落ちてきた。「赤々と燃え上がるフィブロイドの断片がジュージューと音を立てながら、少女の服や顔、両手に突き刺さって」いて、その怪我によって少女はまもなく亡くなった。そのほかに命を落としたのはイタリア系移民がほとんどだった。五人は、適切な避難設備がなかったのが原因だった。最も悪質な安全基準違反は、鉄柵が設けられていた二階の窓だった。建物の裏手で、熱せられて赤くなり近づけなくなった柵の前で、消防士たちはなすすべもなく、犠牲者五人のうちの一人が窓に飛びつこうとして、「閉じ込められた犬のように後ろに落ちていく」のを見た。黒焦げの遺体で発見された二四歳のウィリアム・モリソンは経営者の息子で、父親を助けに戻り、会社の金庫のそばで倒れた。[1] この悲劇的火災には、やりきれない後日談もある。息子を失った経営者のロバート・モリソンが、悲しみに打ちひしがれて、その一週間後に自宅で自殺を図ったのだ。この爆発事故から一年半もたたないうちに、マンハッタンで発生したもっと有名な火災事故が、トライアングル・シャツウェスト工場火災で、衣服を作る労働者一四六人が犠牲になった。これも安価なファッションと危険な労働条件が根本原因だった。

有名なドキュメンタリー写真家で、児童労働に反対する活動家でもあったハインは、おそらく若いメアリーの悲惨な死を理由として、全米児童労働委員会からの依頼を受けて、現場を記録に残したのだろう。だがハインは、火災の危険に関する事情をまったく知らなかったわけではない。さまざまな工場にしばしば火災調査官を装って近づき、また自分の物議を醸している写真が、自分に敵対する児童労働支持者に燃やされることを恐れて、細心の注意を払ってネガを耐火性にもした。[2] そうせざるを得なかったのは、一九世紀後半から二〇世紀初期に写真や映画で使われたフィルムが、可燃性の高いモリソンの「フィブロイド・コーム」とほぼ同一の材料でできていたからだ。ハインの写真のありのままの美は、火災をひきおこした櫛の装飾的美しさが偽りであることを示す。本章で示すように、贅沢品を模造した新たなプラスチックと人工の繊維（化学繊維）は無数の動物を救ったが、そうした模造品の作り手や売り手、それを身に着けた人々を傷つけたのだ。

フィブロイドは、セルロイドと呼ばれることのほうが多かった。これは、天然材料から人工材料へという一九世紀の大きな動きの一部だった。パーキンによるアニリンモーヴの発見によって、ヨーロッパの国々は化学染料の輸出国となり、輸入していた高価な天然染料や天然色素への依存度が低くなった。動物は食糧や皮革、毛皮のために地元で飼育されたが、装飾品に使うだけのために狩猟の対象になり、撃ち殺されることも多かった。流行の需要によって、珍しい鳴き鳥や水鳥が剥製にされて帽子の飾りになり、絶滅の危機にさらされた──それらもまた、ファッションによる犠牲者だった。[3] だがヨーロッパと北米は今でも、動物を使った高価な製品のほとんどをほかの国々に頼っている。身だしなみ用品や装飾品、娯楽のための贅沢品、たとえば櫛やブラシ、扇、宝石箱、それにビリヤードのボールや「象牙をなでる」ピアノの鍵盤といったものは、輸入したゾウの牙やウミガメの甲羅を切り分けて使っていた。それ以前の数世紀間、北米のビーバーの毛皮がそうだったように、新たな土地を征服して植民地化することで、「未加工の」動物素材の供給源は開拓されたが、貪欲な需要はとどまりそうもなかった。カイコは昆虫で、繭というさなぎの状態で殺して、そこから光沢のある糸を取り出すものだが、ヨーロッパのカイコは、これと同時期の一八五〇年代に病気でほぼ全滅した。化学はこれを救うために呼び出された。

　一九世紀中盤に、科学者と起業家は植物性の素材と化学物質の新たな組み合わせで実験を始めて、綿と木材パルプを使って、革新的な「プラスチック」と化学繊維（人工繊維）を作り出した。本章ではまず、櫛やシャツの襟など流行のプラスチック製服飾品を、次に人工シルクを取り上げる。さまざまなサイズや形、色の多種多様な安い製品が欲しい、という当時の欲求を満たす完璧な素材がプラスチックだった。季節の移ろいにしたがって変化した獣毛フェルトの帽子のように、プラスチックは定義からして可塑《かそ》性がある。この言葉は、形作る、あるいは型で作るという意味のギリシア語 plastos に由来し、「圧力や熱によってさまざまな形にできる材料」と定義されている。[4] 琥珀や天然ゴム、ツノなど天然ものを含めたプラスチックは、この性質によって、たとえば石のような切ったり彫ったりしなくてはならない非プラスチックから差別化された。プラスチック材料には、人工物であることを強調するような商品名がつけられた。たとえばパーケシン、アイヴォリン、ザイロナイト、セルロイド、また、現在最もなじみ深いレーヨンもそれに含まれる。セ

図１　ロバート・モリソンのフィブロイド・コーム工場の火事、ブルックリン、1909年12月。National Child Labor Committee Collection, U.S. Library of Congress（写真：Lewis Hine）。

ルロイドという言葉に含まれる「オイド（-oid）」という接尾語は、オリジナルに似ている物を意味するが、不十分あるいは不完全な類似物という意味も含まれる。たとえばヒューマノイドは、人間もどきだ。セルロイドは原材料のセルロース、つまり植物に似たものなので、セルロイドの元である綿花や木材パルプと同様に最終製品もたいへん燃えやすい。化学者が硝酸で処理（ニトロ化）し、ショウノウと混ぜ、ほかの化学物質と結合させて最終物質を作り出した際は、ほとんど火薬と同じぐらい爆発しやすいものになったのだろう。そして、最も高度に硝酸処理されたものが綿火薬（ニトロセルロース）である。この製品につけられたほかの商品名のザイロナイト（木材を意味するxylosに由来）あるいはピロキシリン（火と木材を意味する言葉に由来）などが原材料の手掛かりになるが、この物質の燃えやすさの情報が広まり、火に関連づけることはまもなく避けられるようになった。

一八四五年に、ドイツ、スイスの化学者クリスチアン・シェーンバインは、妻の留守中に自宅のキッチンで実験をしていた。硝酸と硫酸をこぼしてしまい、それを妻の綿のエプロンを使って拭き取り、エプロンを乾かそうとしてストーブの前にかけた。エプロンは温まると自然発火して、跡形もなく消えてしまった。シェーンバインはこれを見ると直ちに、軍事に利用できそうなことに気づき、発見したものを綿火薬(guncotton) と呼んだ。著名な科学者仲間でイギリス人のマイケル・ファラデーに、「私は（そのプロセスで）この物質をどんな量でも作れます。これは、既知のものでは火薬に次いで最も燃えやすい物質に違いありません。……防御や攻撃の強力な手段としてうまく使えそうだと思います。貴国の政府に提供しましょうか」と手紙を書いた。[5] 次の世紀には、高度に硝酸処理された綿の誘導体は、多くの形で商品化された。ニトロセルロースをベースとする「無煙」火薬は、一八八四年にフランスのポール・ヴィエイユによって完成し、何百万もの死者を出す現代の産業的な戦争が可能になった。とはいえ、この化学合成が最も広範に使われたのは、危険ではあるが殺人目的ではないプラスチックの製造だった。

一八六二年にアレクサンダー・パークスは、自分の名前にちなんで名づけた初期のプラスチック「パーケシン」の商品化を試みたが、生産は軌道に乗らず、紆余曲折の末に会社の倒産で終わった。これとは別にもっと成功を収めた製法は、一八七〇年にアメリカのジョン・ウェスリー・ハイアットが、象牙製ビリヤードボールに代わるものを発明して、それに「セルロイド」という商標をつけた。こうした人工の象牙は、まさにうってつけの時期に現れた。ゾウが大規模に虐殺されて、牙がどんどん手に入りにくくなり、値が高騰しつつある一方で、需要は増え続けていたのだ。一八〇〇年から五〇年までにイギリスの象牙輸入量は、年間一一九トンから四五八トンに増えていた。一九世紀後半までに世界の年間消費量は一〇〇〇トンに届き、毎年六万五〇〇〇頭という信じ難い数のゾウが殺戮されるという有様だった。[6] 警鐘は鳴らされていた。たとえば、一八八二年の『ニューヨーク・タイムズ』紙は、「かつては『象牙海岸』として知られたギニアには、ゾウが以前は数えきれないほどいたが、今ではまれにしかいない」と報道した。[7] 消費者に及ぶ危険に比べ、ゾウが脅かされていた状況はあまり懸念されず、一八七八年のあるイギリスの漫画雑誌は「象牙の危機」をユーモラスな絵で警告した。男性のスカーフ留めが目の前で爆発し、ビリヤードボールが破裂し、女性は入れ歯が口から飛び出している。これらの物品は、絵の表現ほど危なくはなかった。そのほか多くの流行の品々についても同じことで、身に着ける人々よりも労働者のほうが危険に晒されていた。そして一八七五年に、初期のセルロイド工場の爆発事故で夜間警備員が死亡すると、『ニューヨーク・タイムズ』紙は「ベッドに向かうときには、歯が真夜中に爆発することはないと安心して信じていてよい」として読者を安心させた。[8]

図2 さまざまなセルロイド製品、多くはフランス製の象牙の模造品「アイヴォリン」、服装用や身繕い用、装飾品用、1920～30年代頃。Museum of Science, London.

セルロイドには二面性がある。ゾウの命を救って、流行りのすてきなアクセサリーやかわいいプラスチックのキューピー人形を作るのに使えるが、死亡事故の原因になったり計画的な殺人に利用されたりすることもあるのだ。かならずしも着火しやすいわけではないが、実際に火がついた場合には、摂氏八一五度という信じられないような高温に達して、火炎を噴き出す。この炎は、息の詰まるような黒煙と、青酸（シアン化水素）や、空気に触れると爆発する窒素酸化物など、極めて毒性の強いガスを伴う。ロンドンにあったセルロイド製グリーティングカード工場で働いていた八人の一〇代の少女を含め、多くの労働者が倒れたり死亡したりした原因は、火災ではなく、一酸化炭素中毒だった。炎を逃れて屋上の安全な場所に避難したと思ったときに倒れたのだ。[9]

　こうした潜在的な危険にもかかわらず、セルロイドは発明されてから数十年内に、ワードローブやオフィス、スポーツ分野、病院に入り込んでいた。五〇年余りのあいだ、製造業者は、ドレスや身繕い、娯楽のためのセルロイドの用具やアクセサリーを作り出した。シャツの防水加工の襟、ボタン、小物を入れる箱、ナイフや傘の柄、眼鏡のフレーム、義歯や義肢といったものだ（**図2**）。「ファンタジー」あるいはフランス語の「objets de fantaisie」という言葉に由来した「ファンシーグッズ」あるいは「ウェアズ（wares）」として売られたセルロイド製品には、「後ろ髪のための櫛や耳飾り、指輪、スカーフ留め、ブローチ、ブレスレット」などが含まれる[10]。一九四四年までに、一般消費者向けの「洗面用品」

の九〇パーセントがセルロイド製になった。[11]

セルロイドは一八七〇年代に使用され始めてから、男性用の取り外しできる「防水加工された」襟《カラー》、袖口《カフス》、「シャツブザム」［訳注：シャツの襟から胸までの部分だけ取り付けられるようになったもの］のコーティングとして使われた。新手の商品が無数に販売された。男性的イメージと階級的ステータスを示すために中心的役割を果たした獣毛フェルトの帽子のように、糊付けした清潔な白い襟は、身に着けている男性が中流階級であるというステータスを示すもので、ブルーカラーの農業従事者や肉体労働者が着ているデニムの襟とは対照をなすものだった。だが、白いリンネルを清潔で糊付けされプレスした状態に完璧に保つのは、熟練した洗濯婦がいなければ難しかった。シャツの襟に薄く上塗りする液体セルロイドに似て、それらを身に着けた男性も表面的に上品に装っただけで、この襟と袖口はボタンで付け外しされていた。中流階級下位の店員や会社員にはうわべを完璧に保つ資金はなかったが、セルロイドコーティングされた製品なら簡単な流し台で石鹸と硬いブラシを使って洗えた。一八九〇年頃のトレードカードの広告には、おしゃれだが実用的にも着こなしている人という考えが示されている（**図3**）。絵では、「年寄りの気に食わない求婚者」が、水まき用のホースから噴き出す水を掛けられている。アヒルの背から水が落ちるように、水は男性の袖を伝ってどんどん下へ流れ落ちているが、このめかし込んだ男性は、白いリンネルのシャツにきっちりとしたビジネス用の「サックスーツ」を着て、かかとのある靴を履き、片眼鏡をかけ、シルクハットをかぶり、葉巻をくゆらしながら平然としている。その向こうでは、愛する女性がハンカチに顔をうずめて泣いている。上流階級の人々はこうした衣服を堕落だとして眉をひそめたが、多くの男性や少年、後年には働く女性たちがこの防水加工品を喜んで取り入れた。だが、身に着けた人々を水から守り、地位をブルーカラーの労働者よりも上に引き上げたにもかかわらず、そうした服飾品は別の危険をもたらした。タバコや「安全」マッチの火が燃え移ったのだ。一八九七年にイギリスの一〇歳の少年がシャツのボタンを失くして、代わりにシャツをひもで結んでいたが、寝る段になって結び目がほどけなかったので、ひもを燃やして切ろうとした。するとセルロイドの襟に火がついて、「かわいそうな少年の首全体に火が回り、顔と頭に燃え移り、化合物が溶け出して、火のついたしずくになって着衣に落ち」、少年は首にひどいやけどを負った。[12] 襟が燃えた事故はほかにもあり、その原因には蝋燭やマッチ、クレオソート油（燃料）、そして拡大鏡の事例まであるが、軽い綿のドレスと同様で、櫛や装飾品など女性用のセルロイド製品のほうが大きな危険だった。[13]

二三歳だったフローレンス（チャールズ）・T・エリス夫人は、セルロイドのスパンコールで装飾されたドレスを身に着けてパーティに出席した。それは一九〇九年一二月三一日に開かれ、新年を祝うはずのものだった。会場の高級フランス料理レストラン「カフェマルタン」は、ニューヨークの社交界の人々の行きつけの店だ。パーティのさなかに、誰かがエリス夫人のドレスの裾のそばにマッチを投げ捨てたところ、「薄っぺらい」シフォンのタイトドレスが燃え上がった。[14]「その若い女性は勢いよく上がった炎に全身を包まれて」、窓に向かって走ったので、火がカーテンにも燃え移った。それから三日もたたないうちにエリス夫人は亡くなり、悲劇的なことに「一歳四か月の赤ちゃん」があとに残された。[15] 当時、イブニングドレスの飾りとしてスパンコールが大流行していた。写真はパリのファッションハウスのキャロ姉妹《スール》が仕立てた当時の最新流行の高級ドレスで、アメリカで着用されたも

図3　トレードカード、セルロイド製の防水の襟と袖、シャツブザム、クロモリトグラフ（石版多色刷り）、1890年頃。著者のコレクション。

CELLULOID
WATERPROOF
COLLARS, CUFFS &
SHIRT BOSOMS.
SUITORS NOT IN FAVOR WITH
THE OLD MAN SHOULD WEAR
CELLULOID WATERPROOF COLLARS,
CUFFS, AND SHIRT BOSOMS.

のだ（**図4**）。このきらきらと光る青いドレスは、エジプトのビーズ飾りからアイデアを得て、大きな模造宝石（ペーストと呼ばれる柔らかいガラス）と、並んだ正方形のスパンコールで装飾されている。[16] エリス夫人が亡くなったあと、婦人服メーカーは「セルロイドのスパンコールが」極めて危険であることを「認めて」、もっと安全な代替品で置き換えられていった。たとえば、ラインストーンやシルバーラインド・ビューグル（筒状の）ビーズが使用され、あるいは膠の一種でできたスパンコールが「強い火力でも融けて燃えない」からと用いられることもあった。[17] ドレスは命取りになりうるものだったが、セルロイドは最もおしゃれな富裕層女性と最も貧しい人々のどちらにも、セルロイド製の装飾的な櫛や機能的な櫛という形で、使用されたり身に着けられたりした。こうした製品は、初期のプラスチック産業の「バター付きのパン」、つまりおもな収入源だったのだ。[18]

模造品の婦人たち

毎日凝った髪型を作り上げるために時間をかけたり、長い髪をスタイリングしてくれるメイドがいたりする女性は、今でこそほとんどいないが、歴史的に見て上流階級の女性らしさとは、流れるような長い髪と同義だった。長い髪は「女性の栄誉」と考えられていたのだ。そうした理

図4 エジプトに影響を受けたキャロ姉妹のイブニングドレス、1909年夏。シルクのネットとセルロイドのスパンコールがついたシルクサテン、メタリックスレッドと模造宝石（ペースト）のラインストーン、細かいガラスビーズがついた綿のフィレレースのボディス。Gregg Museum of Art & Design, North Carolina State University, 2003.014.208. Susan Biggs と Myrta Spence の贈り物（写真：Doug Van de Zande）。

想的な美としての長い髪とともに、櫛は実用として役立つと同時に美しさの演出も兼ね備え、たった一世紀余り前には、多くの女性が「髪にさした多くの櫛という形で、数ポンドのセルロイドを身に着けて持ち運んでいた」[19]。櫛は女性の配偶者の有無を含め社会的な立場を明白に示して、通過儀礼を経たことを知らせるものだった。幼い少女から一〇代の少女までは髪を下ろして束ねていなかったが、既婚女性は髪を上げてピンで留め、価値の高い伝統的な結婚祝いの櫛をつけたのだ。本節では、櫛の人気と、原材料の供給のために殺されたウミガメの危機、「鼈甲《べっこう》」の模造品を製造した人々と身に着けた人々に起こった危険について取り上げる。フランスのオヨナにある「櫛とプラスチックの博物館(ミュゼ・デュ・ペーニュ・エ・ドゥ・ラ・プラスチュルジー)」のすばらしい展示で見られるように、櫛は髪を梳き、髪からシラミを取り、髪を飾るために、先史時代からあらゆる文化で使われてきた。

櫛メーカーは、木や骨、象牙、金属、動物の角など多くの材料を用いてきた。だが、すべての櫛で最も贅沢なのは、鼈甲から彫り出したものだ。この天然の「プラスチック」は、茶色と「ブロンド」のまだら模様や、磨き出されたつや、透明性ゆえに珍重された[20]。その最も精巧なデザインは、スペインの大きな「マンティーヤ櫛」［訳注：マンティーヤは、スペインやメキシコの女性がかぶるスカーフ］、すなわち鼈甲のペネイタ（スペイン櫛）で、アンダルシア地方に見られるものだ。このデザインは、ムーア様式のトレーサリー（狭間飾り）と木彫りの技術に着想を得たものだ。一七〇〇年代までに、櫛は髪型をシニョン［訳注：ポニーテールを丸くまとめて上げた髪型］にするときに上に付けられるようになり、ベールや、のちにはレースのマンティーヤを垂らしてかぶるときに、支えるために使われた[21]（**図5**）。見た目のすばらしさとは裏腹に、鼈甲はすてきなものとは程遠かった。鼈甲の櫛の材料は、現在、絶滅危惧ＩＡ類に指定されているタイマイ［訳注：ウミガメ科タイマイ属に分類されるカメで、学名は *Eretmochelys imbricata*］の背と腹の甲なのだ。ある雑誌は甲のことを「亀の皮膚」と呼んだが、それを採取する過程は極めてむごいものだ。カメを釣る、浜に上げて「ひっくり返す」、あるいは殺して熱い湯か油で茹で上げる[22]。ヨーロッパでは古代ローマ時代から鼈甲が宝飾品や化粧張りに使われていたが、タイマイが熱帯の海にすんでいたので、世界中から輸入されていた[23]。年間輸入量が、イギリスで一八七八年に三万キログラム（三〇トン）、フランスで一八七六年に四万二三〇六キログラム（ウミガメ一万七〇〇〇頭に相当）に上ったのと同時に、鼈甲の材料は一九世紀後半にどんどん値段が上がって、櫛の価格が一八七〇年から一九〇〇年までの三〇年間で三倍に跳ね上がった[24]。大規模な動物虐殺が起こっていた状況

図5　マンティーヤ櫛、スペイン製、鼈甲、19世紀後半。Robert Bollé の個人コレクション、Dépôt musée du peigne et de la plasturgie（写真：Florence Daudé – Oyonnax）。

で、セルロイドメーカーは自分たちが動物の命を救っているのだという考えに正当に乗じたといえるだろう。そして、イギリスのザイロナイト会社の商標は、嬉しそうなゾウとカメが後ろ脚で立ちながら「腕を組んで」歩いている姿が描かれている。

鼈甲が高価だったので、一八世紀という早い時期から、鼈甲と見せかけて畜牛の角を使う偽造が行われていた。牛の明るい黄色の角には、生石灰と一酸化鉛（有毒な硫化鉛）からできている黒色染料のペーストで、まだら模様が描かれた[25]。角と鼈甲はどちらも一八二〇年代から三〇年代にかけて人気を博し、当時はサイドカールの髪型のトップからそうした櫛がちらりと見えていたが、その後は、過剰に盛り上がった形の「キリン風ヘアスタイル」、「アポロ風ヘアトップ飾り」などと呼ばれる「ロマンチックな」ヘアスタイルを保つために櫛が使われた（**図6**）。だが、これら従来の材料に比べると、人工的に作られたセルロイドは、切る、成形する、磨くという作業がはるかに容易で、さまざまな色に染めることもできた。発明されてたった数年で、セルロイド製の安物アクセサリーが一般に売られるようになり、それを貧しい労働者から中流階級の人々までがこぞって買い求めた。初期のストリート・フォトグラファー、ジョン・トムソンは、一八七七年の『ロンドンの街頭生活』に「宝飾品屋（Dealer in Fancy Ware）」というタイトルで、路上販売の手押し車を写した写真を発表している（**図7**）。このドキュメンタリー写真と、それに添えられている口頭による証言から、セルロイドが販売され始めてからわずか一〇年後の一八七〇年代後半までには、セルロイドの櫛が大衆の人気商品になっていたことがわかる。トムソンは、ヴィクトリア時代の靴磨きや辻馬車の御者、古着商など労働者階級の商人、女性や子どもを、写真と文章で記録した。この写真では、櫛がいっぱい載っている木製の手押し車のわきに、ひげを生やした二人の男が立っている。トム

図6 上：E・ローラン、鼈甲の櫛をつけた若い女性のミニチュア・ポートレート、1820～30年頃。写真はSusan Deanの厚意による。所有者：Antiques & Uncommon Treasure.
下：職人が製作したホタテガイのような形をした本物の鼈甲のマンティーヤ櫛、1820～40年頃。The Spanish CombのNorma Lammontの厚意による。

図 7　ジョン・トムソン、アドルフィ・スミス著『ロンドンの街頭生活』から「宝飾品屋（「お宝」売り）」、1877 年。「女たちが求めているのは宝石もどきではなくて、貴婦人もどきになれるような宝石だ」。© Museum of London.

ソンは心から感嘆したようで、「街で売られている現代の『準』宝飾品は、驚くべきものだ。種類の豊富さ、芸術的な美しさ、本物の宝石や装飾品の見事な模造、そしてファッショナブルなデザインのいずれにおいても」と観察している。[26]こうした装飾品が、写真のなかで赤ん坊を抱いて手押し車のそばに立っている、汚れたエプロンをつけた女性のような人々を惹きつけたのは確かだろう。女性は、娘と思われるエプロンドレスの少女といっしょに商品を吟味している。名前は不詳の露天商の言葉をトムソンが記録したおかげでわかるのは、これらの品物が非常に魅力的だったために、顧客たちはときどき「靴や靴下を履いていない子どもを連れてやってきて、耳飾りやおしゃれな櫛に金を使って」いたことだ。だが露天商の最高の得意客は若い女性で、その一部は売春婦だったこともほのめかされている。「女らはほとんど裸になっても、流行りの髪型にして俺の売った櫛で飾っていさえすれば、満足している。靴からつま先が出ているときでも、下着を櫛と交換《スワップ》するんだ[27]」。商売道具が見た目だった女性たちが、目に見えない下着類を、目につきやすい装飾的な櫛に交換することは理に適っている。

一八八〇年頃の写真が、装飾美としての衣装と櫛との視覚的関係をとらえている（**図8**）座っている女性は口元に微笑みを浮かべ、ありとあらゆる女性らしい装飾品をごてごてとまとって着飾っている。シルクサテンのドレープ、チョーカー、カメオ、花飾り。そして、それらとは対照的な黒いレースのフリルが、袖と胸元、スカートに伸びている。そうしたアンサンブルの仕上げとして、幾分控えめとはいえ鳥の冠羽にも似た装飾的な櫛をつけている。一八八〇年代に実在した櫛からは、繊細な彫刻と美しい鼈甲のような効果が、新しいプラスチックを用いて実現可能だったことが見て取れる。

髪のなかに存在する命取りの危険

一般の人々はこの奇跡的な新素材を歓迎して受け入れたが、一八九〇年代までに医師らとメディアが、「髪のなかに存在する命取りの危険」として緊急の警告を発し始めた。[28]『ランセット』誌は、櫛を身に着けるという「野蛮な慣習」に起因する不慮の事故について説明し、階段から落ちて、櫛の歯で「串刺しされて」頭蓋骨を損傷した女性を引き合いに出した。[29]だが、それよりも火事の発生のほうが、フランネレットに関する不安と並んで日常的な気がかりだった。火薬と硝石（爆薬・花火・火薬用）のチーフエンジニアでフランス人のレオン・フォーシェは、一八八八年にフランスの幼い少女（「マドモアゼル・T」）の事例を調査した。少女が母親のアイロン用の熱い石炭ヒーターに向かって一時間ほどかがんでいたところ、少女の櫛が燃えたというのだ。[30]命は助かったものの、少女の頭にはかなり大きな白い傷跡が一生残ることになった。フォーシェは、こうした「パリの商品」の危険に対する一般の人々の関心を呼び覚ましたいと考えていたが、結論として、セルロイドは新聞が書き立てた危険からはほど遠いとした。イギリスでは、一八九二年にランセット研究所が体系的な試験を実施した。その結論は、模造象牙製ダイスボックスと、模造鼈甲ヘアピン、よく弾む玩具のボールは「引火性が高い」ということだった。[31]セルロイドは摂氏八〇度から九〇度で柔らかくなり、打ち延ばして形を変えられ、職人が作業しやすくなった。だが水が沸騰する一〇〇度では、火から一五センチメートルほどのところ

図8 上：装飾的なセルロイドの櫛を身に着けている女性、キャビネットカード写真、1880年頃。The Spanish Comb の Norma Lammont の厚意による。下：模造の鼈甲の櫛、1880年代。著者のコレクション（写真：Suzanne McLean）。

に置いたヘアピンが、わずか四分で「急速に燃え尽きた」という。そして、「それ（ヘアピン）の一般的使用は安全ではない」と警告している。一八九八年に、当時人気だった『ガールズ・オウン・ペイパー』という一〇代の少女向けの新聞でさえ、家で使われていない暖炉の中に自分の櫛を置いて発火させるという科学的なテストを自分でするように勧めている。記事の筆者は、「そうした櫛はほんとうに美しく、そのために購買欲をそそるのは残念なことだ」と嘆いている。[32]

セルロイドの人気が高まると、安価で、化学的に不安定な合成品が市場にあふれ、火災事故が増えていった。一九〇二年にアバディーン大学の外科学欽定教授のアレクザンダー・オグストンは論文で、「セルロイドによる熱傷（やけど）は、決して珍しくないように思われる」と書いている。[33] 火花や炎に触れなくても、赤く燃えている火の前に跪《ひざまず》くだけで、櫛と髪に着火したのだ。オグストンはⅢ度という深刻なレベルのやけどを負ったスコットランドの女性患者の主治医から重要な「物質的」証拠を得た。その女性は治癒に数か月かかり、頭皮の一一センチメートル以上にわたる部分には一生髪が生えなくなった。化学分析のためのサンプルとして、オグストンは医師から女性の櫛のいくつかの断片と、医師の女性家族が持っていた類似の櫛を譲り受けた。一つの断片は、摂氏一二八度というさほど高くない温度で発火した。これは暖炉からおよそ一・八メートルの位置でも達する可能性のある温度だ。低コストで製造されたセルロイドが低温で発火するように、オグストンには思われた。怪我を負った女性の櫛の一部を鋼のハットピンに触れるようにしたとき（事故のときに女性がつけていたピンと同じ状態）、この金属から熱がよく伝わり、セルロイドが九三度という低い温度で発火した。別の断片を黒い髪で包んで、櫛が使われる実際の条件を再現すると、八二度で発火し、さらに子どもの金髪の巻き毛では、発火点が七五度にまで下がった。同じ一連の温度で、高品質のセルロイドで実験すると、サンプルは柔らかくなったものの、発火はしなかった。オグストンは、「成分不明で危険な爆発をしかねない品質のセルロイド商品が、いたるところで販売され、日常的に使用されている」と結論した。そしてセルロイドには目立つように「発火性」という言葉を表示するべきだと考え、不燃性セルロイドの法制化と開発を望んだ。[34] オグストンの論文からわずか数か月後に貴族院で問題が提起されたが、セルロイドの売り上げにマイナスの影響を及ぼすとして、国務大臣は法律による規制をしたがらなかった。人々に警告を発するために、慈善事業では救世軍が広報紙『ときのこえ（*War Cry*）』で、蝋燭から女性の櫛に火がつくという記事を掲載した（**図9**）。

Dangers of the dressing-room
It is at all times a dangerous practice to use an unprotected light on the dressing-table, but more so if your brush and comb have any celluloid about them. In an instant, before you are aware of it, they may catch alight

図9　火が燃え移る櫛、『ときのこえ』、救世軍、1912 年。The Salvation Army International Heritage Centre, London.

セルロイドは一九二〇年代初期にようやく規制されるようになった

が、それでも多量の在庫を持つことを禁止しただけだった。[35] 消費者の不安を鎮めようとして、動物の角から櫛を製造するメーカーは、セルロイド製から差別化する「本物の角」という印を商品につけ始めた。フランネレットと同様に、いわば「ノンフラム・セルロイド」が開発されて販売されたというわけだ。[36] のちの検査で、こうした小さな美しい品は決して無害ではないことが確かめられた。一九二〇年代に一人の化学者の実験によって、平均的な櫛に含まれる五グラムのセルロイドは、燃焼によって有毒ガスを発生し、それが成人一人の致死量に達することが示されたのだ。[37]

多くのやけど被害と住宅火災が発生したとはいえ、それよりも「安売り店」や、大量の原材料や製品を蓄えているセルロイド工場の火災で、はるかに多くの死傷者が出た。[38] ヨーロッパや北米では工場労働者たちが命を落としたが、イギリス政府はセルロイド工場とザイロナイト工場の死亡者数の増大にもかかわらず、プラスチックが爆発物であることを公式には認めようとしなかった。[39] いくつかの防御策については、独自に導入する工場もあった。イギリスのザイロナイト会社で働いていたハリー・グリーンストックの記憶によると、現場での喫煙は「犯罪だった。パイプやマッチを持っているのが見つかるとその場で解雇された。定期的に所持品検査が行われて、上着はくまなく調べられた。裏地さえ検査された」という。[40] こうした対策は極端に思えるかもしれないが、モリソンのフィブロイド・コーム（櫛）工場で起こった爆発も含めてセルロイドによる多くの死亡事故は、マッチやタバコを不用意に捨てたことが原因だった。

美容院や床屋、宝飾店も危険だった。そうした店では、新しい大きな磨き板ガラスの窓（日光を集める鏡のついた窓もあった）の内側に櫛を陳列していたので、暑い夏に櫛が自然発火した。[41] 工場の火災は数えきれないほど発生したが、アメリカのモリソンの工場での大惨事から一か月余りのちには、イギリスで最大のデパート火災が発生した。ちょうどロンドンがクリスマスの買い物で混雑している時期で、火元のデパートのアーディング＆ホッブスには五〇の売り場がひしめき、六〇〇人の従業員が働いていた（**図10**）。販売されていた無数のセルロイド商品が燃えて建物が全焼し、近隣の店舗と住宅の四〇軒も類焼した。火災の発端は、クリスマスのディスプレイでセルロイド商品がところ狭しと並べられ、コットンウールの「雪」でたっぷり飾られていたショーウィンドウの櫛を取ろうとした店員が、誤って電灯を壊したことで、そこから発火して、まわりの

図10 電灯が壊れて、セルロイド製の櫛に着火して燃え広がり、ロンドンのアーディング＆ホッブス・デパートが崩壊。1909年12月、*Illustrated London News*.

ディスプレイに火がつき、あっという間にそこらじゅうに燃え移って火の海になった。アーディング&ホップスは全館の電気が消えて「急に真っ暗になり」、客の母親や子どもたちが悲鳴を上げながら建物から逃げ出して、「一〇分後には各店舗がかまどのような熱さになった」[42]。勇敢な店員たちが客を集めて外へ避難させたが、多くの従業員たちはそれほど幸運ではなかった。九人が「炎のナイアガラ」と表現された巨大な滝のような火災にのみ込まれて死亡した。そのうちの一人のコックは、女性の同僚を助け出して「火の渦に落ちていった」という。何人かはパニックになって窓から飛び出し、消防士の張ったネットから外れて落ちた。激しく燃えさかる炎により、ある店員の遺体はひどく焼けていたため、「シャツの断片と特徴のある襟ボタンだけで」身元が確認された[43]。

オヨナ

セルロイドの火災は一九二〇年代および三〇年代になっても相変わらず犠牲者を出し、セルロイドよりも燃えにくい代替品が出るまでそれが続いた。そうしたなか、あるフランスの櫛製造の町で行われた取り組みは、ほかの国々の労働者が安全性の欠陥と社会的搾取に晒されていたのとは対照的な好例を示す。オヨナはジュネーブから約八〇キロメートル西にある町で、何世紀ものあいだツゲの櫛を生産していた。ここの土地の土壌が集約農業に向かなかったため、地域住民の多くは、巡礼者や兵士に売るためのツゲの櫛を作って生計を立てていた。一八二〇年代に動物の角を使った櫛に切り替えたのち、一八七八年のパリ万国博覧会に展示されていたセルロイド製品に町長が感銘を受け、町はセルロイドを取り入れて大量生産を始めた。オヨナは熟練の職人たちと革新的なデザインによって、「芸術的な」セルロイド櫛の世界有数の生産地になった。これらの櫛を製造したのは、小さくて結束力の強い、しばしば家族経営の工場だった。一八八〇年代後半までに、産業に電力を供給するために大型の発電機が近くに建造されて、オヨナはフランスで最初期に電気による明かりが灯った町の一つとなった[44]。一九〇二年には無事、町の外に町立のセルロイド工場を設立した[45]。有名デザイナーのオーギュスト・ボナーズは、当時パリのいくつかのオートクチュール店に櫛を提供していた。一九一〇年の一枚の写真が、オヨナにあった彼の櫛工場の発送部門の様子を伝えている（**図11**）。整った身なりの女性たちと数人の男性職員が山積みの髪留めとピンを箱詰めして、郵便で発送している。女性従業員はそれぞれ、髪をきちんとアップに整えて、少なくとも一つはかなり個性的な形の櫛を身に着けており、何人かは一人でいくつかの櫛をつけている。庶民のための手頃なセルロイドは、地域の社会構造をそのまま表していた。オヨナには地方貴族も、ブルジョワさえもいなかったのだ。そして町は一九一九年に一四人の社会主義者を議会に選出し、一九二一年には彼らは共産主義者になった。第二次世界大戦中には、オヨナはドイツに対するフランスのレジスタンスの一大中心地となった[46]。大規模な資本主義に対する起業家精神にあふれたレジスタンスと、火災の危険を寄せつけたくないという強い願いが、この町の性格と歴史のなかで結びついているのだろう。それは、オヨナの最も革新的な建物であるグロンド・ヴァプール（La Grande Vapeur）に、永久に、建築学的に表現された（**図12**）。

むき出しのままのコンクリートでできたその建物は、この地域で初めての模範工場として、一九〇四年に建築家オーギュスト・シャナールの設計により建てられた。中心のある円形構造をしており、櫛を洗うためにコンクリートの流し台が備えられ、流し台の両脇それぞれに「蝶の」羽が配置されていた。建物には電気が供給されている一〇〇の作業場［フランス語で「キャビン（cabine）」］があって、同時に三〇〇人に上る作業者を収容することができ、一九六〇年代まで使われた。この設

図 11　上：オーギュスト・ボナーズの櫛工場の発送部門、オヨナ、フランス、1910 年頃、Société Auguste Bonaz. Archives of the Musée du Peigne et de la Plasturgie, Oyonnax. 右：クジャクのセルロイド製マンティーヤ櫛、1910 年頃、Andruétan 社製、Oyonnax（写真：Florence Daudé – Oyonnax）。

計で最も重要だったのが作り付けの安全装置である。その一つは、実際に水の入った屋上の水槽だ。シャナールは、重力を利用して屋上から配管に水を流すという、巧妙なスプリンクラーの仕組みを作った。注水システムは、屋上の水槽から溝［「リゴル（rigole）」］を通して水を流し、わずかに傾いている床で下方へ向かわせ、各作業台の下を通らせて、外壁の穴から外へ流すことができた[47]。作業者たちも足元にバケツの水を置いておき、櫛が発火すれば、すぐにそれで消火した。このシステムは非常にうまくいったため、ひどい火災事故は発生しなかった[48]。換気のために数か所で窓が開いており、当時は珍しかったセントラルヒーティングさえあった。この建築によって櫛づくりの作業者は火災から守られたが、その一方で、出来高払いの労働者は自営の請け負いで保障がなく、頭のそばで使っていた駆動系の回転軸やベルトで「嘆かわしいほど」怪我をすることもあった[49]。また皮肉なことに、あれほど巧妙な安全対策をやってのけたシャナールは、火災の知識を用いて一九一九年に「発火装置」や「焼夷弾」のためのケーシングとヒューズの特許権を取った[50]。オヨナは社会的に革新的な性質を持っていたにもかかわらず、流行の圧倒的な移り変わりによって、なおも打撃を受ける。フラッパー［あるいは「ギャルソン

図 12　上：グロンド・ヴァプール内の櫛職人の作業場の完成予想図。この建物には作業台の下に水の流れる溝があり、またスプリンクラーが備えつけられている。オヨナ、フランス、1904 年。Archives of the Musée du Peigne et de la Plasturgie, Oyonnax. 下：グロンド・ヴァプールの屋上水槽。火事が発生すれば、即座に水が配管を伝って下へ流れるようになっている。1904 年。Archives of the Musée du Peigne et de la Plasturgie, Oyonnax.

図 13　オーギュスト・ボナーズのショートカット向けバンドゥー櫛、*La Coiffure et les Modes* 誌の広告、1924 年。Archives of the Musée du Peigne et de la Plasturgie, Oyonnax.

UPPLÉMENT DE LA
OIFFURE DE PARIS

14e AN
FÉV
1924

LA COIFFURE
et les Modes

ヌ（garçonne）」」のあいだで、長い巻き毛に代わってショートボブが流行り出して、町全体の経済が崩壊したのだ。オーギュスト・ボナーズのようなデザイナーは、あの手この手のマーケティング努力をして、バンドゥー櫛のヘアバンドなどショートヘア向けデザインの商品を出して対応したが（**図13**）、町がかつての繁栄を完全に取り戻すことはなかった。一九三〇年代には、町はベークライトやロードイド、ガラリスといった燃えにくいプラスチックの製造を続けていたが、セルロイドの人気が凋落していくこの頃には、ある贅沢品の材料の安い模造品が、ますます多くの有毒な遺産を残しつつあった。

人工シルク――レーヨンの誕生

ロンドンのイーストエンドの少女たちは、以前はよく偽のフラシ天とダチョウの羽根を身に着けていたものだった。今では、若い優雅なご婦人になって、人々もこのような女性がいとこか姪だったらいいのにと思うだろう。私はイーストエンドの少女らがおとなしくなったおもな要因の一つは人工シルクだと感じている。

カンタベリー大司教、一九三二年一〇月二四日[51]

シルク（絹）は歴史的に「ファッションの生地における揺るぎない女王」だ。[52] 一九世紀の化学者はいくつかの安い模造品を発明し、木材パルプを人工シルクに変えた。絹織物業界はこうした安い代替品に抵抗したが、一九三〇年代までに、歴史上重要な高級シルク製造の中心地、フランスのリヨンの町長が「シルクが女王であることに変わりはないが、レーヨンは女王にかしずく侍女だ」としぶしぶながら認めた[53]［訳注：レーヨンは人工シルクに後に付けられた名称］。一九五〇年代までにはオートクチュール店が、エレガントなボールガウンドレスに人工シルクを使うようになっていた。たとえば、一九五二〜五三年のディオールの「砂糖コーティングのブルー」のアセテート繊維サテン「パルミラ」ドレスがそれだ（**図14**）。これを着用したのが、エドワード八世に王位を捨てさせたウィンザー公爵夫人という女性で、レーヨンさながらに、女王にはなりえなかった女性だった。一七世紀以来、優れた科学者たちは、カイコの繭から作られる光沢のある高価な天然繊維を複製することは可能になるだろうと予想していた。[54] 一八五〇年代にフランスの絹産業は微粒子病によって大打撃を受けた。真菌

図14 人工シルク製のディオール「パルミラ」ドレスのスケッチ。Cahiers Bleus, *Complément Trimestriel de l'Officiel de la couleur, des textiles et des industries de la Mode*, 1952, no.5, planche p.25, Palais Gallira. Musée de la Mode de la Ville de Paris. © Galliera / Roger-Viollet.

類がカイコガの卵に寄生して、幼虫の大部分がこの病気になって全滅してしまったのだ。ヨーロッパは、日本や中国から高価なカイコの卵や紡ぐ前の絹を輸入せざるを得なくなった。そして一八五三年に二六〇〇万キログラムだった生産量が、一八六五年には四〇〇万キログラムにまで落ち込んだ。[55] ルイ・パスツールは「カイコを見たことがなかった」が、フランス科学アカデミーに、この得体の知れない流行病の治療方法を見つけてほしいと求められ、数年かけて体系的に実験を行って、微粒子病の原因を突き止め、養蚕者が病気の幼虫と健康な幼虫を区別する手助けをした。[56] ところが、絹産業が文字通り健康を取り戻しても、消費者の需要を満たすことはできなかった。一九世紀後半の化学工業の飛躍的進歩に伴って、「シルクの合成がいくつか成功して、矢継ぎ早に完成していった」。[57]

フランス東部の都市ブザンソン出身の化学者コムト・イレール・ドゥ・シャルドネは、パスツールのあとに続いて研究していた。一八八三年に友人の写真現像室でコロジオンを扱って仕事をしているときに、指に粘着性の物質がくっついた。古代ギリシア語の「粘りがある」という言葉に由来するコロジオンは、ニトロ化したセルロースをエーテルに溶かした粘性溶液で、ガラスのネガに被膜を作るために使用するのだ。[58] シャルドネがそれを指から剥がすと、シルクを連想させる糸ができた。[59] そして家族を楽しませるために、カイコに「なりすまして」自分の口からコロジオンの糸を引き出して見せ、自分の発見を披露した。家族は彼にフランス語で「カイコ」を意味する「ver《ヴェール》 à soie」(直訳すると「絹のイモムシ」)というあだ名をつけた。[60] 一八八九年のパリ万国博覧会までに、シャルドネは人工シルク紡績機の小型実用模型を作製した。小さなガラスチューブ、すなわち紡糸口金(スピナレット)から、このシルクが押し出されてくる。そこで女性従業員がフランス語で巧みにガラスとカイコを掛けて、「verres《ヴェル》 à soie」と名づけた(イモムシ ver とガラス verres は発音がよく似ている)。[61] 彼は紙パルプ製造業者の助けを得て、一八九〇年代初めまでに工場生産にこぎつけた。「ソワ・ドゥ・シャルドネ(シャルドネ・シルク)」と呼ばれたこの革新的な製品は、直ちに成功したわけではなかった(**図15**)。セルロイドと同様に人工シルクは、ニトロ化された紙パルプや、別のセルロース繊維あるいは植物繊維の材料から作られた。硝酸によって非常に燃えやすくなり、一八九三年にはいくつかの爆発事故や火災事故が発生し、シャルドネの工場と実験施設は倒壊した。従業員から死者が出なかったのが不幸中の幸いだった。[62] リヨンの絹産業界は安い製品と競合する可能性を懸念して、彼の発明の評判を貶めるために自分たちで話を作り出し、メディアを通じて「シャルドネ・シルクのドレスをあげていい相手は姑だけだ。火に近づけば燃えておさらばだ」と喧伝し、嵐に遭った女性はドレスが融けるか、ぼろぼろになって体から脱げ落ちてしまうだろうと警告した。[63] こうした妨害にもかかわらず、人工シルクは電球のフィラメントにうまく利用され、工場が多くの国に建てられた。そうした国の一つだったイギリスでは、アートシルクと呼ばれた。一八九〇年代半ばにイギリスの雑誌は、ヨーロッパの森林由来のシルクに驚いて、「(中国の)カイコを、どんな種類の材木によっても取って代えることができる」と声を上げた。とはいえ、悪徳小売商が人工シルクに本物のシルクを騙るラベルを付けて売ろうとするだろうとも心配された。[64] さらに言えば、天然のシルクでさえ、当時は混ぜ物をして品質を落としたり、金属化合物を入れて「重みを加えたり」もしたので、ほとんどの「本物の」シルクも疑わしかった。[65] 一九二〇年の『パンチ』誌の漫画には、売り物の靴下がシルクかどうかを尋ねているおしゃれなフランス人女性が描かれている(**図16**)。販売員は要領よく応対して、本物のシルクというわけではないが、「シルクと言われるもの(soie-disant《ソワ・ディソン》)」だと答えている。これは、曖昧さを表す「いわゆる(soi-disant《ソワ・ディソン》)」という言葉にかけたフランス語の駄洒落だ。このシャ

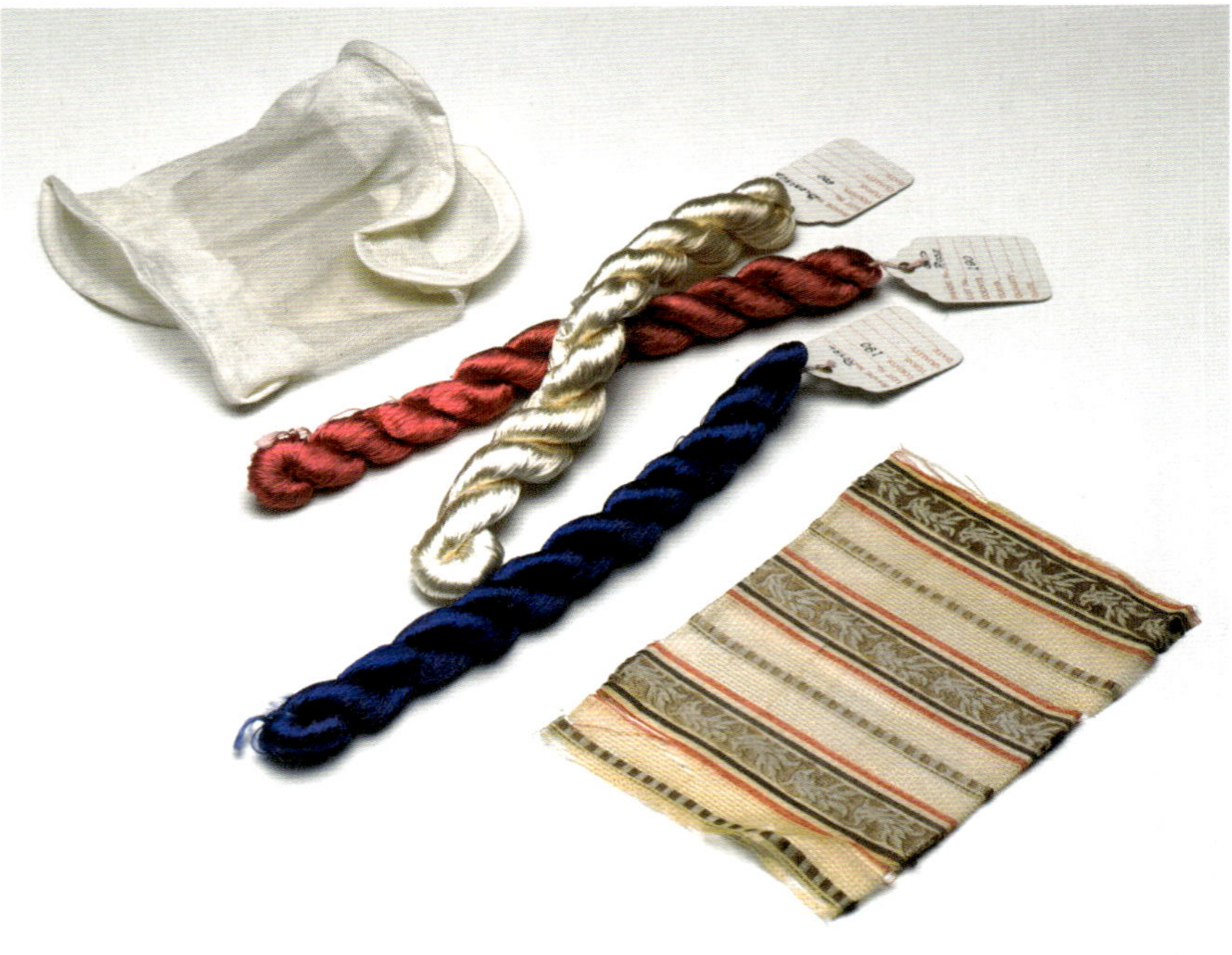

図 15　上：引火性のあるニトロセルロースから作られた人工シルクのシャルドネ・シルク、1896 年頃。下：右下の生地は、ビスコース法で作られた人工シルクのスターン・シルク（ビスコースレーヨン）、フェニックスの図案が織られている。1903 年。Museum of Science, London.

図 16 F. H. タウンセンド、「ソワ・ディソン」（いわゆるシルクの靴下）をフランスの客に売るイギリスの販売員。『パンチ』誌、1920 年。Toronto Public Library の厚意による。

ルドネ・シルクには、ほかにも問題があった。シルクよりも光沢は強いが、金属的な光沢のために安っぽく見えたこと。「シルクより重くて硬く、伸縮性が劣ること。湿気に弱く洗濯できなかったこと」。着用しても暖かくなかったこと。染めるのが難しかったこと。そして最後に、原材料が高すぎたことと、依然として極めて引火性が高かったことがある。[66] シャルドネは「綿と同じぐらい安全だ」と主張したが[67]、前の章で示したように、これは疑わしい安全基準だった。一九〇〇年には、別の化学組成の人工シルクが「ラストロ・シルク（Lustro-silk）」という名前で宣伝広告に現れ、「爆発の危険なし！」を謳った。[68]

人工シルクは布地そのものよりも服の縁飾りに使われたので、それが使用された初期には着火事故はほとんどなかった。ただし一九二六年の医学論文は、フランスの少年と男性が、安価な人工シルクのネックウォーマーが原因で焼死したことを伝えている。[69] 一九〇〇年代初期までにシャルドネの考案した工程は、大部分が不燃性の代替物に置き換えられ、現在ではビスコース法と呼ばれる技術が用いられるようになった。このビスコース法で製造された人口シルク（ビスコースレーヨン）は、チャールズ・クロスとエドワード・ベヴァンという二人のイギリス人が特許権を取得し、スターン・シルクと名づけられて、一九〇三年にチャールズ・トップハムとチャールズ・スターンによって商用に生産された[70]（図15下）。私には皮肉が込められているように思われるが、一九〇三年のサンプルにはフェニックスの頭を描いた緑色の図案が織り込まれており、自社の新しい「シルク」は神話の鳥のごとく無傷のまま灰の中から蘇るだろうということが示されている。実際に、着火する問題はなかったが、そのシルクによる製品はもっと危険な化学的有害物が含まれ、ウサギの毛皮で作られたフェルト製シルクハットなど他の安い模造品で起こった問題が、再び発生することになった。ビスコースの製造工程の複雑な化学処理は、極めて毒性の高い二硫化炭素の使用に「完全に依存していた」のだ。[71] 二硫化炭素は一九世紀のゴム製造にも使用されており、労働者の健康に大きな害を及ぼした。工場でひどい悪臭のするガスが発生し、これにより中枢神経系が損傷された労働者には、たちまち眩暈、陶酔感、妄想の症状が現れた。当時の医師らはそれを「急性躁病」と表現し、中毒患者の語る支離滅裂な話を記録した。中毒になると「酔っぱらいのように」振る舞い、ベルギーのレーヨン工場は列車に従業員のための特別車両を用意しなければならなかった。従業員の放埒《ほうらつ》な振る舞いが一般の乗客に迷惑をかけていたからだ。[72] あるイギリスの工場経営者は、「二硫化炭素に触れて発狂した労働者たちが外へ飛び出さないように」敷地に鉄格子を設けた。[73] 二硫化炭素に触れ続けていると、鬱病やインポテンスにもなった。また、後年の動脈硬化、脳血管障害、脳卒中、パーキンソン病の発症に直接的な関係があった。[74]

医師がこれらの健康障害を直ちに認識したにもかかわらず、この産業の利益が非常に大きかったので、人工シルクのシンジケートが、見かけだけは輝かしい宣伝キャンペーンで問題を取り繕った。二大化学メーカー、イギリスのコートールズ社とアメリカのデュポン社は、新しい生地が女性用肌着やメリヤス（靴下）類に使われるように、販売員を指名して特別な教育を施し、営業活動を盛んに行わせた。一九一〇年にデュポン社の最先端商品宣伝部門には、二五万ドルの年間予算がついていた。[75] だが、人工シルクは新しい名前を必要としていた。一八九八年に発見された元素のラジウムにとりわけ刺激を受け、そのつややかな生地はラジウム・シルクという名で販売された。[76] アメリカでは、全国織物業協会が「シルク」という言葉を含まない新たな名前を見つけるコンテストを開催した。繊維製造業者のケネス・ロードが考えついたのが「レーヨン」だった。この名前はラジウム（英語で「レーディアム」）を連想させるが、フランス語の光を意味する言葉（rayon）から来ているのだろう。それは、「グリストラ（glistra）」［訳注：glister（ピカピカ光る）が連想される］や、シルク（silk）を逆に綴った「クリス（klis）」など、ほかの提案を抑えて選ばれた。[77] ある出版物は、新たな名前を「耳に心地よい響きと説明を含み、……［それは］明るい日光の輝きの意味を伝え、月光のもと、水の波紋の柔らかな淡い光で和むもの」と評した。[78]

ほかの国々も直ちにレーヨンを取り入れて、フランスのリヨンの絹製造業者たちさえ参入して、大衆市場向けの軽く流れるようなレーヨンの衣類を製造し始めた。彼らは一九三一年に人工シルクのエレガンスグランプリ・コンテストを開催し、一九三一年のパリ植民地博覧会で人工シルク商品を売り込んだ。これはヨーロッパの科学技術的革新が、海外から輸入された天然製品に打ち勝とうとするもう一つの実例を示したものだった。優勝したのはフランスの初期の映画スター、スージィ・ヴェルノンが着用した服で、襟と袖口がじつに豪華な毛皮で縁取られて、「純粋な人工シルク」（傍点は引用者による）と表現されたキラリと光るサテン織りの人工シルク布地から作られていた[79]（**図17**）。メーカーはその布地を「プードンジュ（Peau d'Ange）」、すなわち「天使の肌」と名づけて、ほとんど神がかった道徳的および物質的純粋性を示唆した。そして、労働者のために建設された都市は健康に良くて、保育所、診療所、食堂が完備していることに言及するのを忘れなかった。同じ博覧会で、ギャラリー・ラファイエットやプランタンのような人気デパートは、何十ものマネキンに手頃な価格で軽量なレーヨンの服を着せて、中産階級の顧客向けに展示した。このような販促キャンペーンによって、人工シルクをレーヨンとして「モダン」で魅力的なものに思わせるブランド再生に大成功したので、現在では、私たちが着ているビスコース生地の柔らかいトップスが天然シルクの模造品であったことを考える人はほとんどいない。一九二〇年にアメリカ市場でレーヨンの消費量が占める割合はわずか〇・二パーセントだったが、一九三六年までにはアメリカで購入された衣服の八五パーセントがレーヨン製になり、それ以来レーヨンは天然のシルクよりも多く売れ続けている。[80] セルロイドの櫛と人工シルクは動物の命を救ったとはいえ、それらの化学合成には爆発や中毒の危険が伴い、製造する人々や使用する人々に害を及ぼしてきた。現在でもビスコースレーヨンの製造には、成熟した森林から伐採された木材を原料とする紙パルプを使用し、化学物質が大量に使われている。[81] 本書で検討した実例からわかるように、贅沢品の大衆化は科学と産業の勝利と見なされたが、人間や動物の健康、そして環境の健康にとって法外な代償を伴ったのだ。

図 17　パリ植民地博覧会での「天使の肌」人工シルクドレス。*La soie artificielle à l'exposition coloniale de Paris* より。Les Editions Jalou, L'Officiel 1931.

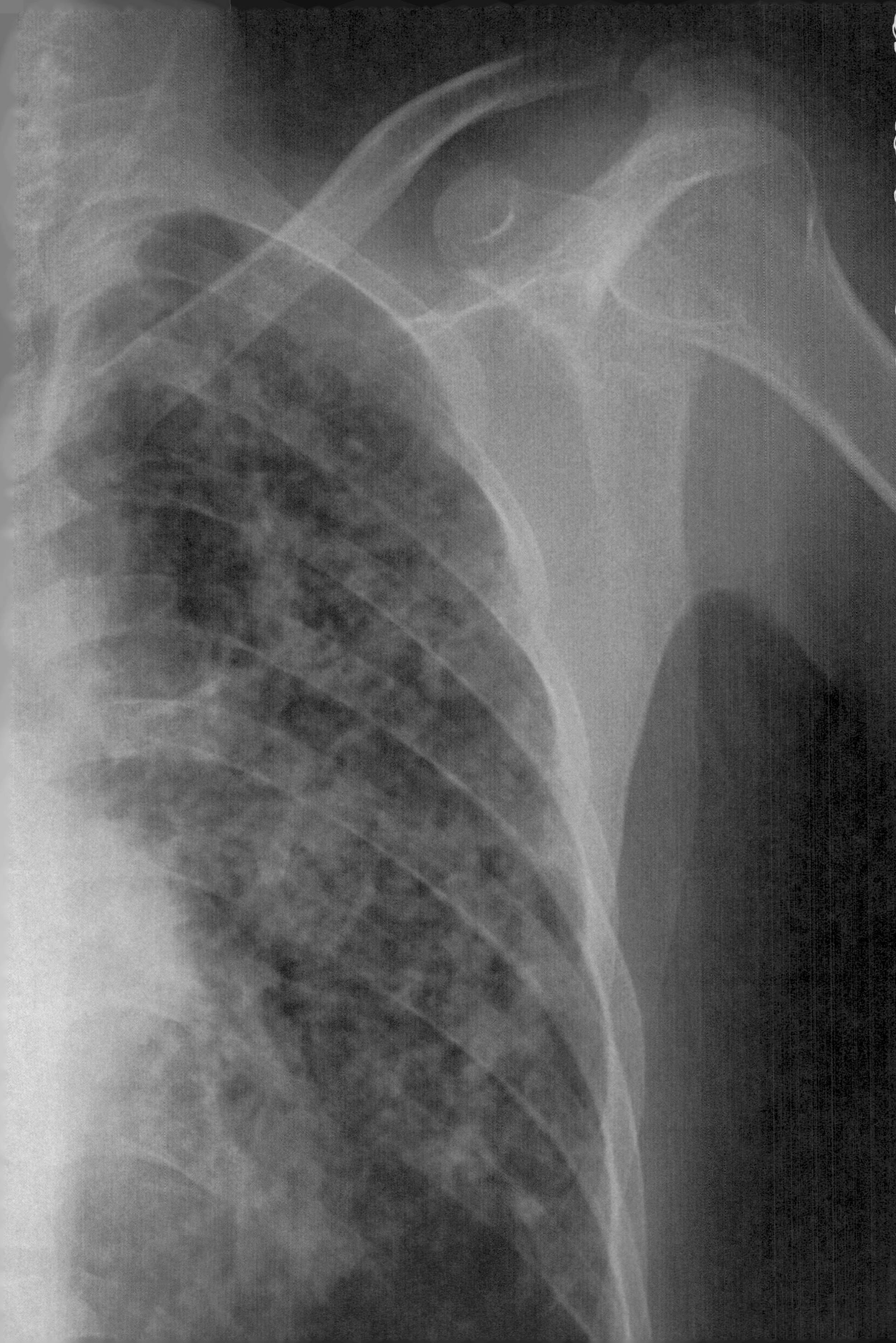

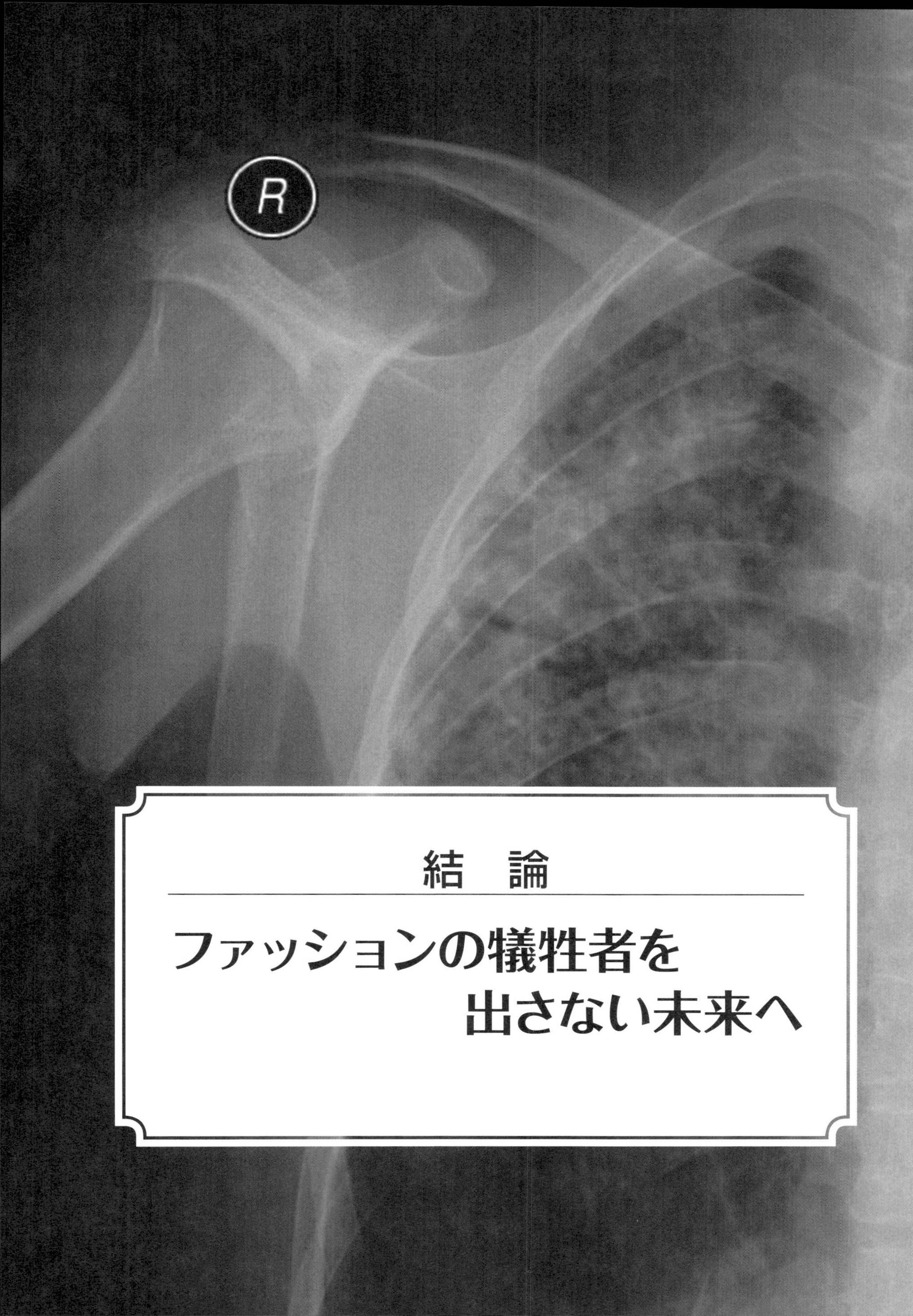

結論

ファッションの犠牲者を出さない未来へ

結論　ファッションの犠牲者を出さない未来へ

歴史上のファッションに関するあらゆる問題を、現代の医学と科学がどのように解決してきたのかという役に立つ話をして、本書の締めくくりにできたらどんなによかったかと思う。けれども問題はおおむね持ち越されており、さらにまったく新しい問題も生じているのが実情だ。たいていの場合、こうした危険は見えないところ、気づかないところに存在するが、私たちを動揺させる形で現れることがある。二〇〇九年にデザイナーのアレキサンダー・マックイーンは、パンク風のスタッズアクセサリー［訳注：スタッズは装飾用の鋲《びょう》やボタンのこと。ここでは、金属の鋲で飾り立てたアクセサリー］のシリーズを発売した。それから三年たっても、まだスタッズは流行していた。女性向けの靴、バッグ、ベルトが、小さな金属の鋲で覆われて、アグレッシブだが装飾的なスタイルを作り出した。反抗的でファッショナブルなスタッズたっぷりのファッションは、暴力的な威嚇をかすかに含んだが、実際、それには根拠もないわけではなかった。というのは、ある黒い革のペプラムベルト［訳注：ペプラムはウエストから下側がふわっと広がったデザイン］は、八〇一個のスタッズが打ち込まれたデザインで、身に着けた人の内臓や生殖器にダメージを与える可能性があったのだ。イギリスのインターネット小売り店ＡＳＯＳがインドで製造させて一四か国で販売したこのベルトは、放射能を帯びていた。鋲にコバルト60と呼ばれる金属が含まれていたからだ。「着用が五〇〇時間を超える」と、健康被害が生じる恐れがあった。[1] これは二〇一二年一二月にアメリカの国境検問所の装置が警報を発して発覚し、数か月後にこのベルトは回収され、放射性物質保管施設に収容された。下請けとしてベルトを製造していたインドの会社の経営者は、テロ対策当局から要注意人物と見なされたために、該当のベルトを自分で調べることも許されなかった。そして、従業員は職を失った。

皮肉にもコバルト60は治療や防御に用いられている。がんの放射線治療を行う遠隔照射装置のヘッドなどの医療機器に利用されているし、「低温殺菌の」スパイスや特定の食料品ではコバルト60が細菌を死滅させる。だが、中国製の時計用スチールピンや、そのほかの一般向けの商品にも、コバルト60がたまに見つかることがある。[2] 医療用や産業用の放射線源は、「ときどき」紛失したり盗まれたりする。そうした「身元不明線源」が、スクラップとして分解されたり溶解処理されたりする。地域の住民には三つ葉マークの放射性標識はわからないからだ。[3] 労働組合の国際組織「インダストリオール・グローバルユニオン」のインド代表は、海外へ輸出されたほかの衣料品やアクセサリーも放射能を持つ可能性があるのは、インドが欧米諸国の危険廃棄物の「ごみ廃棄場」になっているからだと警告した。[4] そもそも西欧諸国が問題を作り出したのに、イギリス政府の最初の反応は、インドの製造会社に責任を負わせて、経営者をテロの容疑者に仕立てることだった。

購入したベルトに放射能があると知って、私たちが恐ろしく感じるなら、スクラップで金属加工をしている労働者の恐怖はどれほど大きいことだろうか。彼らは、理由もわからずに、体が弱って吐き気を催し、嘔吐して、髪の毛が抜ける。身の毛もよだつ放射線に素手を晒して、指が骨に至るまで焼けてしまうのだ[5]。裕福な欧米人とは違って、彼らは高度な医療を受ける望みもほとんどない。私たちの治療に使われる機器が、その役目を終えたあと、別の人々に害をなしているわけだ。ヴィクトリア時代の鏡に映る死んだお針子のように、世界経済の格差の問題が巡り巡って自分に戻ってきて、新たな形でつきまとっている可能性があることに、私たちは疑問を持ち始めなくてはならない。

　放射能を持つ製品はベルトが最初ではなく、歴史上にも存在する。二〇世紀の最初の二〇年間で、放射線の危険が十分に理解されるまえにラジウム（レイディアム）が大流行した。マリー・キュリーが発見したラジウムは光を放つ神秘的な元素で、生命力や活力、力強さを授けるものだと考えられた。当時は健康に良いとされたこの驚異的物質は、プラチナよりも高価な値段で取引され、メーカーは驚くほど幅広い消費者向け製品にこの貴重な元素を使用した（あるいは、使用していると称した）。危険なラジウムの針を使った腕時計や、「レヴィゲーター」というラジウム鉱石入りのウォータージャー、「レイディアントな（光り輝く）」肌のための「レイディオー」フェイスクリーム。「アンダーク（暗くない）」ブランドの塗料は、電気のスイッチや、玩具の人形や動物の目、コンドームに至るまで、光らせるために使われた[6]。アメリカ連邦取引委員会は、「宣伝文句を正当化するには不十分な放射能特性」のラジウム製品の禁止さえ行った[7]。「オーレイディアム」ウールや「イラディア」ブランドの生地の下着は、「柔らかく健康的な熱」を放射するので赤ちゃんのセーターにぴったりだと宣伝された[8]。写真の「レイディアム」ブランドのウール製毛布は、イギリスで製造されてカナダで購入され、一九二〇年代から病院や療養所で患者のために使われてきたようだ[9]（**図1**）。ライアソン大学物理学部でこの毛布を検査したところ、放射能があった痕跡やラジウムが含まれた証拠は見つからなかったが、暖かく快適そうな品に健康的な放射能という表示があること自体が、現代の私たちにとって驚きである。

　極端に危険な製品も少数存在するが、現代の多くの衣類も私たちが健康で快適にいられるように設計されている。スポーツウェアは私たちの皮膚が呼吸できるように、体が湿らないように、肉体的なパフォーマンスが向上するように作られている――が、私たちの快適さは、そうした衣類を作る労働者の健康を犠牲にする面が必ずある。たとえば、アスレチックシューズの組み立てには、神経毒性のある接着剤が使用される。履き物を製造する作業者は、中枢神経系にダメージを与える接着剤と有機溶剤に晒されている[10]。ナイキ社の共同創業者の一人で、陸上コーチで発明家だったビル・バウワーマンは、一九七〇年代当時「靴職工《シューメーカー》多発性神経障害」と呼ばれた病気の患者としては最も有名な人物だ。ヘキサンが混じっている接着剤で中毒になり、自分が設計した靴で走ることはできなくなった[11]。問題はそれだけではない。履き物はどれほど大量に廃棄されていることだろうか。毎年二〇〇億足が製造されて、私たちは絶えず新たな靴に交換しているのだ[12]。性能よりも見た目を考慮して衣類が設計され、つねに新しい服を欲する気持ちを、法外に安い見かけ倒しのファストファッションによって、懐をあまり痛めずに満たすことができる。そして、ほんとうのところ、どのぐらいそれらには価値があるのだろうか？　ファストファッションのメーカーは、人々の興味を引くために、鮮やかな色やメタリックな仕上げ、表面的な効果を選んでミニマリズムの設計をするが、それらが極めて高い毒性を持っていたり、労働者の命取りになったりするのだ。使い捨て前提の衣類でワードローブを満たすとき、私たちは意図せずに発展途上国の人々に痛みや苦しみ、ときには死をもたらしているだろう。ルーシー・シーグル著『死ぬほど欲しい――世界はファッションですり減っていくのか？』(*To Die For: Is*

RADIUM
E
F
MADE IN ENGLAND
ALL WOOL
BLANKET
6809
QUALITY
SIZE 54 x 100

Fashion Wearing Out the World?）やエリザベス・L・クライン著『ファストファッション――クローゼットの中の憂鬱』（鈴木素子訳、春秋社）といった書籍は、イギリスとアメリカでのこれまでの数十年間にわたる危険な労働条件と（過剰な）消費をおぞましいほど露呈させた[13]。

　紅茶とスパイスからカシミアのショールまで、流行の贅沢品ははるか昔から国際規模で取り引きされている。ヒ素グリーンでゾッとするような損傷を受けた手の絵を添えて論文を書いたマキシム・ヴェノワ医師は、一八六二年という早い時期に、美しいカシミアのショールのような商品の製造がインドの労働者の手や全身に及ぼす影響に悩んでいた[14]。ヴェノワのような医師が記録した危険の多くは、生産と消費が同時だったゆえに医学的注目とメディアの注目をもたらしたのだ、ということに注意しなくてはならない。現在の状況は、それとは対照的だ。世界貿易機関の関税及び貿易に関する一般協定（GATT）が二〇〇五年に服飾産業で施行されて、輸入カシミアを含めて貿易規制が撤廃された[15]。このため輸入品が市場にあふれて、北半球の先進国に残っていた服飾産業は、ほぼ壊滅的になった。そして私たちは今、現場からは地理的に離れたところにいるし、道徳的にも束縛がない。つまり大半の問題は見えないし、触れることもなく、においもしないのだ。せいぜい、衣料品店のそばを通り過ぎるときや、新品の靴の入っている箱を開けるときに、化学薬品のかすかなにおいをふと感じるぐらいだろう。

　私たちのほとんどは、安い商品の消費者としてはエキスパートだが、衣類が作られている方法にも場所にも、個人的なつながりはもはや一切持っていない。そのことの責任がすべて私たちにあるわけではない。衣服のサプライチェーンは不可解とまでは言わないが、わかりにくい。多くの衣服の始まりや地理的な遍歴はたどれないことが多いだろう。シンプルなTシャツの原料が、栽培され、紡織され、染色され、デザインされ、市販され、購入され、着用される。それらがいくつもの国々で行われるのだ。業界で開発された広告ディスプレイ装置は順調に稼働して、H&Mの粗悪な作りのチープなTシャツを、持ち服に加えたくなる魅力的「マストアイテム」に変えている。ファッションがひきおこす健康被害について、実際、私たちは一九世紀の人々よりも気づいていないと言っていいだろう。公平を期すために言えば、一九世紀当時のほうがファッションの危険が見た目に明らかで、市販品に含まれる化学物質は今より少なかったという事情がある。それでも、本書ではここまでに、現代の増大する医学文献や、世界の服飾産業の環境と労働者への影響に関する情報に触れてきた。次に取り上げるべきなのは、本書の各章で示されている歴史的な危険のいくつかが、今日までどのように続いているのかを地域的にも世界的にも探ることだろう。この「結論」は包括的というにはほど遠いが、私たちがばい菌や汚れのない衣料を求めた先に何があるのかをいくらか示したい。そのほかに、一部の比較的新しい緑色染料がなぜ有毒なのか、サンドブラスト加工のブルーデニムが何をもたらしているのか、衣類で首が絞まる事故がどうして相変わらず起こるのか、発がん性の化学薬品の難燃剤を使うのはなぜなのか、スクリーン印刷を施した衣服に内分泌撹乱物質の可塑剤を使用するのはなぜなのか、といったことにこれから触れていこう。

清潔？

ボタン一つで簡単に機械が洗濯してくれる今の時代では、発疹チフスをひきおこした軍服や、裾を引きずる「感染性の」スカートは、もはや

図1　患者の保温のために病院で使用された「レイディアム」ウールの毛布、1920年代。ラジウムは発見当初には健康に良いものと考えられた。この毛布には、当時は貴重とされた危険な放射性元素は全く含まれていない。著者のコレクション。

恐怖ではなくなった。私たちはばい菌一般を恐れて、染みがなく良い香りのする衛生的な衣類を望んでいる[16]。だが、この清潔へのこだわりが招いている一連の新たな汚染問題は、部分的にしか理解されていない。シルクやウールのような一部の布地は水で洗えず、有毒化学薬品を使って「ドライクリーニング」されることが多い。一九世紀に、ベルベットや手袋、獣毛フェルトの帽子にできた油性の染みを「溶かす」ためにテレピン精油や有毒なベンゼンのような溶剤を擦りつけると、ほかの何よりも「ひどい臭気」が残った[17]。二〇世紀には、ドライクリーニング店は新たな合成化学物質を使用した。その一つ、通称「カーボンテット」の四塩化炭素は、極めて毒性が強い有機薬品で、肝臓をはじめ内臓にダメージを与える[18]。ピアニストでエンターテイナーのリベラーチェは、四塩化炭素で危うく死にかけた。きらびやかなステージ衣装をホテルの風通しの悪い小さな部屋で、四塩化炭素を使ってドライクリーニングするという誤りを犯したのだ。リベラーチェは病院に運ばれ、急性腎不全で危篤状態になった。それは、ケネディ大統領が暗殺された日の夜のことだった[19]。

二〇世紀半ばには、四塩化炭素に代わり、テトラクロロエチレンが使用されるようになる。これは現在でもほとんどのクリーニング店で使用されているが、「アメリカ環境保護局によって、健康への急性、慢性および発がん性の影響を及ぼす有害都市大気汚染物質」に分類されている化学物質だ。フランスのドライクリーニング店近くで実施された大気質検査では、店の建物の上空でテトラクロロエチレンが検出された。高濃度のテトラクロロエチレンは、日本とニュージャージー州でドライクリーニングされたばかりの衣類がある住居や、ドライクリーニング施設近くの一般住居やスーパーマーケットの高脂肪の食品で見つかっている。また、ある女性がドライクリーニング工場にいた夫を訪ねたのちに、母乳に高濃度のテトラクロロエチレンが含まれて、生後六週間の彼らの赤ちゃんの体調が悪くなった事例がある[20]。現在、一部のチェーン店ではテトラクロロエチレンを使用しない技術が導入されつつあるが、消費者としてはドライクリーニングされた品物が「きれいに」なるまで二〇〜三〇分外に置いておけば、揮発性有機化合物（ＶＯＣ）を室内に持ち込まないですむ、とシーグルは指摘する[21]。

悪臭を放つスポーツ用の靴下やシャツを清潔に保ち「防臭」しようとして、多くの商品が銀系抗菌剤を含む生地を取り入れている。銀は天然の殺菌剤だが、衣類に使用されている小さな「ナノシルバー」粒子は皮膚から吸収されることがあり、それがすでに銀の重大な供給源となり、環境中に銀が増えて水生生物の生活を脅かす毒になっている[22]。鮮やかなストライプの靴下を警戒したヴィクトリア時代の人々のように、私たちは健康に良いとされている抗菌靴下に気をつけるべきだろう。そして、かつて環境に放出された重金属の水銀は、依然として新たな形で存在する。私たちが検査したヴィクトリア時代の獣毛フェルトの帽子からは、水銀は検出されなかった。しかし、何トンという水銀がポリ塩化ビニル（ＰＶＣ）の製造に今でも使用されている[23]。一九六〇年代に、若い男性の頭から帽子が消えつつあったちょうどその頃、宇宙服に使用されたポリ塩化ビニルは、ピエール・カルダンなど「宇宙時代」の既製服を生み出す新世代のデザイナーによって、楽し気なレインコートや洋服、手袋用におしゃれな素材として使われるようになった[24]。

グリーン？

有毒な緑の色素を大量に消費した先人を厳しく裁きすぎないように、これらの美しい色は潜在的に危険としても、私たち自身が楽しんでいることを認識しなければならない。一九世紀の消費者が愛したエメラルドグリーンは、最近、流行予想色業界によってよみがえり、二〇一三年にエメラルドが「パントン・カラー・オブ・ザ・イヤー」［訳注：二〇〇〇年よりカラーコンサルティング・サービスを提供するアメリカのパントン社が、毎年翌年のトレンド色を選んで、デザイン業界向けに発表している］に選ばれた。今日、極めて人気の高い緑色の一つが、一八七七年に合成された彩度の高い鮮やかな化学染料で、マラカイトグリーン、アニリングリーン、あるいはベーシックグリーン4と呼ばれるものだ。オリジナルの鉱物のマラカイト（孔雀石）は、銅に由来する色を持ち、一九世紀までは挽いて粉末にして絵画に用いられていた。現在、膨大な量の派生化学物質が、幅広い消費者向け製品の色づけに使用されている。それには、綿布などの繊維製品、皮革、食料品、紙とパルプ、印刷、化粧品、プラスチック、医薬品が含まれる。[25] マラカイトは危険な生物毒素でもあり、寄生生物や細菌を死滅させるために養殖業で用いられ、発展途上国から輸入される魚介類に入り込んでいる。北京とマサチューセッツ工科大学（ＭＩＴ）を拠点とするアジアの化学者が二〇一二年に実施して、『生体毒性学と環境安全性』誌に発表した研究では、マラカイトグリーンがどのようにして唾液や粘液のような分泌液のタンパク質に結びつくのかが調べられている。この染料が体内に入ると、私たち自身の化学的性質がそれを変化させ、さらに強い毒性を持つ形のロイコマラカイトグリーンになって、体内に五か月ものあいだ留まることが可能となる。北米とＥＵ（欧州連合）では使用が禁止されているが、いまだに食料品や消費者向け製品に含まれていることがあり、その多くは発展途上国で生産されたものだ。「人間にとって極めて有毒」と考えられており、アメリカ環境保護庁の毒性分類でクラスⅡの毒素である（クラスⅠは最も毒性が強く、クラスⅣは実質的に毒性がない）。よって「警告」と表記したラベルを貼らなくてはならない。[26] マラカイトグリーンは動物と人間の生命にとって危険であるという科学的証拠があるにもかかわらず、この染料を布地や紙に使用することは法的に何の問題もない。布地から実際に滲出《しんしゅつ》するかどうかは不明だが、ファッションショーのキャットウォークや私たちのワードローブにはレギュラーで登場している。たとえば、ディオールの二〇一一年秋季コレクションには、アールデコ調の鉱物にインスパイアされたマラカイトグリーンのデジタルプリントが、ドレスにも靴のヒールにも現れた。緑は自然を象徴し、環境保護運動を強く印象づけるものだ。ところが、作り出された色のなかでは、緑は最も強い毒性を持っているのだ。

デニムのダメージ

来る日も来る日も、世界の人口の半分はブルージーンズを履いている。[27]

デニムは世界で最も人気のある布地だ。男性も女性も子どもたちもデニムを身に着けているので、二一世紀のカジュアルな制服みたいなものだ。デニム製造の世界的中心地、中国の広州市新塘《シンタン》では、毎年二億本のジーンズを製造する際の廃液が、珠江《しゅこう》を濃紺の川へ、さらに黒い川へと変えてしまった。[28] さまざまな化学物質の混ざり合った液体が、新しいジーンズができるたびに川へ流されるが、一九七〇年代以来、染色されたばかりのブルージーンズの多くが、古く見せるためにさらに有害な化学処理を施されるようになった。メーカーは、染めたジーンズから部分的に色を落とし、装飾として擦り切れた「ユニークな」デザインを作り出して、オールド風に仕立て上げた。手作業でサンドペーパーを使って擦り漂白する技術は、労働者に喘息をひきおこす。一九九〇年代に、デニムに「ダメージを与える」ためのサンドブラスト工程が新たに導入されたが、それがやがて何百、おそらくは何千ものトルコ人の体にダメージを与えることになった。研磨用のシリカ（二酸化ケイ素）が含まれる

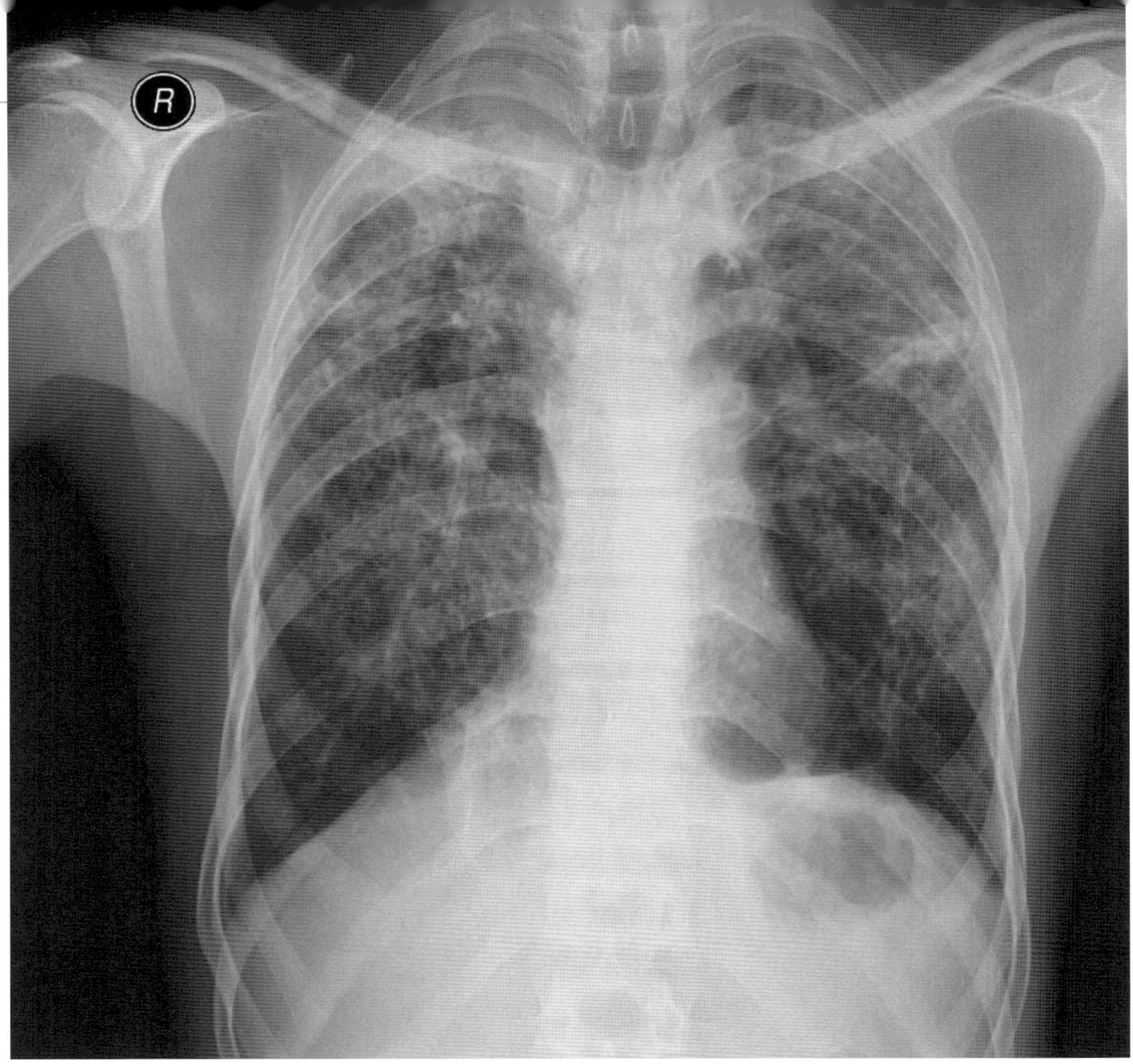

図2　デニムのサンドブラスト加工をしていた若い元作業者らの胸部X線写真。2000年から03年まで、作業に従事していた。彼らは2011年、複雑珪肺症と診断された。白い部分がこの疾患の深刻さを示している。写真はDr. Metin Akgun, Ataturk Universityの厚意による。

浜辺の砂でジーンズをブラスト加工していた作業者たちが、肺に回復不能な損傷を負ったのだ（**図2**）。トルコの医師は、二〇〇四年に二人の一〇代の若者が珪肺《けいはい》症で死亡して当惑した。この不治の病は炭鉱労働者や石切り工の病気として有名だったが、衣料業界の労働者がかかるとはそれまで聞いたことがなかったからだ[29]。労働衛生の専門家は、イスタンブールの換気の悪い小さな工場でデニムのダメージ加工をしている男性に検査と聞き取りを行った。彼らは一週間に六～七日、毎日一〇～一二時間の労働に従事し、作業場と同じ場所のカーテンで仕切られた向こう側で睡眠をとる場合も多かった。防塵マスクの支給はほとんどなく、ある調査によると労働者の半数以上が実際に珪肺を発症したという[30]。そして彼らが補償を受けることはまずなかった。二〇〇九年にトルコ政府によりこのサンドブラスト工程は禁止されたが、それ以降、トルコよりも後進で未規制の国々へ場所を変えて行われている。本書のほかの衣類と同様に、今もなお多くのジーンズは、二つの物理的なしるしを提示している。デニムを擦り切れさせる労働過程の痕跡と、作業が労働者の肺に作り出した特有の形の外傷だ[31]。

いまだに機械に巻き込まれるのか？

一九九七年にアメリカの衣料メーカーは、子ども用上着の首や腰についている引きひもやボタンの安全性を高めるために自主基準を設け、遊び場の遊具や学校の扉にひもが絡まって起こる死亡事故の削減を目指した。アメリカ消費者製品安全委員会の研究者が行った二〇一二年の調査によると、この自主基準の設定には効果があり、九〇パーセント超の死亡率低減を達成し、およそ五〇人の死亡を未然に防いだという。同様に、ＥＵの緊急情報システム（ＲＡＰＥＸ）のデータベースに掲載されているフード付きパーカーやコート、ビキニタイプの水着など一五〇〇着を超える子ども服は、首が絞まる死亡事故の危険があるとして、これまでに特定され販売中止になり、これもまた確実に多くの命を救っている[32]。ところが発展途上国の世界では、急速な工業化により「ひも」で首が絞まる死亡事故が相次いで発生した。そのうち五三歳の女性の事例は、まさに身の毛もよだつものだ。女性が亡くなったのは勤務先の病院の洗濯室で、頭にかぶっていたスカーフが工業用アイロンがけ装置のシリンダーに引っ掛かって事故になった[33]。インド亜大陸の各地では、多くの女性が長いスカーフの一種のドゥパッタなど、布を垂らして羽織る伝統的な衣類を身に着けているし、男性は冬にはショールをまとう。地方では農業で用いる脱穀機が危険で、女性や少女の命を奪い、都心では、車輪に保護カバーのないオートバイで、後ろ座席にまたがったり横乗りしたりした人がイサドラ・ダンカンのような事故に遭っている。ある研究によると、パキスタンのカラチでは二〇〇七年から〇九年までの三年間で、衣服に関係する交通事故による外傷が九八六件に上ったという[34]。

臭素化されたフェニックス

「ノンフラム」のフランネレットのような製品が開発されたにもかかわらず、依然として女性や子どもの衣類に着火する危険はなくならなかった。一つの理由としては、セントラルヒーティングのシステムが出現して、綿や人工シルク（レイヨンなど）のような軽量のセルロース繊維がますます好まれるようになったからだ。一九五七年に『ランセット』誌は、過去五〇年間に衣類が燃えたことによる死亡者数が、イングランドとウェールズだけで二万五〇〇〇人に上ると主張した。イギリス政府は寝間着などについての新たな法律を制定し、これに応えて、化学者は布地を難燃化する化学的な新技術を開発した。アメリカではグレート・レークス・ケミカル社が臭素化合物を合成し、それが有鉛ガソリンに使用されたが、一九六〇年代に段階的廃止が始まって、臭素が市場でだぶついた。農業用殺虫剤への使用は禁止されていたので、同社は、この発がん性や皮膚刺激性があって変異原性の（遺伝子変異をひきおこす）臭素化合物をトリスＢＰと名づけ、それを子どものポリエステル製パジャマの難燃剤として生産して、販売し始めた[35]。一九七三年にアメリカ商務省が子どもの寝間着の耐火性基準を義務づけると、トリスＢＰは繊維製品に大量に用いられるようになった。ところが、一九七七年までに臭素系難燃剤は、タバコの煙よりも一〇〇倍強い「強力な発がん性物質」であることが判明した。この発見で消費者にパニックが広がった。この物質が皮膚から、あるいは乳幼児がパジャマを口に含むことで、体内に吸収される可能性があることがわかってきて、さらに、名高い雑誌の『サイエンス』が、トリス処理されたパジャマをよく洗濯したあとに着ていた子どもの尿からこの物質を発見したのだ[36]。トリスＢＰが禁止され、店頭から姿を消すと、今度は海外で再び販売された。一九七〇年代以降、ほかの臭素系難燃剤が、布地や、ソファなどのウレタンフォームの家具、電子機器などの消費者向け製品に「日常的に添加」されている。その使用量は、とりわけ一九八〇年代半ば以降に、劇的に増加している。問題が非常にややこしい理由の一端として、一七五種類以上の難燃剤が市販されており、そのほとんどが臭素系で、それらの潜在的な健康被害が完全にはわかっていないことがある。だが、それらは神経毒の環境ホルモン（外因性内分泌攪乱化学物質）の可能性があると考えられ、環境中に留まるものなのだ。[37] 環境ホルモンが母乳に含まれる濃度は、アメリカとカナダの女性が他の先進工業国の女性よりも一〇倍高い。また別の研究によると、ハウスダストや洗濯機の糸くずにさえ環境ホルモンが含まれている。[38]

有毒なTシャツ

Tシャツはブルージーンズと同じぐらい世界中にいきわたっている。抗議や権利獲得など、あからさまな政治的メッセージを伝えるものもあるが、Tシャツの胸に示されている言葉やシンボルの多くは、有毒な環境ホルモンを使ってスクリーン印刷で描かれている。二〇一二年に自然保護団体のグリーンピースが、二九か国のファストファッションの衣類一四一点を購入し、団体の研究施設で検査を行った。三分の二には、ノニルフェノールエトキシレート（NPE）とフタル酸エステルといった物質が、スクリーン印刷のプラスチックを柔らかくするために含まれている。これらの製品を洗濯すると、人間や動物の生命に害を及ぼす化学薬品が滲出する。問題の製品は現在グリーンピースのウェブサイトに掲載されていて、写真に「製品警告」のマークが貼られた表示になっているが[39]、どれも手頃な普段着だ。たとえば、ヴィクトリアズ・シークレットの下着、カルバン・クラインやC&A、ザラなど有名ブランドの衣服、MANGOとエンポリオ・アルマーニのTシャツといったものだ。なかでも最も示唆に富んでいるのは、有毒なピンク色の女の子向けTシャツ（Gap）に「I ♥ fashion.」と印刷されているものだろう[40]。

ここまで、歴史上の有害なファッションについて不安をかきたてる物語を紹介し、そうした危険が今日も同じように続いているという気掛かりな事態を取り上げてきた。それでも、私は未来に希望をもっている。私はファッションの研究者であり教育者でもある者として、学生には自分の持つ技術と知識、創造性によって、社会的にも環境的にも変化をもたらし、すべての人たちにとって今よりも良い世界、すばらしい世界を創出できる方法をじっくり考えてほしいと願っている。私たちが過去から学ぶことは、利益と目新しさによって、どのように安全と健康が打ち負かされてきたかということだ。今よりも良い未来には、私たちが機械による危険や伝染病、事故、化学的毒物に晒されず、それらから私たちを守る衣類が設計され、製造されるだろう。ファッションは、信じられないほど強力な社会的および経済的なパワーなのだ。よってファッションは、身体的に触れる人々や感情的に触れる人々に、健康と豊かさをもたらすことができる。本書が証明するように、私たちに必要なのは、ファッションの犠牲者を出さないこと、そしてファッションに救われる人を増やすことだ。ジャコモ・レオパルディのように「ファッション」を「死神」の女きょうだいだと思うようなロマンティシズムはもうやめにして、新しい物語を紡いでいこう。「生命」と「ファッション」が手を取り合う未来の物語を。

謝辞

本書に記した研究と執筆にかけてきたこの一〇年は、私にとってプライベートでも仕事上でも人生の変化のときだった。家族、同僚、そしてこの研究を通じて出会い、友人となったみなさんには深く感謝している。私は、トロントにあるバータ靴博物館の上級学芸員、エリザベス・セメルハックと共同で研究を行ってきたことを名誉に思っている。アイデアの交換を重ねてきて、ついにはそれが実を結び、バータ靴博物館において二人が共同主事を務めた展覧会『Fashion Victims: The Pleasures and Perils of Dress in the 19th Century（ファッションの犠牲者たち——一九世紀の快楽と危険）』が開催され、そして本書が完成したのだ。アリソン・サイム博士は、どこまでも寛容で、鋭く磨かれた編集技術によって揺るぎない支援をしてくださった。そのおかげで、原稿ははるかに改善し、執筆はすばらしい経験となり、こうして最後まで書き上げることができた。ヒラリー・デーヴィッドソンは、豊かな感性によって原稿に批評を加え、詩的な理解を示し、感情面で支えてくれた。それがなかったなら、本書はまるで別物になってしまったことだろう。ライアソン大学物理学部のエリック・ダ・シルバ博士とアナ・ペヨヴィッチ＝ミリッチ教授は、科学の専門知識を惜しげもなく提供してくださった。おかげで、私が研究していた歴史的問題に、心踊るまったく新しい窓が開かれた。

本書には、以下の博物館関係の方々や記録保管に携わる方々が力を貸してくださった。アレクサンドラ・パーマー博士。カナダ王立オンタリオ博物館のカーラ・リビングストンとアーサー・スミス。ロンドン博物館のティム・ロングとベアトリス・ベエレン。マンチェスター（イギリス）のギャラリー・オブ・コスチュームのマイルズ・ランバート。パリのガリエラ宮モード博物館のマリー＝ローレ・ギュトンとアレクサンドラ・ボスク。ミュゼ・デュ・シャポー・エ・ドゥ・ラ・シャペルリー（帽子と帽子屋の博物館）のクリステル・コメアとエリアーヌ・ボロミエ。ミュゼ・デュ・ペーニュ・エ・ドゥ・ラ・プラスチュルジー（櫛とプラスチックの博物館）のテレザ・ルフェリーク。ウェルカム・コレクションのロス・マクファーレン。ヴィクトリア＆アルバート博物館のレスリー・ミラー。また、バータ靴博物館の創設者のソニア・バータ夫人［訳注：二〇一八年二月二〇日に逝去］をはじめ、同博物館のエマニュエル・レプリ、エイダ・ホプキンス、スザンヌ・ピーターセン・マクリーン、ニシ・バッシ、そのほかのすばらしいスタッフのみなさんには、もちろんのこと深く感謝を申し上げたい。

私の研究助手のみなさんにも、たいへんお世話になった。とりわけジェニファー・フォレストとライアン・ルドゥーは、本書の企画に対してファッションの作り手としての好奇心とスキル、そして貴重な洞察をもたらしてくださった。同様に、ウェンディ・セッポネン、ヴィクトリア・ディ・ポセ、アランナ・マックナイト、ミリアム・クーチュリエ、そしてそのほかの学生のみなさんすべてと、研究をともにできたことを誇りに思う。ジャンナ・エッガビーン博士は、画像に関して根気よくサポートしてくださった。そのほかにも、ボブ・デーヴィッドソン博士、ヴィッキー・ホームズ博士、ジュリア・エイブラムソン博士、ステファニー・ソトー＝ソワル博士、ディラン・リード、アリソン・モアヘッド博士、アレクサンドラ・キム、アリス・ドラン、アニータ・クアイ博士、フィリップ・サイカス博士、マーリス・シュワイザー博士、エリザベス・ヘイマン博士、キャロライン・エヴァンス教授（ことの発端から精神的にも実務上でも支えになってくださった）など、研究者の仲間や友人が重要な貢献をしてくださった。個人コレクターのグリニス・マーフィー、ノーマ・ラモント、ブラス・レア・ブックスのキャロライン・ブラスは、実物や写真について援助してくださった。アーノルド・マシューズが、画像に関して工夫を凝らして根気強く助けてくださったことは、ここに特筆したい。

　研究活動には、かかわりのあるすべてのみなさんの協力がなくてはならない。この研究が可能になったのは、以下にご紹介するすばらしい方々のおかげだ。コリン&アンヌ＝マリー・マシューズ。リーゼ・クリストファーセン。フランスのダヴィド家のみなさん。ケイトリン・オドナヴァン。ジョン・ユン博士。アナ・セラノ。ブライアム・ギヴォード。タル・ヘンダーソン。ステファニー・ヘロルド。ブルース・パーキンス博士。エリザベス・スティーブンソン博士。ディプティ・バーガット博士。アリダ・ドローアル。クリスティン・ハインズ博士。ジェン・ワイズ博士。アマンダ・クーク。サヴァンナ・バンクソン。ミレク・ロジケイセク博士。ローリー・ガーバー。アリッサ・ロッコ。そして最後になったけれど、大切な猫のレオ（机の上でのんびりと寄り添ってくれたふわふわのお友達。悲しいことに、偶然にも本書を書き終えたときと同じくして亡くなってしまった）。

　ライアソン大学ファッション学部の同僚のみなさんにもお礼を申し上げたい。チャールズ・デーヴィス博士、キム・ウォール博士、ジョーゼフ・メダグリア、ベン・バリー博士、アイリーン・ギャメル博士、キャスリン・チャーチ博士、マイケル・フィン博士、イングリッド・ミダ、キャロライン・オブライエン、ゴウリー・シヴァペタサンダラム、シャーリー・ルーチャク、ホルヘイ・ロヨ・ロザーレス博士といった方々にも感謝している。

　本書が扱う領域で保管記録物のプロジェクトを実施することは、さまざまな方面からの資金援助がなければ不可能だっただろう。以下の団体から助成金をいただいたことに感謝を申し上げたい。カナダ社会・人文科学研究会議（SSHRC）。ライアソン大学の労使関係センター（CLMR）。ライアソン大学のコミュニケーション・デザイン学部。デザイン史学会二五周年記念賞。サウサンプトン大学年間助成金。

　ブルームズベリー出版社のアンナ・ライトは、すばらしい編集者だ。本書の企画の初めから信頼して担当してくださった。彼女が情熱をもってサポートしてくれたこと、そして、並外れたセンスを持つデザイナーのハンナ・クランプとエリアドニ・ゴドウィンが書体とレイアウトの仕事をしてくださったこと、さらに、査読に骨を折ってくださった方々が貴重なアドバイスをくださったこと。こうしたみなさんのお力添えにより、一編の原稿は、私が夢に見ていた本へと生まれ変わったのだ。

訳者あとがき

表紙の絵に引き寄せられて本書を手に取ってみた、という方もいらっしゃるかもしれません。序論にも登場するこの絵は、『ドレス・ア・ラ・結核（結核付きのドレス）』と題された一八三〇年代のフランスの風刺画です。流行の衣類を身に着ける女性を道徳的に非難する風潮に乗って、胸元が大きく開いたドレスを、当時は死の病だった結核に結びつけ、そんなみだらな恰好をする報いだとあてつけています。

舞踏会用のドレスと結核の関係は定かではありませんが、実際に衣服は健康を左右します。そもそも私たちは、日常生活や屋内外の作業で、天候や危険な動植物などから身を守るために衣服を着ています。科学技術の進歩によって、衣服は素材やデザインが改良されて、機能が大幅に向上してきました。産業革命を経て、衣類や服飾品の大量生産が可能になり、カラフルで目新しいデザインの品が安価になり、広く大衆の手に入るようになったのです。ところが、体を守るはずの衣服は、死を招きかねない危険をはらむことにもなりました。たとえば、布地を鮮やかで魅惑的な色に染める工程で猛毒が用いられ、無防備な労働者たちの体を蝕む。街や舞台を明るく華やかにしたガス灯の炎が、軽やかで美しい化学繊維の舞台衣装に燃え移り、踊り子を無残に焼き殺す。ありとあらゆる形をした色とりどりのセルロイド商品や材料が、工場では大爆発をひきおこし、ショーウィンドウでは発火して大火事になり、身に着けた人に着火して大やけどをさせる。このようにテクノロジーで実現した新しい製品によって、労働者や消費者が病気になり、障害を負い、死んでいきました。原書のタイトル『ファッションの犠牲者たち（*Fashion Victims*）』とは、そうした人々を指しています。本書は、一九世紀から二〇世紀前半の危険なファッションに光を当てて、歴史的および社会的な背景、科学的および医学的な根拠となる豊富で多彩な資料を添えて、多数の実話を紹介します。そして、死を招くファッションは当時だけの問題ではなく、私たち自身の現在進行形の問題だと気づかされます。自分が日常的に着ているものが、自分の目に入らない場所で悲惨な労働環境を作り出し、犠牲者を生んでいることを突きつけられるのです。

本書は、*Fashion Victims: The Dangers of Dress Past and Present* (Bloomsbury Visual Arts, September 24, 2015) の全訳です。著者のアリソン・マシューズ・デーヴィッド（Dr. Alison Matthews David）は、カナダのトロントにあるライアソン大学ファッション大学院准教授で、一九世紀から二〇世紀前半にかけての欧米の衣類や服飾品を専門としています。原書の出版当時のインタビューによると、モントリオールのマギル大学で古典考古学および古典学を学んだのちに、スタンフォード大学で美術史の修士および博士号を取得し、その後、人々とファッションの関係をテーマに見定め、イギリスのサウサンプトン大学と大学院で教鞭をとりつつ研究するなかで、服飾産業で多大な人的コストがかかっていることを知り、研究対象をファッションと歴史、社会、および科学技術とのつながりへと広く発展させていき、その過程で多数の論文を発表してきたとのこと。本書はこうした一〇年余りの著者の研究の集大成です。

本書のおもな舞台である一九世紀から二〇世紀前半にかけてのパリやロンドンなどの大都市では、多くのファッショナブルな製品が作られ、そこで消費もされたため、労働者が多量の毒物で受けた激しい健康被害と、消費者が毒の残った製品で受けた皮膚炎などの比較的軽い健康被害とを医者がどちらも目にして、共通する原因に気づき、多くの興味深い記録を残しました。本書には、そうした数々の記録——ひどい苦しみが伝わってくるかのような、ときには嫌悪感を催すほどの文書、画像、蝋製の像など——と、原因となった有害なファッション製品の目を見張るような写真やイラストにより、ファッションのもつ二面性が鮮やかに提示され、それが本書の大きな魅力となっています。

その「三次元版」である展覧会『Fashion Victims: The Pleasures and Perils of Dress in the 19th Century（ファッションの犠牲者たち——一九世紀の快楽と危険）』は、本書に先立つ二〇一四年六月から二〇一八年四月までの約四年にわたって、トロントのバータ靴博物館で開催されました。会期は当初の予定（二〇一六年六月まで）より大幅に延長されたとのことからも、たいへんな好評を博したことが窺われます。展覧会の名前でインターネット検索すると、多くの記事や写真、訪れた人の感想などが見られます。

本書の一〇〇枚を優に超える写真やイラストは、学術的資料ではありますが、素人が見ても一枚一枚がたいへん魅力的でインパクトがあります（アリソンの選択眼は、プロの写真家だったというお父様の才能を受け継いでいるのかもしれません）。見るからに恐ろしい写真もありますが、むしろ、なぜそれが「死を招くファッション」なのか、一見したところわからないものがほとんどです。読者のみなさんにも、写真とそれにまつわる思いもよらない物語の数々を味わっていただけることを願っています。そして、ファッションの犠牲者とは過去だけの問題ではなく、今日の私たちの問題でもあることを——ワンシーズンで捨ててしまいたくなる安い服、動きが制限される服、デザインや色が奇抜なだけで衝動買いした服が何を意味するのか、また、小さなアクセサリーを買うときに、どこでどのように作られてここまで来たのかを——考えるきっかけになればと思います。

本書で気になる写真を見つけたら、その付近の本文を拾い読みするだけでも、楽しんでいただけるかもしれません。また、本書では章ごとに異なるテーマで、人間とファッションとのドラマチックな関係が語られるので、まるでオムニバス映画を見ているようでもあります。美しい写真と科学的な謎解き。どなたか本書をベースにミステリー小説かテレビドラマの脚本を書いてくださらないでしょうか。『ファッション科学捜査班』や『ファッション・アンナチュラル』といったドラマを。

最後になりましたが、本書の翻訳の機会をくださり、また訳稿に数えきれないほどの適確なアドバイスをくださった化学同人の加藤貴広さんに心より感謝いたします。著者のアリソン・マシューズ・デーヴィッドさんは、原文についての私の質問に対して、快く（追加資料付きで！）答えをくださいました。どうもありがとうございました。そのほかにも、専門家の先生方をはじめとして、刊行までには多くの方々のお世話になりました。みなさんにお礼を申し上げます。それから、優しく辛抱強く見守ってくれた家族にはとても感謝しています。

二〇一九年一〇月

安部恵子

7 Matthew Lavine, *The First Atomic Age: Scientists, Radiations, and the American Public, 1895-1945* (New York: Palgrave, 2013), 99.
8 Hugh Aldersey-Williams, *Periodic Tales: A Cultural History of the Elements, from Arsenic to Zinc* (New York: HarperCollins, 2011), 166-67［邦訳：『元素をめぐる美と驚き――周期表に秘められた物語』、安部恵子・鍛原多惠子・田淵健太・松井信彦訳、早川書房］。
9 これは繊維製品のディーラーであるジャン・マリオットから購入したもの。年代は、彼女が色彩設計とデザインに基づいて定めた。
10 Duk Hee Lee et al., "Neurobehavioral Changes in Shoe Manufacturing Workers," *Neurotoxicology and Teratology*, 20, no.3 (1988), 259-63.
11 Paul Blanc, *How Everyday Products Make People Sick: Toxins at Home and in the Workplace* (Oakland: University of California Press, 2009), 77.
12 T. Staikos and S. Rahimifard, "Post-consumer Waste Management Issues in the Footwear Industry," *Proceedings of the Institution of Mechanical Engineers*, vol.221, B2 (2007), 363-68.
13 Lucy Siegle, *To Die For: Is Fashion Wearing Out the World?* (London: Fourth Estate, 2011); Elizabeth L. Cline, *Over-Dressed: The Shockingly High Cost of Cheap Fashion* (New York: Portfolio/Penguin, 2012)［邦訳：『ファストファッション――クローゼットの中の憂鬱』、鈴木素子訳、春秋社］。
14 Vernois, *De la main des ouvriers et des artisans au point de vue de l'hygiène et de la médecine légale* (Paris: Balliere, 1862), 8.
15 Siegle, *To Die For*, 152-53.
16 Victoria Kelley, *Soap and Water: Cleanliness, Dirt & the Working Classes in Victorian and Edwardian Britain* (London: I.B. Tauris, 2010). 私たちの生活環境で「防臭」が増えていることについては Alain Corbin, *The Foul and The Fragrant: Odor and the French Social Imagination* (Oxford: Berg, 1986) を参照。
17 Christina Walkley and Vanda Foster, *Crinolines and Crimping Irons: How They Were Cleaned and Cared For* (London: Peter Owen, 1978), 34, 92-93.
18 Blanc, "How Everyday Products," 135.
19 Darden Asbury Pyron, *Liberace: An American Boy* (Chicago: Chicago University Press, 2013), 249.
20 L. Chiappini et al., "A first French Assessment of Population Exposure to Tetrachoroethylene from Small Dry-Cleaning Facilities," *Indoor Air*, 19 (2009), 226; "Dry Cleaning, Some Chlorinated Solvents and Other Industrial Chemicals," *IARC Monograph*, vol.63 (1995), https://monographs.iarc.fr/iarc-monographs-on-the-evaluation-of-carcinogenic-risks-to-humans-58/, 2018 年 12 月にアクセス。
21 Siegle, *To Die For*, 305.
22 B. Reidy et al., "Mechanisms of Silver Nanoparticle Release, Transformation, and Toxicity: A Critical Review of Current Knowledge and Recommendations for Future Studies and Applications," *Materials*, 6, no. 6 (2013), 2295-2350.
23 中国は世界で最も多量の水銀を放出しており、ポリ塩化ビニルがその最大の発生源である。Yan Lin et al., "Environmental Mercury in China: A Review," *Environmental Toxicology and Chemistry*, 31, no.11 (2012), 2431-44.
24 Susannah Handley, *Nylon: The Story of a Fashion Revolution* (Baltimore: Johns Hopkins University Press, 1999), 93.
25 Fei Ding et al., "Potential Toxicity and Affinity of Triphenylmethane Dye Malachite Green to Lysozyme," *Ecotoxicology and Environmental Safety*, 78 (April 2012), 41-49.
26 クラスⅡの毒素は、成人が 5 ～ 30 グラム摂取すると、死亡する場合があると推定されている。
27 *Global Denim*, eds. Daniel Miller and Sophie Woodward (Oxford: Berg, 2011); Daniel Miller, "Buying Time," *Time, Consumption and Everyday Life: Practice, Materiality and Culture*, eds. Elizabeth Shove, Frank Trentmann and Richard Wilk (Oxford: Berg, 2009).
28 Emily Chang, "China's Pearl River Under Denim Threat," cnn.com (April 27, 2010), http://www.cnn.com/2010/WORLD/asiapcf/04/26/china.denim.water.pollution/.
29 Blanc, 266; M. Agkun, "An Epidemic of Silicosis Among Former Denim Sandblasters," *European Respiratory Journal*, 32, no.5 (2008), 1295-1303.
30 Nur Dilek Bakan et al., "Silicosis in Denim Sandblasters," *Chest*, 140, no.5 (2011), 1300-04.
31 デニムおよび、デニムから見えるメーカーの思惑については Kitty Hauser, "A Garment in the Dock, or, How the FBI Illuminated the Prehistory of a Pair of Jeans," *Journal of Material Culture*, 9, no.3 (2004), 293-313 を参照。
32 Gregory B. Rogers and John C. Topping, "Safety effects of Drawstring Requirements for Children's Upper Outerwear Garments," *Archives of Pediatric and Adolescent Medicine*, 166, no.7 (July 2012), 651-55; RAPEX (Rapid Alert System for Dangerous Non-Food Products), http://ec.europa.eu/consumers/safety/rapex/index_en.htm, 2018 年 12 月にアクセス。
33 Kamil Hakan Dogan et al., "Accidental Ligature Strangulation by an Ironing Machine: An Unusual Case," *Journal of Forensic Science*, 55, no.1 (2010), 251-53.
34 Vineet Jain, "Dupatta (Scarf): A Unique Cause of Cervical Spine Injury in Females," *Injury*, 39 (2008), 334-38; Uzma R. Khan et al., "Clothing-Related Motorcycle Injuries in Pakistan," *International Journal of Injury Control and Safety Promotion*, ISSN 1745-7300, 12/2014: 1-6.
35 トリス処理されたパジャマについての本格的な議論は Rick Smith and Bruce Lourie, "The New PCBS," *Slow Death by Rubber Duck: How The Toxic Chemistry of Everyday Life Affects Our Health* (Toronto: Alfred A. Knopf, 2009), 96-104 を参照。
36 A. Blum et al., "Children Absorb Tris-BP Flame Retardant from Sleepwear: Urine Contains the Mutagenic metabolite, 2,3 Dibromopropyl," *Science*, 201, no.4360 (September 15, 1978), 1020-1023.
37 Linda S. Birnbaum and Daniele F. Staskal, "Brominated Flame Retardants: Cause for Concern?," *Environmental Health Perspectives*, 112, no.1 (2004), 9-17.
38 Arnold Schecter et al., "PBDEs in US and German Clothes Dryer Lint: A Potential Source of Indoor Contamination and Exposure," *Chemosphere*, 75 (2009), 623-28.
39 "Toxic Threads: Product Testing Results," Greenpeace International, http://www.greenpeace.org/international/en/campaigns/detox/water/detox/Toxic-Threads/, 2018 年 12 月にアクセス。
40 *Toxic Threads: The Big Fashion Stitch-Up*, Executive Summary, Greenpeace International, 3, http://www.greenpeace.org/sweden/Global/sweden/miljogifter/dokument/2012/Toxic_Threads_The%20Big_Fashion_Stitch_Up.pdf, 2018 年 12 月にアクセス。

(March 26, 1892), 708.
32 *Girl's Own Paper*, vol.19, no.978 (September 24, 1898), 824.
33 Alexander Ogston, "Burns from Celluloid," *The Lancet*, vol.159, no.4095 (February 22, 1902), 503.
34 "Fatality at a Xylonite Works," *The Lancet*, vol.143, no.3673 (January 20, 1894), 169.
35 "Celluloid Fire Danger: New Safety Rules," *London Times* (September 1, 1921).
36 Cruse, *The Comb*, 214. この素材はアセチルセルロースで、今でも眼鏡のフレームなどに使用されている。*Early Plastics*, 84 より。
37 "Celluloid," *Hygiène du Travail*, vol,46 (Genève: Bureau International du Travail, 1925), 3.
38 Wood, *Celluloid Dangers*, appendices.
39 "Fatality at a Xylonite Works," 169.
40 *Early Plastics*, 143.
41 Wood, *Celluloid Dangers*, appendices.
42 "Fires and Panic," *Dominion*, 3, no.696 (December 22, 1909), 7.
43 "Awful Fire at a Christmas Bazaar," *Daily News* (Perth) (January 27, 1910), 2.
44 Blanche Dominjon-Bombard, *Essai monographique sur Oyonnax et l'Industrie du Celluloid* (Lyon: Bosc Frères, 1934-1935), 55. この本のコピーを送ってくださったテレザ・ル・フィリックに感謝する。
45 同上、41.
46 同上、242.
47 *Peignes du monde au Musée d'Oyonnax* (Oyonnax: Musée du Peigne et de la Plasturgie, 2000), 6.
48 追加の情報をくださったテレザ・ル・フィリックにお礼を申し上げる。
49 Dominjon-Bombard, *Essai monographique*, 65.
50 US Patent US1313068 A.
51 Arnold Henry Hard, *The Romance of Rayon* (Manchester: Whittaker & Robinson, 1933), preface.
52 Lou Taylor, "De-coding the Hierarchy of Fashion Textiles," *Disentangling Textiles*, eds. *Mary Schoeser and Christine Boydell* (London: Middlesex University Press, 2002), 68.
53 Edouard Herriot, *Soieries Lyon* (Lyon: Editions Archat, 1937), 9.
54 "From Nitrate Rayon to Acetate Rayon," *Ciba Review*, 2 (1967), 5-6.
55 John Tyndall, "Pasteur's Researches on the Diseases of Silkworms," *Nature* (July 7, 1870), 181.
56 同上、183.
57 Paul Blanc, *How Everyday Products Make People Sick: Toxins at Home and in the Workplace* (Oakland: University of California Press, 2009), 154. この本の "Going Crazy at Work: Cycles of Carbon Disulfide Poisoning" という章は、不安にさせる内容だとしても、興味を引くもので、この問題が日本と韓国を含む新たな製造中心地へどのように移ったのかを説明している。 132-71.
58 Kaufman, *The First Century of Plastics*, 21.
59 Auguste Demoment, "Le Comte Hilaire de Chardonnet (1834-1924): homme de fidélité," Besançon Archives, 186.
60 O. Chevalier, "Biographie du Comte de Chardonnet," *Besançon Municipal Archives* (n.d.), 607.
61 Comte de Chardonnet, *Notice sur les travaux scientifiques du Comte de Chardonnet* (Paris: Gauthier-Villars, 1918), 6.
62 *Rhodiacéta, Numéro spécial Usine textile Besançon*, no. 4 (Hiver 1963), n.p.
63 Demoment, "Le Comte Hilaire de Chardonnet," 138.
64 "A New British Industry," *London Times* (May 2, 1896), n.p.
65 "The Adulteration of Silk with Tin and of Flannel with Epsom Salts," *The Lancet*, vol.167, no.4297 (January 6, 1906), 49.
66 "Artificial Silk," *Ciba Review*, 2 (1967), 11.
67 Hard, *The Romance of Rayon*, 21.
68 同上、39.
69 Fraisse, "Inflammabilité de la soie artificielle," *La Presse Médicale* (August 7, 1926), 1006.
70 *Early Plastics*, 45.
71 Blanc, *How Everyday Products*, 154.
72 Hard, *The Romance of Rayon*, 59.
73 Blanc, *How Everyday Products*, 171.
74 同上、163.
75 Susannah Handley, *Nylon: The Story of a Fashion Revolution* (Baltimore: Johns Hopkins University Press, 1999), 26.
76 "A Stroll Through Yesteryear's Fabric Shops, Late 1880's-1919," Fabrics.net, http://info.fabrics.net/a-stroll-through-yesteryears-fabric-shops/, 2018 年 12 月にアクセス。
77 Handley, *Nylon*, 26-27.
78 このレーヨンという名前は 1925 年までには広まっていた。Moïs Avram, *The Rayon Industry* (New York: D. Van Nostrand, 1927), 15-16.
79 *Le syndicat des textiles artificiels à l'exposition coloniale internationale* (Paris: Russa, 1931), 17.
80 Taylor, "De-coding the Hierarchy," 69-70.
81 Hsiou-Lien Chen and Leslie Burns, "Environmental Analysis of Textile Products," *Clothing and Textiles Research Journal*, 24, no.3 (2006), 251.

結論　ファッションの犠牲者を出さない未来へ

1 Simon Neville, "Asos Pulls Belts in Radioactive Scare," *Guardian* (Manchester) (May 27, 2013), http://www.theguardian.com/business/2013/may/27/asos-withdraws-belts-radioactive-scare, 2018 年 12 月にアクセス。
2 "The Radiological Accident in Samut Prakarm," International Atomic Energy Agency (IAEA), 2002, http://www-pub.iaea.org/MTCD/publications/PDF/Pub1124_scr.pdf, 2018 年 12 月にアクセス ; Carolyn MacKenzie, "Lessons Learned the Hard Way," *IAEA Bulletin*, 47, no.2 (March 2006), 62-63, http://www.iaea.org/sites/default/files/publications/magazines/bulletin/bull47-2/47202006163.pdf, 2018 年 12 月にアクセス ; "Cobalt," U.S. Environmental Protection Agency (EPA), https://www.epa.gov/radiation/radionuclide-basics-cobalt-60, 2018 年 12 月にアクセス。
3 "The Radiological Accident in Samut Prakarm"; "Cobalt."
4 Jessica Elgot, "Asos 'Radioactive Belts': Trade Unions Warn More Radioactive Metal Could Be In Clothes," *Huffington Post UK* (May 29, 2013), http://www.huffingtonpost.co.uk/2013/05/29/asos-radioactive-belts-trade-union_n_3352794.html, 2018 年 12 月にアクセス。
5 2000 年にはタイで、10 人の廃品処理場の作業員とその家族がコバルト 60 により被曝し、1 人が死亡した。これは、コバルト 60 遠隔療法の照射装置のヘッドによる「放射能事故」である。
6 Ross Mullner, *Deadly Glow: The Radium Dial Worker Tragedy* (Washington, D.C.: American Public Health Association, 1999) ; *The Use of Radium in Consumer Products* (Rockville. Md.: U.S. Department of Health, Education, and Welfare, 1968).

不満が多くの人々から伝えられた。G. Reynaud, "L'Armée coloniale au point de vue de l'hygiène pratique," *Archives de médecine navale et coloniale*, 59 (janvier 1893), 125.

80 "Flannelette," *Chambers's Journal* (October 16, 1897), 665-67.

81 "What Is Non-Inflammable Flannelette?," *Lancet*, vol.178, no.4585 (July 15, 1911), 175-79.

82 生地を起毛させる機械的処理はエドワード・モーザーが1884年に発明した。"Flannelette," *Chambers's Journal*, vol.14, no.720 (October 16, 1897), 665; William Henry Perkin, "The Permanent Fireproofing of Cotton Goods," *Popular Science Monthly*, 81 (October 1912), 400.

83 同上、401.

84 *Chambers's Journal*, 666.

85 William Brend, "The Mortality of Children from Burning," *Lancet*, vol.182, no.4706 (November 8, 1913), 1321.

86 Margaret Synge, *Simple Garments for Children* (*from 4 to 14*) (London: Longmans, 1913).

87 Vicky Holmes, "Absent Fireguards and Burnt Children: Coroners and the Development of Clause 15 of the Children Act 1908," *Law, Crime and History*, 2, no.1 (2012), 26; Vicky Holmes, "Dangerous Spaces: Working-Class Homes and Fatal Household Accidents in Suffolk, 1840-1900" (未出版の博士論文、エセックス大学、2012).

88 Holmes, "Absent Fireguards," 40.

89 同上、48.

90 Coroners' Committee 1910 (5139) XXI.583, in Holmes, "Inflammable Flannelette"; Holmes, "Absent Fireguards."

91 Coroner's Committee, *Report of Inquiry* (London: His Majesty's Stationery Office, 1910), 4, 6. ヴィッキー・ホームズがご自身の研究結果を教えてくださったことにお礼を申し上げる。

92 "Supposed Danger of Ignition," *London Times* (June 27, 1913).

93 Perkin, "Permanent Fireproofing," 400-01.

94 "See Cotton Goods in Fireproof State," *New York Times* (September 11, 1912), 11.

95 *Fire Tests with Textiles* (London: The British Fire Prevention Committee, 1910), 6.

96 William Perkin, "The Inflammability of Flannelette," *BMJ*, vol.1, no.2520 (April 17, 1909), 981-82.

97 "What is Non-Inflammable Flannelette?," 176.

98 Theodore Taylor, HC Deb (April 23, 1913), vol.52, cc.390-392. http://hansard.millbanksystems.com/commons/1913/apr/23/misdescription-of-fabrics-bill#S5CV0052P0_19130423_HOC_329, 2018年12月にアクセス。

99 "Fabrics Misdescription Act: Nonflam is Safe," *The Educational Times* (June 1, 1914), 311.

第7章　爆発するまがい物——セルロイドの櫛と人工シルク

1 "Nine Dead in Fire; Trapped in Factory," *New York Times* (November 9, 1909), 18.

2 Kate Sampsell-Willman, *Lewis Hine as Social Critic* (Jackson: University Press of Mississippi, 2009), 172.

3 帽子につけられた剥製の鳥については第3章を参照。

4 セルロイドは、ほとんどのプラスチックに比べて可鍛性が高い。「熱可塑性物質」として一つの形にしても、「再加熱すれば」溶かせるし、「液状にして別の」形にもできるからである。*Early Plastics: Perspectives, 1850-1950*, ed. Susan Mossman (London: Leicester University Press and Science Museum London, 1997), 1-2.

5 M. Kaufman, *The First Century of Plastics: Celluloid and Its Sequel* (London: Plastics Institute, 1963), 21.

6 Ariel Beaujot, *Victorian Fashion Accessories* (London: Berg, 2012), 141.

7 "The World's Ivory Trade," *New York Times* (July 23, 1882), 8.

8 "The Explosion in Newark," *New York Times* (September 14, 1875), 8; "Explosive Teeth," *New York Times* (September 16, 1875), 4.

9 "The City Fire Inquest," *Times* (July 27, 1912).

10 John Thomson and Adolphe Smith, *Street Life in London* (1877), in *Victorian London Street Life in Historic Photographs* (New York: Dover, 1994), 39［邦訳：『写真と文によるヴィクトリア朝ロンドンの街頭生活』］.

11 Mark Suggitt, "Living with Plastics," *Early Plastics*, 118.

12 "Danger of Celluloid Wearing Apparel," *The Lancet*, vol.149, no.3846 (May 15, 1897), 1386.

13 D.W. Wood, *Celluloid Dangers with Some Suggestions: Being Memoranda Compiled in Consultation with the Committee's Executive* (London: The British Fire Prevention Committee, 1913), appendices.

14 "Mrs. Ellis's Death Laid to Fashion," *New York Times* (January 5, 1910), 6.

15 "Mrs. Charles E. Ellis Dies," *New York Times* (January 4, 1910), 1.

16 スパンコールを検査してくださったメアリー・ハウザーとノースカロライナ州立大学繊維学部に感謝する。このドレスのスパンコールは天然のシェラックとバルサムでできているようだが、もっと安価な多くのドレスにはセルロイドが使われていただろう。

17 "Mrs. Ellis," *New York Times* (January 5, 1910), 6.

18 Kaufman, *The First Century of Plastics*, 48.

19 同上、52.

20 Jen Cruse, *The Comb: Its History and Development* (London: Robert Hale, 2007), 215; Donald Johnson, "Combing the Roots of Colonialism: Jamaican Tortoiseshell Combs and Social Status, 1655-1692," *Winterthur Portfolio*, 43, no.4 (2009), 313-34.

21 Cruse, *The Comb*, 32; Robert Bollé, *Le peigne dans le monde* (Paris: Éditions Hoëbeke, 2004), 56.

22 Cruse, *The Comb*, 216; George Hughes, "The Survival Situation of the Hawskbill Sea-turtle in Madagascar," *Biological Conservation*, 5, no.2 (1973), 115.

23 "The Trade in Tortoiseshell," *Nature*, vol.59, no.1531 (March 2, 1899), 425-6.

24 同上、426.

25 Ephraim Chambers, *Cyclopaedia: Or, an Universal Dictionary of the Arts and Sciences*, vol.4 (London: W. Strahan); J.F. and C. Rivington et al. (1783), n.p. in Johnson, "Combing the Roots," 330.

26 Thomson, *Street Life in London*, 39［邦訳：『写真と文によるヴィクトリア朝ロンドンの街頭生活』］.

27 同上、42.

28 "Deadly Danger in Your Hair," *The London Journal* (July 21, 1900), 60.

29 "A Savage Custom in Dress," *The Lancet*, vol.136, no.3504 (October 25, 1890), 888.

30 Faucher, "Note sur un accident causé par l'inflammation subite d'un peigne en celluloid," *Revue d'hygiène et de police sanitaire*, 11 (1889), 522-27.

31 "Experiments with Celluloid," *The Lancet*, vol.139, no.3578

はヨーロッパで22.5年、アメリカではわずか10年だった」。P. Chenevrier, *La Question du feu dans les théâtres* (Paris: Librairie générale de l'architecture et des travaux publics, 1882), 53.
30 Beaumont, *Three French Dancers*, 25.
31 "Bonfire Ballerinas," Kelly, *Ballerina*, 86-87.
32 Quatrelles, *Emma Livry*, 30.
33 Guest, *Second Empire*, 36.
34 博物館を訪れた人にオペラ座のコンシェルジュが実物を見せた。*Ces demoiselles de l'Opéra* (Paris: Tresses et Stock, 1887), 130. この遺品を所有していたヴェネトザ夫人が1885年に亡くなると、夫がこの遺品を博物館に寄贈した。
35 この衣装を扱うにあたり、チュチュ製作の専門家キャロライン・オブライエンにご助力いただいた。感謝を申し上げる。
36 こうした観察については、バータ靴博物館のテキスタイルコンサバター（布地の修復管理者）のエイダ・ホプキンスに感謝している。
37 Quatrelles, *Emma Livry*, 38-39.
38 同上、35.
39 "L'Éclairage au théâtre," *Comédia*, 23, no.8 (1924), 40; Paul Lafage, *Gare au feu! Les rôtissoires de Paris* (Paris: L. Dumas, 1897), 26 n1.
40 *Le Teinturier Universel*, no.21 (February 1, 1863), Bibliothèque Forney, Paris.
41 "Fireproof Fabrics," *Lancet*, vol.74, no.1891 (November 26, 1859), 544.
42 Christopher Breward, *The Culture of Fashion* (Manchester: Manchester University Press, 1995), 160.
43 *Sous l'empire des crinolines* (Paris: Paris Musées, 2008).
44 Christina Walkley, "'Nor Iron Bars a Cage' The Victorian Crinoline and its Caricaturists," *History Today*, 25, no.10 (1975), 712.
45 Perrot, *Fashioning the Bourgeoisie*, 73.
46 Gwen Raverat, *Period Piece: A Cambridge Childhood* (London: Faber and Faber, 1952), 260 [邦訳：『ダーウィン家の人々——ケンブリッジの思い出』、山内玲子訳、岩波書店]。
47 "Petticoat Protection," *Punch* (January 8, 1859), 19.
48 "The Influence of Dress and Health," Frederick Treves, *The Book of Health* (London: Cassell, 1883), 475.
49 "The Perils of Crinoline," *New York Times* (March 16, 1858); S.C.L. Leong, I.E. Emecheta, and M.I. James, "The Flaming Gypsy Skirt Injury," *Injury*, 38, no.1 (2007), 124.
50 "Death by Fire," *Lancet*, vol.76, no.1939 (October 27, 1860), 418.
51 Vincent, *The Anatomy of Fashion*, 156.
52 Mauret de Pourville, *Des incendies et des moyens de les prévenir* (Paris: Paul Dupont, 1869), ch.3.
53 "Deaths from the Inflammability of Clothing," *Lancet*, vol.76, no.1932 (September 8, 1860), 245.
54 Charles C. Calhoun, *Longfellow: A Rediscovered Life* (Boston: Beacon Press, 2004), 215.
55 公的資料によると、彼女は黄リンマッチを踏んでいた。"Burnt to Death," *Lancet*, vol.89, no.2285 (June 15, 1867), 749.
56 McMahon, "The Tragic Deaths in 1871 in County Monaghan of Emily and Mary Wilde—Half-Sisters of Oscar Wilde," *Clogher Record*, 18, no.1 (2003), 129-45.
57 "Deaths from Wearing Crinoline," *London Times* (March 23, 1863), 6.
58 "Rhymes to Decreasing Crinoline," *Punch* (March 25, 1865), 124.
59 "The Good Servant: The Bad Master," *All The Year Round*, vol.6, no.140 (December 28, 1861), 324.
60 "Crinoline Again," *London Times* (August 4, 1864), 6.
61 "The Crinoline Tragedy," *London Times* (November 27, 1866), 6.
62 Thomas, *Pictorial Victorians*, 103.
63 "On the Comparative Value of Certain Salts for Rendering Fabrics Non-inflammable," reprinted in *Franklin Journal*, 69, no.5 (May 1860), 354-55.
64 "Fireproof Fabrics," *Lancet*, vol.74, no.1891 (November 26, 1859), 545.
65 "Anti-Inflammable Starch," *Times* (December 25, 1844), 6; "Tungstate of Soda and Muslins," *Tait's Edinburgh Magazine*, vol.28, no.324 (May 1861), 17; "Ladies' Lives," *All the Year Round*, vol.6, no.145 (February 1, 1862), 441-444; "Fireproof Starch," *Lancet*, vol.99, no.2547 (June 22, 1872), 875.
66 Maines, *Asbestos and Fire*, 25.
67 Giovanni Aldini, *Art de se préserver de l'action de ia flamme* (Paris: Madame Huzard, 1830).
68 "John Bell: Asbestos Manufacturer," *The New Monthly*, vol.121, no.726 (October 1882), 709.
69 Paul Blanc, *How Everyday Products Make People Sick: Toxins at Home and in the Workplace* (Oakland: University of California Press, 2009), 15. 現在では、がんを含めてアスベストの健康リスクがよく知られているにもかかわらず、世界保健機関（WHO）によると2004年に世界ではアスベストが原因で10万7000人が死亡した。カナダとロシアは世界のアスベストの四分の三を輸出していて、クリソタイルアスベストが国連危険有害物質リストに載らないように戦っている。"Asbestos," World Health Organization, http://www.who.int/ipcs/assessment/public_health/asbestos/en/, 2018年12月にアクセス。Kathleen Ruff, "Russia, Zimbabwe, pick up asbestos baton from Canada," *Toronto Star* (May 5, 2013), http://www.republicofmining.com/2013/05/06/russia-zimbabwe-pick-up-the-asbestos-baton-from-canada-by-kathleen-ruff-toronto-star-may-5-2013/, 2018年12月にアクセス。
70 A. Leonard Summers, *Asbestos and the Asbestos Industry: The World's Most Wonderful Mineral* (London: Pitman & Sons, 1919), 59.
71 "The International Health Exhibition, Group 2—Dress," *Lancet*, vol.124, no.3175 (July 5, 1884), 33.
72 "The Flannelette Evil: A New Danger for the Public," *Hawera & Normanby Star*, LXII (September 26, 1911), 7.
73 G. Proudlove (For the Patentees of "Non-Flam"), "Flaming Flannelette, [To the Editor of the "Spectator"]," *Spectator* (December 19, 1908), 19.
74 T.E. Samson, in Vicki Holmes, *Victorian Domestic Dangers* blog, "Inflammable Flannelette," (December 9, 2013), http://victoriandomesticdangers.com/2013/12/09/inflammable-flannelette/, 2018年12月にアクセス。
75 *BMJ*, vol.2, no.561 (September 30, 1871), 396.
76 "The Preservation of Health," *After Work* (October 1874), 159.
77 *Myra's Journal of Dress and Fashion Advertiser*, issue 1 (January 1, 1877), i.
78 Christopher Breward, "Femininity and Consumption: The Problem of the Late Nineteenth-Century Fashion Journal," *Journal of Design History*, 7, no.2 (1994), 71.
79 病床で、あるいは暑い場所でフランネルを着ると、「汗が染み込み、汚れの『化粧板』ができて……そのにおいが鼻をつんと突くようになり、肌がひりひりしてくる」という

(Philadelphia: University of Philadelphia Press, 2010), 13 を参照。
35 Andrew Bolton, *Men in Skirts* (London: V & A, 2002); Patricia Cunningham, *Reforming Women's Fashion, 1850-1920* (Kent: Kent State University Press, 2003); Gail Fischer, *Pantaloons and Power: Nineteenth-Century Dress Reform in the United States* (Kent: Kent State University Press, 2001).
36 F.W. Harberton, "A Plea for Dress Reform," *The Queen 68* (July-December 1880), 332. Kimberly Wahl, *Dressed as in a Painting: Women and British Aestheticism in an Age of Reform* (Durham: University of New Hampshire Press, 2013) も参照。
37 Marlis Schweitzer, *When Broadway Was the Runway: Theater, Fashion, and American Culture* (Philadelphia: University of Pennsylvania Press, 2009), 143.
38 "'The Hobble' is the Latest Freak in Woman's Fashions," *The New York Times* (June 12, 1910), SM10.
39 "Satirizing the 'Hobble' Skirt," *The New York Times* (September 4, 1910), C2.
40 *The New York Times* (June 12, 1910), SM10.
41 Charlotte Perkins Gilman, "The Principles Involved," Chapter 3, *The Dress of Women: A Critical Introduction to the Symbolism and Sociology of Clothing* (1915), eds. Michael Hill and Mary Jo Deegan (Westport, CT: Greenwood Press, 2002).
42 "Victim of Hobble Skirt," *The New York Times* (September 13, 1910), 1.
43 "Hobble Skirt Caused Her Death," *The New York Times* (September 1, 1911), 1.
44 "Hobble Skirts Barred," *Washington Post* (September 17, 1910), 6; "Defends Hobble-Skirt Girl," *Washington Post* (October 10, 1910), 9.
45 "Hobble Skirt Tripped Her," *The New York Times* (July 21, 1910), 3.
46 "New 'Hobble Skirt Car,'" *The New York Times* (March 20, 1912), 2.
47 "Hobbled by Hobble Skirt," *Globe and Mail* (July 23, 1910), 1; "Injured in 'Hobble' Skirt," *The New York Times* (August 5, 1910), 1.
48 "Hobble Skirt Is American," *The New York Times* (August 14, 1910); "Paris Hoots Hobble Skirt. Directors of Fashion Calmly Blame America for It," *Washington Post* (August 28, 1910).
49 "Perils of Hobble Skirts. Friend of Working Girls Says They Block Escape from Burning Buildings," *The New York Times* (August 8, 1913), 4.
50 Nan Enstad, *Ladies of Labor, Girls of Adventure* (New York: Columbia University Press, 1999).

第6章 炎に包まれる生地——燃え上がるチュチュと可燃性ペチコート

1 *Gautier on Dance*, trans. Ivor Guest (London: Dance Books, 1986), 153.
2 Ivor Guest, *Victorian Ballet-Girl: The Tragic Story of Clara Webster* (London: A. and C. Black, 1957), 107.
3 Théophile Gautier, *La Presse* (December 23, 1844) L:724, in *Gautier on Dance*, 153.
4 *Court Journal*, in Guest, *Victorian Ballet-Girl*, 116.
5 Margaret MacDonald et al., *Whistler, Women, and Fashion* (New Haven: Yale University Press, 2003); John Harvey, "Men in Black with Women in White," *Men in Black* (Chicago: University of Chicago Press, 1995)［邦訳:『黒服』、太田良子訳、研究社出版］。
6 きめ細かいモスリン織り製品に使われた高品質の長繊維綿は、サウスカロライナ州とジョージア州からの輸出が、1793年の約42トンから1801年では約3800トンに跳ね上がった。8年間でほぼ90倍である。Beverly Lemire, *Cotton* (Oxford: Berg, 2011), 87.
7 Susan Vincent, *The Anatomy of Fashion* (Oxford: Berg, 2009), 33.
8 Henri Despaigne, *Le Code de la Mode* (1866), in Philippe Perrot, *Fashioning the Bourgeoisie* (Princeton: Princeton University Press, 1994), 97.
9 F.A. Wells, "The Textile Industry: Hosiery and Lace, " *A History of Technology* (Oxford: Oxford University Press), 601.
10 Stephen J. Pyne, *Fire: Nature and Culture* (London: Reaktion Books, 2012)［邦訳:『図説火と人間の歴史』、生島緑訳、原書房］。
11 P.M.L.B. Remy, *Essai sur la brûlure considérée comme accident*, Thesis (Paris, 1835), 10.
12 "To Prevent Accidents by Fire," (London) *Times* (January 8, 1799), 1.
13 "Tungstate of Soda and Muslins," *Tait's Edinburgh Magazine* (May 1861), 15.
14 Barbara Burman, "Pocketing the Difference," *Material Strategies: Dress and Gender in Historical Perspective* (Oxford: Blackwell Publishing, 2003), 84.
15 1815年と1820年の2枚のネットドレスは生地が織られてから洗濯糊でコーティングされており、200年後でさえ脆くてゴワゴワしていることが電子顕微鏡で明らかにされた。Sarah Howard and Paul Garside, "'Net' What It Seems! The Impact of Detailed Research and Analysis on the Approaches to the Conservation of Two Early 19th-Century Machine-Made Net Dresses," *Scientific Analysis of Ancient and Historic Textiles* (London: Archetype Publications, 2005), 19-23.
16 錯覚により、シルクのチュールはほとんど目に見えなかった。*The Ladies' Treasury*, 4 (London: Ward and Lock, 1860), 26.
17 "Crinolinomania: Punch's Female Malady," Julia Thomas, *Pictorial Victorians* (Athens: Ohio University Press, 2004), 77-102.
18 Rachel Maines, *Asbestos and Fire: Technological Trade-offs and the Body at Risk* (New Brunswick: Rutgers University Press, 2005), 45, 48.
19 同上、46.
20 Deirdre Kelly, *Ballerina: Sex, Scandal, and Suffering Behind the Symbol of Perfection* (Vancouver: Greystone Books, 2012), 55.
21 同上、47-70.
22 Martine Kahane, *Le Tutu* (Paris: Flammarion, 2000), 14.
23 Dr. Tripier, *Assainissement des théâtres* (Paris: J.B. Ballière, 1864), 33.
24 *The Richmond Daily Dispatch* (October 1, 1861).
25 "The Holocausts of Ballet-Girls," *The Lancet*, vol.91, no.2333 (May 16, 1868), 631-32.
26 Guest, *Victorian Ballet-Girl*, 9; l'Épine Quatrelles, *Emma Livry* (Paris: Ollendorff, 1909); Cyril Beaumont, *Three French Dancers of the Nineteenth Century: Duverny, Livry, Beaugrand* (London: C.W. Beaumont, 1935); Ivor Guest, *The Ballet of the Second Empire* (London: A and B Black, 1953).
27 Beaumont, *Three French Dancers*, 25.
28 *Gazette des Tribunaux* (April 21 and 22, 1873), 383.
29 オペラ座の総裁ペランから宮内・芸術大臣への手紙、「カートロンとホッタンの技術は布地を不燃性にすることに留意されたい」(April 1864), Opéra Archives, 19［68］。ある建築家が書いているように「劇場の平均的な使用期間

72 Julien Tribet, *Empoisonnement par le vernis au noir d'aniline appliqué à la chaussure* (Dijon: Barbier-Marlier, 1901), 75-76.

73 "Shoe Dyes and Aniline Poisoning," *Journal of the American Medical Association*, 87, no.34 (July 3, 1926), 34.

74 John Aikman, "Shoe-Dye Poisoning: Report of Three Cases," *American Journal of Diseases of Children*, 35 (August 8, 1928), 1040.

75「染色毛皮接触皮膚炎」の多くの事例は、Ruth O'Brien, *Bibliography of Clothing in Relation to Health* (Washington, D.C.: U.S. Department of Agriculture, 1929) に記載されている。

76 タグウェルという教授も 1933 年の *Paramount Newsreel* で「睫毛美化製品」を非難している。メイベリン社は売り上げが落ちたために激怒した。

77 Ruth DeForest Lamb, *American Chamber of Horrors: The Truth About Food and Drugs* (New York: Farrar and Rinehart, 1936), 18. 著者はアメリカ食品医薬局（FDA）の初代教育局長。

78 "Eyes and Dyes," *Time Magazine*, 22, no.23 (December 4, 1933), 26.

79 Hamilton, *Industrial Toxicology*, 175.

80 DeForest Lamb, *American Chamber of Horrors*, 22.

81 Sali Hughes, "Could Your Hair Dye Kill You?," *The Guardian* (Manchester) (November 28, 2011). ウェブサイトは http://www.theguardian.com/lifeandstyle/2011/nov/28/could-hair-dye-kill-you, 2018 年 12 月にアクセス。

82 この染料に入っていたのも、1930 年代にラッシュ＝ルアで使用された化学薬品とまったく同じ種類だった。同上。

第５章　絡まる、窒息する——機械に巻き込まれる事故

1 Mary Desti, *The Untold Story: The Life of Isadora Duncan, 1921-27* (New York: Horace Liveright, 1929), 26. ダンカンは愛人に会いに行くところだったので、実際は「à la gloire（栄光へ）」ではなく「à l'amour《ア・ラムール》」つまり「愛へ（と旅立つ）」と言ったのだが、ダンカンの本当の最後の言葉を本に載せたくなかったとデスティはのちに認めている。

2 同様の座席配置で、助手席とスポークホイール（タイヤ）の近さがわかる、1927 年製アミルカーのイラストを次のウェブサイトで見ることができる。https://www.the-blueprints.com/blueprints/cars/variouscars/52131/view/amilcar_cgss_1927_/, 2018 年 12 月にアクセス。

3 "Isadora Duncan meurt victime d'un singulier accident," *L'Éclaireur de Nice et du Sud Ouest* (September 15, 1927), 1.

4 Irma Duncan, and Allan Ross MacDougall, *Isadora Duncan's Russian Days and Her Last Years in France* (New York: Covici-Friede, 1929), 354［邦訳:『続・わが生涯——イサドラ・ダンカン』、小倉重夫訳、冨山房］; Jean-Pierre Liausu, n.t. (September 18, 1927), "Dossier d'Artiste Isadora Duncan," *Arts et Spectacles*, フランス国立図書館。

5 "Isadora Duncan, Dragged by Scarf from Auto, Killed," *The New York Times* (September 15, 1927), 表紙、Proquest Historical Newspapers.

6 New York Public Library, Irma Duncan Collection, MGZMC-RES 23.

7 私はまだ購入者を見つけだせていない。"Buys Fatal Duncan Shawl," *The New York Times* (October 29, 1927), 3, Proquest Historical Newspapers.

8 "The People History: 1920s Collector Cars" (September 13, 2013), http://www.thepeoplehistory.com/1920s.html#cars, 2018 年 12 月にアクセス。

9 Duncan and MacDougall, *Isadora Duncan's Russian Days*, 352［邦訳：『続・わが生涯——イサドラ・ダンカン』］。

10 "Du nouveau toujours du nouveau," *Chemiserie, lingerie, bonneterie, revue professionelle de l'élégance masculine et féminine* (August 1927), 23-24.

11 Mary Desti, *Isadora Duncan's End* (London: V. Gollancz, 1929), 240.

12 Barbara Baines, *Fashion Revivals* (London: B.T. Batsford, 1981), 175.

13 引用の詳しい記述は Alexandre Vassileu, *Beauty in Exile: The Artists, Models, and Nobility who Fled the Russian Revolution and Influenced the World of Fashion* (London: Harry N. Abrams, 2000), 145 を参照。

14 Desti, *Isadora Duncan's End*, 335.

15 Desti, *Untold Story*, 197-98.

16 同上、275.

17 "No People Like Show People: Isadora Duncan," *Theatre of Fashion* blog (November 17, 2010), http://theatreoffashion.co.uk/2010/11/17/no-people-like-show-people-isadora-duncan/.

18 John C. Burnham, *Accident Prone: A History of Technology, Psychology and Misfits of the Machine Age* (Chicago: University of Chicago Press, 2009), 2.

19 同上、15.

20 *The New York Times* (September 15, 1927), 4.

21 P.A. Gowens et al., "Survival from Accidental Strangulation from a Scarf Resulting in Laryngeal Rupture and Carotid Artery Stenosis: The "Isadora Duncan Syndrome," *Emergency Medicine Journal*, 20, no.4 (2003), 391-93.

22 Karl Figlio, "What Is an Accident?," *The Social History of Occupational Health* (London: Croom Helm, 1985), 189.

23 Jamie Bronstein, "The Paradox of Free Labour," *Caught in the Machinery: Workplace Accidents and Injured Workers in Nineteenth-Century Britain* (Stanford: Stanford University Press, 2008), 97-124.

24 同上、72.

25 Steven Gunn, University of Oxford, Faculty of History, Everyday Life and Fatal Hazard Project, "Everyday Life and Fatal Hazard Discovery of the Month," August 2011, http://www.history.ox.ac.uk/research/project/everydaylife/discoveries.html. 2014 年 6 月 18 日にアクセス。

26 Archives Départementales, Besançon, M. 2480 Gendarmerie, 7e Légion Compagnie du Doubs, Arrondissement de Pontarlier.

27 Bronstein, "The Paradox of Free Labour," 107.

28 Barbara Harrison, *Not Only the Dangerous Trades: Women's Work and Health in Britain, 1880-1914* (Milton Park: Taylor & Francis, 1996), 59.

29 Bronstein, "The Paradox of Free Labour," 63.

30 Hugh Trevor-Roper, "The Invention of Tradition: the Highland Tradition of Scotland," *The Invention of Tradition*, eds. Eric Hobsbawm and Terence Ranger (Cambridge: Cambridge University Press, 1983), 19-20 (pp.15-42).

31 同上、22.

32 Jonathan Faiers, *Tartan* (Oxford: Berg, 2008), 79.

33 Joanna Berzowska, "Electronic Textiles: Wearable Computers, Reactive Fashion, and Soft Computation," *Textile: The Journal of Cloth and Culture*, 3, no.1 (2004), 58-75.

34 John Styles, *Dress of the People: Everyday Fashion in Eighteenth-Century England* (New Haven: Yale University Press, 2008) および Susan Hiner, *Accessories to Modernity: Fashion and the Feminine in Nineteenth-Century France*

29 Ambroise Viaud-Grand-Marais, "Des accidents produits par l'emploi sur la peau de chemises de laine aux couleurs d'aniline," *Gazette des hôpitaux civils et militaires*, 14 (February 4, 1873), 108.
30 "The Fashions—Stockings," *Lady's Newspaper* (January 26, 1861), 51. 19世紀後半の鮮やかな女性用タイツについて、さらなる事例は *À fleur de peau, Le Bas: Entre mode et art de 1850 à nos jours* (Paris: Somogy, 2007) を参照。
31 "The Fashions—Stockings," 51.
32 *The Times* (September 30, 1868), 9.
33 Jabez Hogg, "Arsenic and Arsenical Domestic Poisoning," *The Medical Press and Circular* (July 20, 1879), 84.
34 *The Times* (October 8, 1868), 8.
35 "Police," *The Times* (September 30, 1868), 9.
36 "Poisoned Socks Again," *The Lancet*, vol.94, no.2395 (July 24, 1869), 129-30. いくつかの詳しい事例研究は、Erasmus Wilson, "Dermatitis Toxica from the Aniline Dye," *Journal of Cutaneous Medicine and Diseases of the Skin*, 3 (1869), 44-49; "Poisoned Socks," *BMJ*, vol.1, no.534 (March 25, 1871), 316 に見られる。
37 Viaud-Grand-Marais, "Des accidents produits," 109.
38 William Brock, *The Case of the Poisonous Socks: Tales from Chemistry* (Cambridge, UK: The Royal Society of Chemistry, 2011), 6.
39 "Police," *The Times* (October 3, 1868), 11.
40 あるフランスの医師は、コラリンではなく、染色産業で使用されている「石炭酸 (acide phénique)」が問題を起こしていると考えた。それは8℃では無害だが、15～20℃まで熱すると「皮膚は焼かれ、肉が蝕まれ、腫れ上がることがある」。P. Guyot, "Nouveaux accidents causés par les chaussettes empoisonnées; explication du problème," *Le courier médical et la réforme médicale*, 21 (1871), 236-38.
41 William Crookes, "Poisonous Dyes," *London Times* (October 16, 1868), 4.
42 Brock, *The Case of the Poisonous Socks*, 3, 7.
43 Crookes, "Yellow and Orange Dyes," 4. モーリーの会社は最終的に、酸化工程を開発して合成染料を安定させ、「衛生的」として売り込んだ。Brock, *The Case of the Poisonous Socks*, 7.
44 同上。
45 Ambroise Viaud-Grand-Marais, "Fait pour server à l'histoire de l'empoisonnement par les tissus anglais de couleur carmine," *La Lancette française-Gazette des Hôpitaux Civils et Militaires*, 21 (February 20, 1869), 82.
46 同上、83.
47 Viaud-Grand-Marais, "Des accidents produits," 108-23, 307-31.
48 Alice Hart, "Donegal Industrial Fund," *London Times* (September 12, 1884), 6. 人々は今日もなお、産業革命前の製品にこうした幻想を抱いている。日本企業のドライボーンズ (Dry Bones) とピュアブルージャパン (Pure Blue Japan) は、自然の植物ベースのインディゴを使った手染めにこだわり、職人技でデニムを生産して、それぞれ575米ドルと685米ドルでジーンズを小売りしている。
49 Ballin, *Health and Beauty in Dress*, 113.
50 改良服について詳しくは、名著の Stella Mary Newton, *Health, Art, and Reason: Dress Reformers of the 19th Century* (London: John Murray, 1974); Patricia A. Cunningham, *Reforming Women's Fashion, 1850-1920* (Kent, OH: Kent State University Press, 2003) を参照。
51 Susan Vincent, *The Anatomy of Fashion* (Oxford: Berg, 2009), 148.
52 John Thomson, and Adolphe Smith, *Street Life in London* (1877). *Victorian London Street Life in Historic Photographs* (New York: Dover, 1994), 133-34 として再版［邦訳：『写真と文によるヴィクトリア朝ロンドンの街頭生活』、梅宮創造訳、アティーナ・プレス］。
53 André Guillerme, *La naissance de l'industrie à Paris: entre sueurs et vapeurs: 1780-1830* (Seyssel: Champ Vallon, 2007), 197-98. パリで皮革を扱う産業すべてを要約した優れた書籍である。「輝きや色をもたらし、空気や水による破壊作用から守る」ワニスは、全種類で、1819年のパリで500万フラン規模の産業だった。
54 この言葉に含まれる「クロット (crotte)」は、フランス語で動物の糞便を意味する。Michael Marrinan, *Romantic Paris: Histories of a Cultural Landscape, 1800-1850* (Stanford: Stanford University Press), 279.
55 Michael Allen, "New Light on Dickens and the Blacking Factory," *The Dickensian*, 106 (2010), 5.
56 Edmond Frémy (dir.), *Encyclopédie chimique. Tome X.– Applications de chimie organique. Matières colorantes: série aromatique et ses applications industrielles*, par MM. Ch. Girard et A. Pabst (Paris: Dunod, 1892), 97.
57 Charles Thompson, *Poison Mysteries in History, Romance, and Crime* (London: The Scientific Press, 1923), 203; Edouard Nobecourt and Pichon, "A propos d'un cas d'intoxication par le Nitrobenzene observé chez un enfant de quatorze ans," *Paris médical: la semaine du clinicien*, 53 (November 8, 1924), 380.
58 World Health Organization, "International Agency for Research on Cancer Monographs," Lyon, France: IARC, *Nitrobenzene*, 65 (1996), http://monographs.iarc.fr/ENG/Monographs/vol65/mono65.pdf, 384, 2018年12月にアクセス; Blanc, "How Everyday Products," 55. ゴム接着剤のような糊に使用されると、白血球を破壊し、しばしば致死的疾患の「再生不良性貧血」を発症させる。
59 Edouard Nobecourt and Pichon, "A propos d'un cas d'intoxication," 385.
60 Alok Gupta et al., "A Fatal Case of Severe Methaemoglobinemia Due to Nitrobenzene Poisoning," *Emergency Medicine Journal*, 29 (2012), 70-71.
61 Stone, "Fatal Poisoning Due to Skin Absorption," 979.
62 F.F. Gundrum, "Nitro-benzol Poisoning," *California State Journal of Medicine*, 16, no.6 (May 1918), 252.
63 Frémy, *Encyclopédie chimique*, 96-97.
64 E.G. Knox, "Ceremonial methaemoglobinuria," *BMJ*, 7151 (July 23, 1998), 153.
65 "Poisoning from Aniline Black on Shoes," *The Lancet*, vol.173, no.4454 (January 9, 1909), 118.
66 Landouzy and Georges Brouardel, "Empoisonnements non professionnels par l'aniline," *Bulletin de l'Académie de médecine* (July 17, 1900), in Paul Brouardel, A. Riche, and L. Thoinot, "Un cas d'intoxication par chaussures jaunes noircies à l'aniline," *Annales d'Hygiène Publique et de Médecine Légale*, 3ème série, tome XLVII (1902), 391.
67 *Invisible Paris* ブログに、黄色い靴を黒く染めた他の事例を報告する1901～02年の四つの新聞の切り抜きが再掲載されている。"The Paris Archives: Poisonous Shoes" (June 6, 2012), http://parisisinvisible.blogspot.ca/2012/06/paris-archives-poisonous-shoes.html, 2018年12月にアクセス。
68 Brouardel et al., "Un cas d'intoxication," 385-99.
69 同上、386-87.
70 同上、397, 399.
71 同上、399.

で、XRF の専門家エリック・ダ・シルヴァにより分析が行われた。これら詳しい分析をしてくださったライアソン大学の同僚のみなさんに格別の感謝を申し上げる。
79 Catharine Hawks and Kathryn Makos, "Inherent and Acquired Hazards in Museum Objects: Implications for Care and Use of Collections," *CRM*, 5 (2000), 31-37. シカゴ歴史博物館のコンサバターであるホリー・ランドバーグのおかげで、私はこれに注意を向けることができた。彼女にはお礼を申し上げる。
80 ヒ素はほぼ確実に、綿に対してとは異なる方法でシルクに加えられた。ほとんどは「ほのかな色み」として、ゼラチンや卵白で生地に結びついていたが、1867 年のマニュアルによれば、カリウムや硫黄など染色工程の生地に見られるいくつかの元素の使用がうかがわれる。M.P. Schutzenberger, *Traité des matières colorantes comprenant leur applications à la teinture et à l'impression* (Paris: Victor Masson, 1867), 292-96. パリのフォルニー図書館が所蔵している私の見たこのマニュアルには、今も染色サンプルが付属していて、その色合いは私が期待したような青みがかった寒色系の緑色だった。
81 Henry Carr, *Our Domestic Poisons or, the Poisonous Effects of Certain Dyes and Colours Used in Domestic Fabrics*, 3rd ed. (London: William Ridgway, 1883), 11. カーのテキストは、多くの医学や毒物学の機関とのやりとりや、それらの支援によって出版された。1880 年に出版されたカーの *Poisons in Domestic Fabrics* (p.2) には、ヒ素なしで「深刻な発疹性の病気」をひきおこしたアニリン染めのターラタンの生地、造花、手袋と靴下が提示されている。
82 Bartrip, "How Green Was My Valence?," 899.
83 Agusti Nieto-Galan, "Towards the 'Artificial': A Long-Standing Technological Change," *Colouring Textiles: A History of Natural Dyestuffs in Industrial Europe* (Dordrecht: Kluwer Academic Publishers, 2001), 186.

第 4 章 色――死をもたらす美しい色たち

1 Willard Stone, "Fatal Poisoning Due to Skin Absorption of Liquid Shoe Blacking (Nitrobenzol)," *Journal of the American Medical Association*, 43 (October 1, 1904), 977-80.
2 Alice Hamilton, *Industrial Toxicology*, 4th ed. (New York: Harper & Brothers, 1934), xvii. アルコールはヒ素や水銀とも「相乗的に働く」と指摘されている。
3 "University Students Poisoned by Shoe Dye," *Ypsilanti Record* (April 10, 1924), reprinted in *Dusty Diary* blog (October 1, 2010), http://ypsiarchivesdustydiary.blogspot.ca/2010/10/toxic-shoes-hospitalize-u-m-students.html, 2018 年 12 月にアクセス。
4 James Redding Ware, *A Dictionary of Victorian Slang* (London: Routledge, 1909), 3-4.
5 Alison Matthews, "Aestheticism's True Colors: The Politics of Pigment in Victorian Art, Criticism, and Fashion," *Women in British Aestheticism*, eds. T. Schaffer and K.A. Psomiades (Charlottesville: University of Virginia Press, 1999), 172-91.
6 James Startin, "Aniline Dyes," *London Times* (September 17, 1884), 8, reprinted in Simon Garfield, *Mauve* (London: Faber and Faber, 2000), 102.
7 Regina Lee Blaszczyk, *The Color Revolution* (Cambridge: MIT Press, 2012), 27.
8 Gustav Jaeger, *Health-Culture* (London: Adams Brothers, 1903), 131-32.
9 女性の身につけている布地の染料や紺青色や黒、バイオレット、緑色の裏地に対するアレルギー反応は、現在でもよく見られる。M. Pratt and V. Taraska, "Disperse blue dyes 106 and 124 are common causes of textile dermatitis and should as screening allergens for this condition," *Am. J. Contact Dermatitis*, 2000, 11:1, 30-41 を参照。
10 "Mythology and Socks," *Punch* (October 17, 1868), 160. これらの用語が発明されたのは、化学者のウィリアム・クルックスが 2 週間足らず前に発表した論説に対する反応だろう。その論説で彼は、危険性の高い「ジニトロアニリン、クロロキシナフタル酸、ニトロジフェニルアニリン」で染めた靴下に言及している。それらの靴下は「ヴィクトリアオレンジ」、「マンチェスターイエロー」といった商品名で販売されていた。"Yellow and Orange Dyes," *London Times* (October 5, 1868), 4.
11 *London Times* (January 7, 1869), 9.
12 Paul Blanc, *How Everyday Products Make People Sick: Toxins at Home and in the Workplace* (Oakland: University of California Press, 2009), 53. 靴の製造と修繕に使われた接着剤など、有毒な膠におけるベンゼンの使用について論じている。
13 "Perkin's Purple," *All the Year Round* (September 10, 1859), 468.
14 "The Mauve Measles," *Punch* (August 20, 1859), 81.
15 "Perkin's Purple," 469.
16 Simon Garfield, *Mauve* (London: Faber and Faber, 2000), 9-10.
17 "Perkin's Purple," 468.
18 Garfield, *Mauve*, 78-79. ホフマンはそれをロザニリンと名づけ直している。
19 "The Case of the Empty House," in Alan Dronsfield, *The Transition from Natural to Synthetic Dyes*, Historic Dye Series No.6 (Little Chalfont: John Edmonds, 2001), 26.
20 Garfield, 83. リヨンの染色工場の労働者に「流行した」その毒性の初期の記録は Henri Charvet, "Etude sur une épidémie qui a sévi parmi les ouvriers employés à la fabrication de la Fuschine." *Annales d'hygiène publique et de médecine légale*, série 2, no.20 (1863), 281-311.
21 Garfield, *Mauve*, 80.
22 Ambroise Tardieu and Z. Roussin, "Mémoire sur la coralline et sur le danger que présente l'emploi de cette substance dans la teinture de certains vêtements," *Annales d'hygiène publique et de médicine légale*, série 2, tome 31 (janvier 1869), 257-74; Ambroise Tardieu, "Mémoire sur l'empoisonnement par la coralline," *L'Union Médicale*, série 3, no.7 (1869), 162-67.
23 コラリンが無害であるとするこの論文は、動物実験を指揮していたリヨンの獣医科大学教授の M. タブランによって書かれた。"Note relative à l'action de la coralline sur l'homme et les animaux" (Lyon: Imprimerie de Pitrat Aîné, 1871).
24 William Thompson, *The Occupational Diseases: Their Causation, Symptoms, Treatment, and Prevention* (New York: D. Appleton, 1914), 634.
25 同上、635-36.
26 同上、310.
27 Caroline J. Smith and George Havenith, "Body Mapping of Sweating Patterns in Male Athletes in Mild Exercise-induced Hyperthermia," *European Journal of Applied Physiology*, 111 (2011), 1391-1404; Lynton T. Hazelhurst and Nicolaas Kla, "Research Note: Gender Differences in the Sweat Response During Spinning Exercise," *Journal of Strength & Conditioning*, 20, no.3 (August 2006), 7232-34.
28 Ada Ballin, *Health and Beauty in Dress* (London: John Flank, 1892), 115.

Pennsylvania State University Press, 2010), 27-30.
36 Meharg, *Venomous Earth*, 65.
37 Andrew Meharg, "Killer Wallpaper," reprinted in *Popular Science* (June 21, 2010), http://popsciencebooks.blogspot.co.uk/search?q=killer%20wallpaper%27, 2018 年 12 月にアクセス。
38 Alfred S. Taylor, *On Poisons in Relation to Medical Jurisprudence and Medicine* (Philadelphia: Lea & Blanchard, 1848), 374.
39 R. Ackermann, *The Repository of Arts, Literature, Commerce, Manufactures, Fashions, and Politics*, vol.VI (July 1811), 52-53.
40 この検査により、かなり多量の銅とヒ素が含まれていることが示された。
41 Jean Persoz, *Traité théorique et pratique de l'impression des tissus*, tome 3 (Paris: V. Mason, 1846), 152-54, 537. 織物の染色と印刷のマニュアルによると、シェーレグリーンは1860 年代よりも 1840 年代のほうが布地を染めるのによく使われていた。Edward Andrew Parnell, *Dyeing and Calico-Printing* (London: Taylor, Walton, and Maberly, 1849), 39-40 と Charles O'Neill, *Dictionary of Calico Printing and Dyeing* (London: Simpkin, Marshall & Co., 1862) を参照。後者には「この色はキャラコやその他の織物には現在ほとんど使われていない」(p.73) と書かれている。これらの文献を教えてくださったフィリップ・サイカスに感謝を申し上げる。
42 Meharg, *Venomous Earth*, 78.
43 Whorton, *The Arsenic Century*, 86. Ian Burney, *Poison, Detection, and the Victorian Imagination* (Manchester: Manchester University Press, 2006) も参照。
44 P.W.J. Bartrip, "How Green Was My Valance? Environmental Arsenic Poisoning and the Victorian Domestic Ideal," *English Historical Review*, 109, no.433 (1994), 902.
45 "A Test for Arsenic," *The London Times* (February 11, 1862), 6; "A Test for Arsenic," *BMJ* (February 22, 1862), 215. 私たちは、ヒ素が含まれるドレス(オーストラリア製)のサンプル片で、アンモニアを加える実験を行った。サンプルは銅の含有量が少なすぎて青く変化しなかったが、ヒ素と銅の標準液では、アンモニアを数滴加えると美しい群青色に変化した。
46 Chevallier, "Recherche sur les dangers que présentent le vert de Schweinfurt, le vert arsenical, l'arsénite de cuivre," *Annales d'hygiène publique et de médecine légale,* 2ème serie, tome 12 (Baillière: Paris, 1859), 90.
47 1851 年から英国王立研究所で開催された Progress of the Chemical Arts におけるライアン・プレイフェアの講演、*London News Archive* (June 7, 1862), 593.
48 *Modes Parisiennes* (January 24, 1863), 38.
49 "Letter from Miss Francis Lyttle Humbug to Her Cousin Miss Ellen Lyttle Humbug," *Punch* (December 12, 1863), 242.
50 "Death from Arsenic," *London Times* (October 20, 1862), 10. ヘンリー・レシビー博士は、このブドウと葉を検査した化学者だった。彼は本章の後の部分でも引用される。
51 Roy Campbell, trans. Charles Baudelaire, *The Flowers of Evil* (London: Routledge, 1955) [邦訳:『悪の華』、堀口大學訳、新潮社]。
52 Chevallier, "Recherche sur les dangers que présentent," 4.
53 E. Beaugrand, *Des différentes sortes d'accidents causés par les verts arsénicaux employés dans l'industrie, et en particulier les ouvriers fleuristes* (Paris: Henri Plon, 1859); Chevallier, 49-107.
54 *House of Commons Report* (1863), 138. ヴィルヘルム・グラントメは染料工場の現場で働く最初期の医師の一人で、1874 年にフランクフルト近郊のヘキスト染料の工場に雇われて、1880 年代に職業中毒を表にまとめた。造花に携わる労働者の 15 パーセントと「シュヴァインフルトグリーン」の製造業者の 20 パーセントは、依然としてヒ素中毒に苦しんでいた(同じ表で、帽子屋の 7.5 パーセントは水銀中毒にかかっているとあげられている)。Grandhomme, in Theodore Weyl, *The Coal-Tar Colours: With Especial Reference to their Injurious Qualities and the Restriction of their Use* (Philadelphia: P. Blakiston, 1892), 30.
55 Draper, "Evil Effects of the Use of Arsenic," 30.
56 *The Ladies' Treasury*, vol.4 (1860), 271.
57 Elizabeth-Félicie Bayle-Mouillard, *Manuel du fleuriste artificiel* (Paris: Librairie Encyclopédique Roret, 1829), 31-32.
58 Clélie Sourdon, *Nouveau manuel simplifié du fleuriste artificiel* (Paris: Librairie Encyclopédique Roret, 1858), 105, 120.
59 "Aux ouvriers fleuristes," political poster, 1848 (Bibliotheque Nationale de France).
60 Vernois, "Mémoire sur les accidents produits," 335.
61 *Helbronner's Manual of Paper Flower Making with Correct Patterns and Instructions* (London: R. Helbronner, 1858), 3.
62 Lucia Burgio and Bhavesh Shah, *Analysis Report*, 13–206-LB-BS, Flowermaking kit–E.254–1949, Science Section, Conservation Department (December 17, 2013), 3 (未発表の報告書)。
63 この事件は 1849 年に起こった。少女は仕事の時間よりも早く来て毒を飲み、正午までに亡くなった。雇い主は、毒物を施錠保管していなかったために罰金を科せられた。Chevallier, "Recherche sur les dangers que presentment," 52.
64 *Natural History*, 93 (1820), 103 掲載の書評 "Taxidermy: or, the Art of Collecting, Preparing, and Mounting Objects of Natural History." Ivan M. Kempson et al., "Characterizing Arsenic in Preserved Hair for Assessing Exposure Potential and Discriminating Poisoning," *Journal of Synchrotron Radiation*, 16 (2009), 422-27. ある研究では、博物館の 656 の剥製サンプルが検査されて、そのうち 530 サンプルからヒ素が検出された。P. Jane Sirois, "The Analysis of Museum Objects for the Presence of Arsenic and Mercury: Non-Destructive Analysis and Sample Analysis," *Collection Forum*, 16 (2001), 65-75.
65 Prosser White, *The Dermatergoses*, 142.
66 *Belgravia: A London Magazine*, 62 (May 1887), 336-44.
67 C.W. Gedney, "Victims of Vanity," *The English Illustrated Magazine*, 191 (August 1899), 417-26; "Murderous Millinery," *The Speaker* (November 3, 1906), 131.
68 Mark Knowles, *The Wicked Waltz and Other Scandalous Dances: Outrage at Couple Dancing in the 19th and Early 20th Centuries* (Jefferson: McFarland & Co, 2009), 32.
69 同上、34.
70 *Punch* (December 7, 1861), 233.
71 *Punch* (October 5, 1861), 141.
72 *Punch* (November 15, 1862), 197.
73 Guy, "Dr. Guy's Report," 151, 144.
74 同上、148, 154-55.
75 同上、158.
76 Draper, "Evil Effects of the Use of Arsenic," 31.
77 "Arsenical Ball Wreaths," *Medical Times and Gazette* (February 8, 1862), 139.
78 S2 PicoFox (Bruker-AXS, Madison WI, USA) を用いて単色 Mo K 照射および SDD 検出で分析された。ライアソン大学物理学部長のアナ・ペジョヴィク＝ミリック教授の研究室

(October 26, 1912), 1138-39.

86 Porter, "Remarks on Felt Hat Making," 380; Tylecote, "Remarks on Industrial Mercurial Poisoning," 1138.

87 Alice Hamilton, *Industrial Poisons in the United States* (New York: Macmillan, 1925), 113.

88 J. Rambousek, *Industrial Poisoning from Fumes, Gases and Poisons of Manufacturing Processes*, trans. Thomas Legge (London: Edward Arnold, 1913), 142.

89 Monamy Buckell et. al., "Chronic Mercury Poisoning," *British Journal of Industrial Medicine*, 3, no.2 (1946), 55.

90 Tylecote, "Remarks on Industrial Mercurial Poisoning," 1140.

91 Hamilton, *Industrial Poisoning*, 254; F.H. Goldman, "The Determination of Mercury in Carroted Fur," *Public Health Reports*, 52, no.8 (1937), 221-23.

92 Archives Atelier-Musée, sous-série 5N: Personnel Fléchet, enveloppe N°24, dated April 30, 1937.

93 *Science News Letter* (September 7, 1946), 157.

94 "Mercurialism and Its Control in the Felt-Hat Industry," *Public Health Reports*, 56, no.13 (March 28, 1941), 663.

95 W.R. Lee, "The History of the Statutory Control," 59.

96 "Annual Report for 1912 of H.M. Chief Inspector of Factories," *The Lancet* (July 19, 1913), 166.

97 それはアニリン染料だった。第4章の *BMJ* (June 19, 1875), 817を参照。

98 Précy, *Essai sur les coiffures, considerées sous le point de vue de leurs influences* (Paris: Didot Jeune, 1829), 7-20.

第3章　毒を持つ色素——ヒ素を含む緑

1 William Guy, "Dr. Guy's Report on Alleged Fatal Cases of Poisoning by Emerald Green; and on the Poisonous Effects of that Substance as Used in the Arts," *House of Commons Parliamentary Papers* (Online edition, Public Health Database). Fifth Report of the Medical Officer of the Privy Council, 1863 (161), 125-162.

2 *Punch* (December 7, 1861), 233.

3 "Emerald Green," *The English Woman's Journal*, 41, no.7 (July 1, 1861), 309.

4 同上、313.

5 "The Dance of Death," *Times* (February 1, 1862), 12, および1週間後に "Arsenical Pigments in Common Life," *Chemical News* (February 8, 1862), 75に再掲載。ボストンのMITの科学者は、緑のターラタン地には1平方フィート当たり8.21グレイン（1平方メートル当たり約5.73グラム）のヒ素が含まれることを見いだした。つまり、1枚のドレスに3～4オンス（約85～113グラム）の純粋なヒ素が含まれることになる。Frank Draper, "Evil Effects of the Use of Arsenic in Green Colours," *Chemical News* (July 19, 1872), 31.

6 James Whorton, *The Arsenic Century: How Victorian Britain was Poisoned at Home, Work and Play* (Oxford: Oxford University Press, 2010), 10.

7 *BMJ* (February 15, 1862), 177.

8 Charlotte Nicklas, "One Essential Thing to Learn Is Colour: Harmony, Science and Colour Theory in Mid-Nineteenth-Century Fashion Advice," *Journal of Design History* (September 23, 2013), 1-19, doi:10.1093/djh/ept030.

9 James Redding Ware, *A Dictionary of Victorian Slang* (London: Routledge, 1909).

10 Andrew Meharg, *Venomous Earth: How Arsenic Caused the World's Worst Mass Poisoning* (New York: Macmillan, 2005), 66.

11 Whorton, *The Arsenic Century*, 15.

12 白砒素を歴史的に使用した職業に関する優れた概要と、それにまつわる文献としては、R. Prosser White, *The Dermatergoses, or Occupational Affections of the Skin* (London: H.K. Lewis, 1934), 141-48を参照。

13 Maxime Vernois, "Mémoire sur les accidents produits par l'emploi des verts arsenicaux chez les ouvriers fleuristes en général, et chez les apprêteurs d'étoffes pour fleurs artificielles en particulier," *Annales d'hygiène publique et de médecine légale*, 2eme serie, tome 12 (1859), 319-49. 1962年に彼は「労働者の手」についての書籍も出版した。Maxime Vernois, *De la main des ouvriers et des artisans: au point de vue de l'hygiène et de la médecine légale* (Paris: J.-B. Baillière, 1862).

14 Whorton, *The Arsenic Century*, 16.

15 Vernois, "Mémoire sur les accidents produits," 325.

16 同上、335.

17 彼は、造花製造労働者が死亡した事例を一つ聞いたと書いている。同上、331.

18 "A Word of Caution to the Wearers of Artificial Flowers," *BMJ* (November 30, 1861), 584.

19 Hill Hassall, "On the Danger of Green Paint in Artificial Leaves and Flowers," *The Lancet*, vol.76, no.1944 (December 1, 1860), 535.

20 "Poisonous Gloves," *Medical Press and Circular*, 11, no.55 (August 8, 1871), 55.

21 "Colouring Kid Gloves," *St. Crispin* (1873), 58. 聖クリスピヌスは、靴屋と皮革を使用する人々の守護聖人だった。

22 Loïc Prigent, "Rites," *Signé Chanel* television series (ARTE France, 2005)［日本語字幕版：『サイン・シャネル——カール・ラガーフェルドのアトリエ』、カール・ラガーフェルド出演、ロイック・プリジェント監督、日本コロムビア］。

23 Axel Madsen, *Chanel: A Woman of Her Own* (New York: Henry Holt Company, 1990), 114.

24 Amy de la Haye, *Chanel* (London: Victoria and Albert, 2011), 16.

25 同上、19, 21.

26 Stevenson Macadam, "The Presence of Arsenic in Common Things," *The Pharmaceutical Journal and Transactions* (January 31, 1880), 611-12.

27 Eric John Holmyard, "Dyestuffs in the Nineteenth Century," *A History of Technology*, vol.V (New York: Oxford University Press, 1958), 257.

28 Godfrey Smith, *The Laboratory or School of Arts* (London: J Hodges, 1740), xi.

29 Alan Dronsfield and John Edwards, *The Transition from Natural to Synthetic Dyes*, Historic Dye Series No.6 (Little Chalfont: John Edmonds, 2001), 19, 29.

30 Michel Pastoureau, *Green: The History of A Color* (Princeton: Princeton University Press, 2014), 116.

31 Draper, "Evil Effects of the Use of Arsenic," 29-30.

32 Paul Antoine, *Scheele: Chimiste Suédois, Étude Biographique* (Paris: Victor Masson et Fils, 1863), 23.

33 アセト亜ヒ酸銅はシュヴァインフルトのルルツ＆ザトラーという塗料製造業者によって合成された。1820年代後半までにフランスとイギリスで市販されるようになったらしい。Émile Beaugrand, *Des différentes sortes d'accidents causés par les verts arsénicaux employés dans l'industrie, et en particulier les ouvriers fleuristes* (Paris: Henri Plon, 1859), 1.

34 Whorton, *The Arsenic Century*, 177.

35 Alison Syme, *A Touch of Blossom: John Singer Sargent and the Queer Flora of Fin-de-Siècle Art* (University Park:

38 同上、33.
39 Le Roux, "Santés ouvrières," 575.
40 同上。
41 テノンの発言は、Michel Valentin, "Jacques Tenon（1724-1815）précurseur de la Médecine Sociale," *Communication présentée à la séance du 25 janvier 1975 de la Société Française d'Histoire de la Médecine*, 70.
42 "Conseil hygiénique," *Le moniteur de la chapellerie*, 15（May 15, 1862）, 143.
43 クリス・ヒールは実例をもとにステレオタイプを分析している［訳注：本章注31のヒールの論文を参照］。
44 Jacques-René Tenon, "Mémoire sur les causes de quelques maladies qui affectent les chapeliers," *Mémoires de l'Institut de France-Sciences physiques et mathématique*（Paris: Baudouin, 1806）, 100-103, 107.
45 Valentin, "Jacques Tenon," 70.
46 同上。
47 同上。
48 Le Roux, "Santés ouvrières," 577.
49 *Gazette de santé*, 10（March 7, 1776）.
50 1778年にイギリスのロイヤル・ソサエティ・オブ・アーツが賞金を出すと発表し、1784年にはフランスの科学アカデミーが帽子職人を援助するためのコンテストを始めた。ようやく1787年になって、ゴス（Gosse）という名前の帽子職人が受賞した。Heal, 96; Le Roux, "Santés ouvrières," 584.
51 Thomas Le Roux, "L'effacement du corps de l'ouvrier. La santé au travail lors de la premiere industrialization de Paris（1770-1840）," *Le Mouvement Social*, 234（2011）, 110.
52 防護用具を開発した帽子職人は、ゴス（Gosse）の息子である。Le Roux, "L'effacement," 112.
53 Thomas Le Roux, *Le laboratoire des pollutions industrielles: Paris 1770-1830*（Paris: Albin Michel, 2011）, 11.
54 Blanc, "How Everyday Things Make People Sick," 3.
55 J.C. Varenkamp et al., "Mercury Contamination Chronologies from Connecticut Wetlands and Long Island Sound Sediments," *Environmental Geology*, 43（2003）, 280.
56 Johan C. Varekamp, "Mercury Contamination in Long Island Sound," *Chinese Journal of Geochemistry*, 25（suppl.）（2006）, 236-37.
57 Guillerme, *La naissance de l'industrie à Paris*.
58 André Guillerme, "Le mercure dans Paris. Usages et nuisances（1780-1830）," *Histoire Urbaine*, 18, no.1（2007）, 79.
59 同上、94.
60 同上、93.
61 Soersha Dyon, "'La Chapellerie:' a Preparatory Sketch for Service des Arts Industriels," *V&A Online Journal*, 5（2013）, http://www.vam.ac.uk/content/journals/research-journal/issue-no.-5-2013/la-chapellerie-a-preparatory-sketch-for-the-service-des-arts-industriels/, 2018年12月にアクセス。
62 John Thomson, *Treatise on Hat-Making and Felting*（Philadelphia: Henry Carey Baird, 1868）, in Suzanne Pufpaff, *Nineteenth Century Hat Maker's and Felter's Manuals*（Hastings, MI: Stony Lonesome Press, 1995）, 111.
63 Tamara Préaud, *The Sèvres Porcelain Manufactory: Alexandre Brongniart and the Triumph of Art and Industry, 1800-1847*（New York: Yale University Press, 1997）, 257.
64 Le Roux, "L'effacement," 112, 116.
65 *The Hat Makers Manual: Containing a Full Description of Hat Making in all its Branches*（London: Cowie and Strange, 1829）, in Pufpaff, *Nineteenth Century Hat Maker's and Felter's Manuals*, 27.
66 "The First Silk Top Hat," Ascot Top Hats News Release, 16th June, 2009, http://www.ascot-tophats.co.uk/News%20Release%20%20-%20The%20First%20Silk%20Top%20Hat.pdf, 2018年12月にアクセス。
67 Elizabeth Ewing, *Fur in Dress*（London: B.T. Batsford, 1981）, 88.
68 キャロルは医学に興味を持ち、医学に関する本をたくさん読んでいる。多くの医師は、この問題の及ぶ範囲について十分な歴史的理解をしていない。水銀中毒の医学的認識は1860年にさかのぼるというウェディーンの以下の論文での指摘は誤りである。Richard P. Wedeen, "Were the Hatters of New Jersey 'Mad'?," *American Journal of Industrial Medicine*, 16（1989）, 225-33. H. A. ウォルドロンは以下の論文で、キャロルの帽子屋が、シルクハットをかぶった変わり者の家具販売人シオフィラス・カーターをモデルにしていると論じている。"Did the Mad Hatter Have Mercury Poisoning?," *BMJ*, 287, no.6409（1983）, 1961.
69 H.A. Waldron, *BMJ*, 288, no.6413（1984）, 325に対する*The Journal of the Lewis Carroll Society*の編集長セルウィン・グッデーカーの回答。
70 "As Mad as a Hatter," *Punch*（January 4, 1862）, 8.
71 1863年にフランク・マーシャルは、ロンドンで上演された「Mad as a Hatter」と題する笑劇を書いたが、舞台は17世紀に設定されている。Eric Partridge, *Routledge Dictionary of Historical Slang*（London: Routledge, 1973）, n.p.
72 Heal, "Alcohol, Madness," 111.
73 London Metropolitan Archives, London Guildhall Corporation Coroner's Records, 1840.
74 Charles Chambe, *De l'empoisonnement par le nitrate acide de mercure*（Strasbourg: n.p., 1857）, 11.
75 André Chevallier, *De L'intoxication par l'emploi du nitrate acide de mercure chez les chapeliers*（Paris: Rignoux, 1860）, 12.
76 Dr. Alexandre Layet, *Hygiène des professions et des industries*（Paris: Ballière, 1875）, 197.
77 Heal, "Alcohol, Madness," 108.
78 "An Investigation of the Shaving-Brush Industry, with Special Reference to Anthrax," *Public Health Reports*, 34, no.19（1919）, 994-95; S. Dana Hubbard, "Anthrax in Animal（Horse）Hair: The Modern Industrial and Public Health Menace," *Journal of the AMA*, 75, no.25（1920）, 1687-90; "Anthrax from Shaving Brushes," *American Journal of Public Health*, 15, no.5（1925）, 44.
79 Thomson, *Treatise on Hat-Making and Felting*, 96, 119.
80 W.R. Lee, "The History of the Statutory Control of Mercury Poisoning in Great Britain," *British Journal of Industrial Medicine*, vol.25, no.1（January 1968）, 52-53.
81 1906年まで、労働者災害補償法の下で彼らは補償を請求できなかった。同上、57.
82 S.W. Williston, "On Manufacturing Processes and Refuse," Tenth Report Board of Health, Connecticut, 1888-9, in George W. Rafter, *Sewage Disposal in the United States*（New York: D. Van Nostrand Company, 1900）. 当時、著者はイェール大学の教授。
83 Charles Porter, "Remarks on Felt Hat Making: Its Processes and Hygiene," *BMJ*（February 15, 1902）, 378.
84 Jerome Kingsbury, *Portfolio of Dermochromes*, vol.II（New York: Rebman, 1913）, 110.
85 Frank E. Tylecote, "Remarks on Industrial Mercurial Poisoning in Felt-Hat Makers," *The Lancet*, vol.180, no.4652

Journal of Infection Control, 37, no.1 (2009), 79-80.
37 Carol Potera, "Clothing Spreads Spores," *Environmental Health Perspectives*, 109, no.8 (2001), A 365.
38 Stan Deresinski, "Take Off your Tie!," *Infectious Disease Alert* (Atlanta: AHC Media, February 2008).

第２章　毒を含んだ技術——水銀入りの帽子

1 Stephen J. McPhee, Chapter 44 "Clubbing," *Clinical Methods: The History, Physical, and Laboratory Examinations*, 3rd ed. (Boston: Butterworths, 1990); M.C. Houston, "Role of Mercury Toxicity in Hypertension, Cardiovascular Disease, and Stroke," *Journal of Clinical Hypertension*, 13, no.8 (2011), 621-27.
2 "Mercure," *Hygiène du Travail*, Tome 1 (Geneva, Bureau International du Travail, 1925), 4.
3 Willow Mullins, *Felt* (Oxford: Berg, 2009).
4 Debbie Henderson, *The Handmade Felt Hat* (Yellow Springs: Wild Goose Press, 2001), 15.
5 J.F. Crean, "Hats and the Fur Trade," *The Canadian Journal of Economics and Political Science*, 28, no.3 (1962), 380.
6 水銀は常温において液体で存在する唯一の金属で、クイックシルバーと呼ばれた。なぜなら液体で銀色、そして「クイック」、つまり高速というだけでなく、動いている、活動している、あるいは生きているという意味の「クイック」でもあるからだ［訳注：古い英語にはクイック（quick）に、「生きている」「元気がよい」という意味がある］。確かに、死んだ動物の毛皮に「活気を与え」、男性の頭の上で第二の生命を与えることでもある。
7 E. Merler, P. Boffetta, and G. Masala, "A Cohort Study of Workers Compensated for Mercury Intoxication Following Employment in the Fur Hat Industry," *Journal of Occupational Medicine*, 36 (1994), 1260-64.
8 Graham Martin and Marion Kite, "Potential for Human Exposure to Mercury and Mercury Compounds from Hat Collections," *Australian Institute for the Conservation of Cultural Materials Bulletin*, 30 (2007), 14.
9 Graham Martin and Marion Kite, "Conservator Safety: Mercury in Felt Hats" (2003), reprinted in *Changing Views of Textile Conservation*, eds. Mary Brooks and Dinah Eastop (Los Angeles: Getty Conservation Centre, 2011), 254.
10 同上、257.
11 ロンドン博物館で検査された1800年から50年までの帽子では、大多数に水銀が含まれていたが、19世紀の後半の50年間に作られた帽子には含まれなかった。マリー＝ローレ・ギュトンのおかげで、パリのガリエラ美術館の大規模な帽子コレクションを利用できたことにもたいへん感謝している。
12 André Guillerme, *La naissance de l'industrie à Paris: entre sueurs et vapeurs:1780-1830* (Seyssel: Champ Vallon, 2007), 377. このダゲレオタイプの写真は、銀-水銀アマルガムを形成することによって像ができる。ヴィクトリア時代の人々はこのプロセスを「mercurializing（水銀化）」と呼んだ。露光済みの銀板を70～80℃に熱せられた水銀の蒸気に晒す。作業場の空気には水銀が充満していて、時計の金鎖がコーティングされるほどだった。Beaumont Newhall, *The Daguerreotype in America* (New York: Dover, 1976), 125-26.
13 Colin McDowell, *Hats: Status, Style, and Glamour* (New York: Rizzoli, 1992), 74.
14 Milbourne Christopher, *An Illustrated History of Magic* (New York: Thomas Crowell, 1973), 113. ほかに有名な帽子の演芸には、フランスのルネサンスで起こったヴォードヴィルの見世物で、シャポー（chapeau）またはシャポーグラフィー（chapeaugraphy、英語ではchapography）と呼ばれたものがある。演者はフェルトのリングを曲げたりひねったり形を変えることで、驚くべき種類の帽子を形作ってはかぶり、さまざまな階層や種類の男女のステレオタイプを演じてみせた。
15 Éliane Bolomier, *Le chapeau: grand art et savoir-faire* (Paris: Somogy et Musée du Chapeau, 1996), 50.
16 Arthur Conan Doyle, "The Adventure of the Blue Carbuncle," in *The Penguin Complete Sherlock Holmes* (London: Penguin, 2009), 247［邦訳：「青いガーネット」（『シャーロック・ホームズの冒険』より）、大久保康雄訳、早川書房、ほか］。
17 Bolomier, *Le chapeau*, 17.
18 同上、18.
19 Léon and Maurice Bonneff, *Les métiers qui tuent* (Paris: Bibliographie Sociale, 1900), 46.
20 Crean, "Hats and the Fur Trade," 375.
21 Debbie Henderson, *The Top Hat: An Illustrated History of Its Manufacture and Styling* (Yellow Springs, Mont.: Wild Goose Press, 2000), 16.
22 Adriaen van der Donck, "Of the Nature, Amazing Ways, and Properties of the Beavers, " in *A Description of the New Netherland* (1655), eds. Charles Gehring and William Starna, trans. Diederick Goedhuys (Lincoln and London: University of Nebraska Press, 2008), 119.
23 Crean, "Hats and the Fur Trade," 376.
24 彼はビーバーハットに4ポンド5シリング支払った。彼の普段使いの帽子は、たった35シリングだった。Footnote: vol.1, 197 (June 27, 1661), vol.1, 230 (October 29, 1661), vol.1, 274 (April 26, 1662). Samuel Pepys, *Diary and Correspondence of Samuel Pepys*, ed. Rev. J. Smith, 4 vol. (Boston: C.T. Brainard, 1910)［邦訳：『サミュエル・ピープスの日記』臼田昭・岡照雄・海保真夫訳、国文社］。
25 同上、vol.1, 274 (April 26, 1662).
26 Crean, "Hats and the Fur Trade," 380.
27 Jan De Vries, "The Industrial Revolution and the Industrious Revolution," *Journal of Economic History*, 54, no.2 (1994), 249-70.
28 Thomas Le Roux, "Santés ouvrières et développement des arts et manufactures au XVIIIe siècle en France," *Economic and Biological Interactions in the Pre-industrial Europe from the 13th to the 18th Centuries*, ed. Simonetta Cavaciocchi (Firenze: Firenze University Press, 2010), 573-74.
29 Jean-Baptiste Moheau, *Recherches et considérations sur la population de la France 1778*, Gallica e-source, Bibliothèque Nationale de France, 219.
30 同上、221.
31 Chris Heal, "Alcohol, Madness and a Glimmer of Anthrax: Disease among the Felt Hatters in the Nineteenth Century," *Textile History*, 44, no.1 (2013), 105.
32 Crean, "Hats and the Fur Trade," 380.
33 Le Roux, "Santés ouvrières," 574.
34 この帽子職人は1727年にDubois（デュボア）、1735年にMathieu（マチュー）など、さまざまな名前で伝えられている。同上。
35 イギリスでは水銀使用が認められていた。イギリスで水銀が法的に禁止されたことは過去に一度もない。
36 Le Roux, "Santés ouvrières," 574-75.
37 Michael Sonenscher, *The Hatters of Eighteenth-Century France* (Berkeley: University of California Press, 1987), 58.

et les animaux (Lyon: Imprimerie de Pitrat Ainé, 1871), 2, "Poisoned Socks Again," *Lancet* (July 24, 1869), 129.
45 Lewis Sayre, "Three Cases of Lead Palsy from the Use of A Cosmetic Called 'Laird's Bloom of Youth,'" *Transactions of the American Medical Association*, 20 (1869), 568.
46 同上、563.
47 Gilbert Vail, *A History of Cosmetics in America* (New York: Toilet Goods Association, Incorporated, 1947), 100.
48 私はこの蛍光X線分析に関して、エリック・ダ・シルヴァにお礼を申し上げたい。パウダーは 400 ppm (0.04%) の鉛を含んでいるが、この量はヴィクトリア時代の機器では少量すぎて検出できなかっただろう。
49 Gillian Deacon, *There's Lead in Your Lipstick: Toxins in Our Everyday Body Care and How to Avoid Them* (Toronto: Penguin Canada, 2011), 33.
50 同上、130.
51 FDA, "Lipstick and Lead: Questions and Answers," http://www.fda.gov/cosmetics/productsingredients/products/ucm137224.htm、2013 年 6 月 15 日にアクセス。
52 Behind the Scenes Makeup, "Orange Lips" (October 6, 2010), http://www.behindthescenesmakeup.com/trends/orange-lips-stay/、2018 年 12 月にアクセス。
53 ティックルドピンクは約 4 ppm の鉛を含んでいた。テストはライアソン大学の物理学実験室でエリック・ダ・シルヴァが実施した。本書プロジェクトで開発された口紅の新しいテスト方法は、以下の論文で発表した。Eric Da Silva, Alison Matthews David, and Ana Pejovic-Milic, "The quantification of total lead in lipstick specimens by total reflection X-ray fluorescence spectrometry," *X-Ray Spectrometry*, 44 (6), May, 2015.

第 1 章　病んだ衣服——細菌や寄生虫との戦い

1 Michel Signoli et al., "Discovery of a Mass Grave of Napoleonic Period in Lithuania (1812, Vilnius)," *Human Palaeontology and Prehistory (Palaeopathology)*, 3, no.3 (2004), 219-27. 遺物についてさらに詳しくは、"The Retreat of the Grand Army of Napoleon I from Russia," on the National Museum of Lithuania website, http://www.lnm.lt/en/virtual-exhibitions/lithuania-and-the-french-russian-war-of-1812?task=view&id=579 を参照。
2 Stephen Talty, *The Illustrious Dead: The Terrifying Story of How Typhus Killed Napoleon's Greatest Army* (New York: Crown, 2009).
3 Didier Raoult et al., "Evidence for Louse-Transmitted Diseases in Soldiers of Napoleon's Grand Army in Vilnius," *Journal of Infectious Diseases*, 193, no.1 (2006), 112-20.
4 同上。
5 Henri Bahier, *Les épidemies en temps de guerre: Le typhus éxanthématique 'maladie de misère'* (Montpellier: Firmin et Montane, 1919), 57.
6 Bahier, 36 よりニコルの発言。
7 William Moore and Arthur Hirschfelder, *An Investigation of the Louse Problem* (Minneapolis: University of Minnesota Press, 1919), 26.
8 同上、27.
9 A.D. Peacock, "The Louse Problem at the Western Front (Part II)," *BMJ* (May 26, 1916), 749.
10 Bob Gibson, "The March of the Cooties" (Chicago: Robert L. Gibson, 1918).
11 Jack Yellen and Abe Olman, "The Cootie Tickle Shimmie Dance," *Sheet Music* (New York: Feist, 1919).
12 W. Byam, *Trench Fever: A Louse-Borne Disease* (London: Oxford University Press, 1919), 125.
13 同上、128.
14 2007 年に一人のアメリカ陸軍兵から 2 歳の息子に天然痘がうつった。天然痘は媒介物と呼ばれる不活性のもの (この場合はスリッパやタオルなど) をとおして伝染しうるだけでなく、ウイルスはありふれた家庭用品の表面で 1 週間以上も生きながらえる。J. Marcinak et al., "Household Transmission of Vaccinia Virus from Contact with a Military Smallpox Vaccinee—Illinois and Indiana, 2007," *MMWR*, 56, no.19 (2007), 478-81.
15 Michael McConnell, *A Country Between: The Upper Ohio Valley and Its Peoples, 1724-1774* (Lincoln: University of Nebraska Press, 1992), 194.
16 これらは将校ウィリアム・トレントの日記からの抜粋である。William Trent, in *Pen Pictures of Early Western Pennsylvania*, ed. John W. Harpster (Pittsburgh: University of Pittsburgh Press, 1938), 99, 103-04.
17 McConnell, 195.
18 Priscilla Wald, *Contagious: Cultures, Carriers, and the Outbreak Narrative* (Durham: Duke University Press, 2008), 12.
19 同上、13.
20 Nancy Tomes, *The Gospel of Germs: Men, Women, and the Microbe in American Life* (Cambridge: Harvard University Press, 1998), 205.
21 "Sir Robert Peel's Daughter," *Huron Expositor* (July 3, 1891), 6.
22 *Punch* (January 1850), 38.
23 Texier, Tableau de Paris, cited in Philippe Perrot, *Fashioning the Bourgeoisie* (Princeton: Princeton University Press, 1994), 115.
24 "What the 'Sweater' said to the Swell," *Punch* (Melbourne) (August 13, 1874), 327.
25 Tomes, *The Gospel of Germs*, 218.
26 E. Gibert, *Influence du commerce des chiffons et vieux vêtements non désinfectés sur la propagation de la variole et autres maladies contagieuses* (Marseille: Barlatier-Feissat, 1879), 10.
27 Jane Farrell-Beck and Elizabeth Callan-Noble, "Textiles and Apparel in the Etiology of Skin Diseases," *International Journal of Dermatology*, 37, no.4 (1998), 309-14.
28 "Infected Clothing," *Journal of the American Medical Association*, XXXII (16) (April 22, 1899), 887.
29 *Rapport de MM. Pasteur et Léon Colin au conseil d'hygiène publique et de salubrité, Établissement, Paris, d'étuves publiques pour la désinfection des objets de literie et des linges qui ont été en contact avec des personnes atteintes de maladies infectieuses ou contagieuses* (Paris: Publications de la Préfecture de Police, 1880).
30 同上。
31 In Lea Newman, *A Reader's Guide to the Short Stories of Nathaniel Hawthorne* (Boston: G.K. Hall, 1979), 364.
32 "Septic Skirts," *The Lancet* (June 2, 1900), 1600.
33 "The Dangers of Trailing Skirts," *Current Lit*, 29 (1900), 433; "The Scavenger Skirt," *Canadian Magazine*, 27 (1906),: 471-72.
34 Tomes, *The Gospel of Germs*, 157.
35 I. Ditchburn, "Should Doctors Wear Ties?," *Journal of Hospital Infection*, 63 (2006), 227.
36 Pedro-Jose Lopez et al., "Bacterial Counts from Hospital Doctors' Ties Are Higher Than Those from Shirts," *American*

注

序論　現実でも物語でもファッションは死を招いている

1 John Emsley, *The Elements of Murder* (Oxford: Oxford University Press, 2005), 57［邦訳：『毒性元素——謎の死を追う』、渡辺正・久村典子訳、丸善］。私たちのなかでこの猛毒に触れる人はほとんどいないが、別の形態の水銀（自然界にも存在する有機水銀や、無機水銀）にも、その形態や濃度、曝露の種類により、さまざまな毒性レベルがある。

2 Ivan Kempson and Enzo Lombi, "Hair Analysis as a Biomonitor for Toxicology, Disease and Health Status," *Chemical Society Reviews*, 40 (2011), 3915-40; David W. Nirenberg et al., "Delayed Cerebellar Disease and Death after Accidental Exposure to Dimethylmercury," *New England Journal of Medicine*, 338, no.23 (1998), 1673.

3 同上、1674.

4 A. Debay, *Hygiène vestimentaire. Les modes et les parures chez les Français depuis l'établissement de la monarchie jusqu'à nos jours* (Paris: E. Dentu, 1857), 283.

5 Giacomo Leopardi, *Operette Morali* (Berkeley: University of California Press, 1982), 69［邦訳：『カンティ』、脇功・柱本元彦訳、名古屋大学出版会］。

6 Kyoichi Tsuzuki, "Happy Victims," *Jump Jump* (August 22, 2013), http://www.jumpjump.biz/2013/08/kyoichi-tsuzuki-happy-victims.html, 2014 年 8 月 27 日にアクセス。

7 Karl Marx, *Capital: A Critique of Political Economy*, vol.1, pt.Ⅲ, chap.10［邦訳：『資本論——経済学批判』、中山元訳、日経 BP 社］。

8 Caroline Evans, *Fashion at The Edge: Spectacle, Modernity and Deathliness* (New Haven: Yale University Press, 2003).

9 Bjørn Schiermer, "Fashion Victims: On the Individualizing and De-Individualizing Powers of Fashion," *Fashion Theory*, 14, no.1 (2010), 83-104.

10 植民地主義者が「野蛮な」ファッションと考えたものについては、これらの例によって興味深い研究になる。とは言っても、これらの慣習はすでに大規模に研究されており、各慣習自体が研究する価値のあるものだ。

11 この慣習は、「足治療医」が書いた論文で推奨されている。足に圧がかかっていると、ウオノメやマメができないからという。Heyman Lion, *A Complete Treatise upon Spinae Pedum* (Edinburgh: H. Inglis, 1802), 28.

12 Elizabeth Semmelhack, *Heights of Fashion: A History of the Elevated Shoe* (Pittsburgh: Periscope Press, 2008).

13 Jonathan Watts, "Japanese to Ban Driving in Platform Shoes," *Guardian* (Manchester), February 5, 2000, http://www.theguardian.com/world/2000/feb/05/jonathanwatts, 2018 年 12 月にアクセス。

14 Harold Warner and Kenneth Mace, "Effects of Platform Fashion Shoes on Brake Response Time," *Applied Ergonomics*, 5, no.3 (1974), 143.

15 同上、146.

16 Watts, "Japanese to Ban Driving in Platform Shoes." 当時、ワッツは『ガーディアン』紙の東京特派員だった。

17 Mutaz Habal, Michael M. Meguid, and Joseph E. Murray, "The Long Scarf Syndrome—A Potentially Fatal and Preventable Hazard," *Journal of the American Medical Association*, 11, no.221 (1972), 1269.

18 Michael M. Meguid and George H. Gifford, Jr., "The Long Free Flowing Scarf: A New Health Hazard to Children," *Pediatrics*, 49 (1972), 290-93; François Nicolas, *Les accidents par strangulation chez le nourrisson et l'enfant*, Thèse d'exercise, Médecine, Brest, 1982, 13.

19 *Preventing Injuries in Childcare Settings, Ministry of Health Planning*, Victoria (2003), 18.

20 S.C.L. Leong, I.E. Emecheta, and M.I. James, "The Flaming Gypsy Skirt Injury," *Injury*, 38, no.1 (2007), 122.

21 RAPEX, http://ec.europa.eu/consumers/safety/rapex/alerts/main/index.cfm?event=main.listNotification, 2014 年 8 月 28 日にアクセス。 これと同様の「素早い」対処システムは、私の知る範囲では、ほかの国に存在しない。

22 Sarah-Grace Heller, *Fashion in Medieval France* (Cambridge: D.S. Brewer, 2007).

23 Aileen Ribeiro, *Dress and Morality* (Oxford: Berg, 2003), 12.

24 *The Enormous Abomination of the Hoop-Petticoat* (London: William Russell, 1745).

25 同上、8.

26 同上、14.

27 同上、7.

28 Susan Vincent, *The Anatomy of Fashion* (Oxford: Berg, 2009), 75.

29 Jane Tozer and Sarah Levitt, *Fabric of Society* (Powys: Laura Ashley, 1983), 134.

30 National Library of Scotland: Blackwood Papers: Private Letter Book: Ms30361 (October 1863-December 1865), 260-62.

31 W.F. Bynum et al., *The Western Medical Tradition 1800-2000* (Cambridge: Cambridge University Press, 2006), 13.

32 同上、120.

33 Peter Symms, "George Bernard Shaw's Underwear," *Costume*, 24 (1990), 94.

34 "Poisonous Hats," *British Medical Journal*, vol.2, no.1604 (September 26, 1891), 705.

35 同上。

36 Graham Martin and Marion Kite, "Potential for Human Exposure to Mercury and Mercury Compounds from Hat Collections," *AICCM Bulletin*, vol.30 (2007), 15.

37 Adrienne Mayor, "The Nessus Shirt in the New World: Smallpox Blankets in History and Legend," *Journal of American Folklore*, 108, no.427 (1995), 74 n.16.

38 "Gloves," *Ciba Review*, vol.61 (1947) (Basel), 2243.

39 Stewart Gordon, *Robes of Honour: Khil'at in Pre-colonial and Colonial India* (New Delhi: Oxford University Press, 2003), 2.

40 Gordon, *Robes of Honour*, 13.

41 Adrienne Mayor, *Greek Fire, Poison Arrows, and Scorpion Bombs: Biological and Chemical Warfare in the Ancient World* (Woodstock, N.Y.; London: Overlook Duckworth, 2003), 147［邦訳：『驚異の戦争——古代の生物化学兵器』、竹内さなみ訳、講談社］。

42 Sophocles, *Women of Trachis, in Four Tragedies: Ajax, Women of Trachis, Electra, Philoctetes*, trans. and annot. Paul Woodruff and Peter Meineck, Location 3724.

43 Mayor, *Greek Fire*, 48.

44 M. Tabourin, *Note relative à l'action de la coralline sur l'homme*

Meharg, A., *Venomous Earth: How Arsenic Caused the World's Worst Mass Poisoning* (New York: Macmillan, 2005).

Mossman, S. (ed.), *Early Plastics: Perspectives, 1850-1950* (London: Leicester University Press and Science Museum London, 1997).

Pastoureau, M., *Green: The History of a Color* (Princeton: Princeton University Press, 2014).

Quatrelles L'Épine, M., *Emma Livry* (Paris: Ollendorff, 1909).

Raoult, D. et al., "Evidence for Louse-Transmitted Diseases in Soldiers of Napoleon's Grand Army in Vilnius," *Journal of Infectious Diseases*, 193:1 (2006), 112-20.

Siegle, L., *To Die For: Is Fashion Wearing Out the World?* (London: Fourth Estate, 2011).

Sirois, P.J., "The Analysis of Museum Objects for the Presence of Arsenic and Mercury: Non-Destructive Analysis and Sample Analysis," *Collection Forum*, 16 (2001), 65-75.

Sonenscher, M., *The Hatters of Eighteenth-Century France* (Berkeley: University of California Press, 1987).

Talty, S., *The Illustrious Dead: The Terrifying Story of How Typhus killed Napoleon's Greatest Army* (New York: Crown, 2009).

Tenon, J.-R., "Mémoire sur les causes de quelques maladies qui affectent les chapeliers," *Mémoires de l'Institut de France-Sciences physiques et mathématiques* (Paris: Baudouin, 1806).

Thomas, J., *Pictorial Victorians* (Athens: Ohio University Press, 2004).

Thompson, W., *The Occupational Diseases: Their Causation, Symptoms, Treatment, and Prevention* (New York: D. Appleton, 1914).

Tomes, N., *The Gospel of Germs: Men, Women, and the Microbe in American Life* (Cambridge: Harvard University Press, 1998).

Tozer, J., and Levitt, S., *Fabric of Society* (Powys: Laura Ashley, 1983).

Tylecote, F.E., "Remarks on Industrial Mercurial Poisoning in Felt-Hat Makers," *The Lancet* (October 26, 1912), 1138-1140.

Valentin, M., "Jacques Tenon (1724-1815) précurseur de la Médecine Sociale," *Communication présentée à la séance du 25 janvier 1975 de la Société Française d'Histoire de la Médecine*, 65-73.

Vernois, M., *De la main des ouvriers et des artisans au point de vue de l'hygiène et de la médecine légale* (Paris: Ballière, 1862).

Vernois, M., "Mémoire sur les accidents produits par l'emploi des verts arsenicaux chez les ouvriers fleuristes en général, et chez les apprêteurs d'étoffes pour fleurs artificielles en particulier," *Annales d'hygiène publique et de médecine légale*, 2eme serie, Tome 12 (1859), 319-349.

Viaud-Grand-Marais, A., "Des accidents produits par l'emploi sur la peau de chemises de laine aux couleurs d'aniline," *Gazette des hôpitaux civils et militaires*, 14 (1873), 108.

Vincent, S., *The Anatomy of Fashion* (Oxford: Berg, 2009).

Wald, P., *Contagious: Cultures, Carriers, and the Outbreak Narrative* (Durham: Duke University Press, 2008).

Whorton, J., *The Arsenic Century: How Victorian Britain was Poisoned at Home, Work and Play* (Oxford: Oxford University Press, 2010).

Wood, D.W., *Celluloid Dangers with Some Suggestions: Being Memoranda Compiled in Consultation with the Committee's Executive* (London: The British Fire Prevention Committee, 1913).

参考文献

Ballin, A., *Health and Beauty in Dress* (London: John Flank, 1892).

Bartrip, P.W.J., "How Green Was My Valance? Environmental Arsenic Poisoning and the Victorian Domestic Ideal," *English Historical Review*, 109:433 (1994), 891-913.

Beaugrand, E., *Des différentes sortes d'accidents causés par les verts arsénicaux employés dans l'industrie, et en particulier les ouvriers fleuristes* (Paris: Henri Plon, 1859).

Beaumont, C., *Three French Dancers of the Nineteenth Century: Duverny, Livry, Beaugrand* (London: C.W. Beaumont, 1935).

Blanc, P., *How Everyday Products Make People Sick: Toxins at Home and in the Workplace* (Oakland: University of California Press, 2009).

Bolomier, E., *Le chapeau: grand art et savoir-faire* (Paris: Somogy et Musée du Chapeau, 1996).

Bronstein, J., *Caught in the Machinery: Workplace Accidents and Injured Workers in Nineteenth-Century Britain* (Stanford: Stanford University Press, 2008).

Burnham, J.C., *Accident Prone: A History of Technology, Psychology and Misfits of the Machine Age* (Chicago: University of Chicago Press, 2009).

Byam, W., *Trench Fever: A Louse-Borne Disease* (London: Oxford University Press, 1919).

Carr, H., *Our Domestic Poisons or, the Poisonous Effects of Certain Dyes and Colours Used in Domestic Fabrics*, 3rd edition (London: William Ridgway, 1883).

Chevallier, A., *De L'intoxication par l'emploi du nitrate acide de mercure chez les chapeliers* (Paris: Rignoux, 1860).

Cline, E.L., *Over-Dressed: The Shockingly High Cost of Cheap Fashion* (New York: Portfolio/Penguin, 2012) [邦訳：『ファストファッション――クローゼットの中の憂鬱』、鈴木素子訳、春秋社]。

Crean, J.F., "Hats and the Fur Trade," *The Canadian Journal of Economics and Political Science*, 28:3 (1962), 373-386.

Desti, M., *Isadora Duncan's End* (London: V. Gollancz, 1929).

Desti, M., *The Untold Story: The Life of Isadora Duncan 1921-27* (New York: Horace Liveright, 1929).

Draper, F., "Evil Effects of the Use of Arsenic in Green Colours," *Chemical News* (July 19, 1872), 31.

Garfield, S., *Mauve* (London: Faber and Faber, 2000).

Guest, I., *The Ballet of the Second Empire* (London: A. and C. Black, 1953).

Guest, I., *Victorian Ballet-Girl: The Tragic Story of Clara Webster* (London: A. and C. Black, 1957).

Guillerme, A., *La naissance de l'industrie à Paris: entre sueurs et vapeurs: 1780-1830* (Seyssel: Champ Vallon, 2007).

Guillerme, A., "Le mercure dans Paris. Usages et nuisances (1780-1830)," *Histoire Urbaine*, 18:1 (2007), 77-95.

Hamilton, A., *Industrial Poisons in the United States* (New York: Macmillan, 1925).

Hamilton, A., *Industrial Toxicology*, 4th edition (New York: Harper & Brothers, 1934).

Hard, A.H., *The Romance of Rayon* (Manchester: Whittaker & Robinson, 1933).

Harrison, B., *Not Only the Dangerous Trades: Women's Work and Health in Britain, 1880-1914* (Milton Park: Taylor & Francis, 1996).

Heal, C., "Alcohol, Madness and a Gimmer of Anthrax: Disease among the Felt Hatters in the Nineteenth Century," *Textile History*, 44:1 (2013), 95-119.

Kaufman, M., *The First Century of Plastics: Celluloid and its Sequel* (London: Plastics Institute, 1963).

Kelly, D., *Ballerina: Sex, Scandal, and Suffering Behind the Symbol of Perfection* (Vancouver: Greystone Books, 2012).

Le Roux, T., "L'effacement du corps de l'ouvrier. La santé au travail lors de la premiere industrialization de Paris (1770-1840)," *Le Mouvement Social*, 234 (2011), 103-119.

Le Roux, T., *Le laboratoire des pollutions industrielles: Paris 1770-1830* (Paris: Albin Michel, 2011).

Le Roux, T., "Santés ouvrières et développement des arts et manufactures au XVIII siècle en France," *Economic and Biological Interactions in the Pre-industrial Europe from the 13th to the 18th Centuries*, ed. S. Cavaciocchi (Firenze: Firenze University Press, 2010), 573-586.

Martin, G., and Kite, M., "Conservator Safety: Mercury in Felt Hats" (2003), reprinted in *Changing Views of Textile Conservation*, eds. M. Brooks and D. Eastop (Los Angeles: Getty Conservation Centre, 2011).

Martin, G., and Kite, M., "Potential for Human Exposure to Mercury and Mercury Compounds From Hat Collections," *Australian Institute for the Conservation of Cultural Materials Bulletin*, 30 (2007), 12-16.

や 行

ら 行

わ 行

な 行

は 行

ま 行

索　引

あ 行

か 行

【訳者紹介】

安部　恵子（あべ　けいこ）

慶應義塾大学理工学部物理学科卒業。電機メーカーで製品開発などに従事したのち、翻訳業。ノンフィクションの書籍を中心に翻訳や翻訳協力などをしている。訳書に、エド・ヨン『世界は細菌にあふれ、人は細菌によって生かされる』、セス・S・ホロウィッツ『「音」と身体の不思議な関係』（以上は柏書房）、クリスティーナ・クルック『スマホをやめたら生まれ変わった』（幻冬舎）、ヒュー・オールダシー＝ウィリアムズ『元素をめぐる美と驚き』（共訳、早川書房）ほか。

死を招くファッション——服飾とテクノロジーの危険な関係

2019年11月30日　第1刷　発行
2024年10月10日　第5刷　発行

検印廃止

訳　　者　安部恵子
発 行 者　曽根良介
発 行 所　㈱化学同人
〒600-8074　京都市下京区仏光寺通柳馬場西入ル
編 集 部　Tel 075-352-3711　Fax 075-352-0371
企画販売部　Tel 075-352-3373　Fax 075-351-8301
振替　01010-7-5702
e-mail webmaster@kagakudojin.co.jp
URL https://www.kagakudojin.co.jp
印刷・製本　㈱シナノパブリッシングプレス

ISBN978-4-7598-2014-0